| 中山大学传播学人文库 |

开放式创新

—— 数字化转型中的媒体组织与市场

龚彦方 ◎ 著

KAIFANG SHI CHUANGXIN

SHUZIHUA ZHUANXING ZHONG DE
MEITI ZUZHI YU SHICHANG

·广州·

版权所有　翻印必究

图书在版编目（CIP）数据

开放式创新：数字化转型中的媒体组织与市场/龚彦方著. —广州：中山大学出版社，2022.12

（中山大学传播学人文库）

ISBN 978-7-306-07633-5

Ⅰ.①开⋯　Ⅱ.①龚⋯　Ⅲ.①传播媒介—研究　Ⅳ.①G206.2

中国版本图书馆 CIP 数据核字（2022）第 194516 号

出 版 人：	王天琪
策划编辑：	王　璞
责任编辑：	叶　枫
封面设计：	曾　斌
责任校对：	舒　思
责任技编：	靳晓虹
出版发行：	中山大学出版社
电　　话：	编辑部 020-84110779，84110283，84111997，84110771
	发行部 020-84111998，84111981，84111160
地　　址：	广州市新港西路 135 号
邮　　编：	510275　　传　真：020-84036565
网　　址：	http://www.zsup.com.cn　E-mail：zdcbs@mail.sysu.edu.cn
印 刷 者：	佛山市浩文彩色印刷有限公司
规　　格：	787mm×1092mm　1/16　14.875 印张　267 千字
版次印次：	2022 年 12 月第 1 版　2022 年 12 月第 1 次印刷
定　　价：	48.00 元

如发现本书因印装质量影响阅读，请与出版社发行部联系调换

目 录

前　　言　开放式创新：研究视野的转向 ……………………………… 1
第 1 部分　互联网媒介域：开放的基因 ………………………………… 13
 1　互联网媒介域：开放的基因 ……………………………………… 14
 2　互联网媒介域的媒体竞争：以比较优势的理论视角 …………… 21
 3　重新理解媒介融合：以产业竞争力的开放性视角 ……………… 32
 4　传媒政策的演化路径：以新制度主义视角 ……………………… 46
第 2 部分　开放的新闻编辑部 …………………………………………… 61
 5　开放式参与：由外而内的新闻生产机制创新 …………………… 62
 6　平面媒介的网络新闻直播：技术渗透式的内容创新 …………… 69
 7　媒体智库化转型：专业知识流出型的创新 ……………………… 77
 8　互惠式新闻社区：耦合式的"知识流"创新 …………………… 85
 9　组织间的开放式合作：新闻活动参与社会治理的模式 ………… 97
第 3 部分　开放的市场 …………………………………………………… 107
 10　步入开放市场的传媒业：集团化改制的创新实践 …………… 108
 11　传媒业资产证券化的创新实践 ………………………………… 122
 12　转型改制中传媒组织的市场势力与创新能力研究 …………… 137
 13　互联网媒体创新的混合经济模式 ……………………………… 153
第 4 部分　开放式创新中的难题 ………………………………………… 161
 14　为何不收费：媒体创新扩散中的主体性困境 ………………… 162
 15　裂变的新闻编辑部："新闻软文"的组织博弈及科层困境 … 174
 16　"合伙人"的外套：开放式创新中的合作关系困境 ………… 192
 17　重叠却断裂的职业角色：开放式创新中的人的问题 ………… 202
参考文献 …………………………………………………………………… 213
后　　记　现实问题、研究问题与学术问题 …………………………… 230

前言　开放式创新：研究视野的转向

本书既是一本研究数字化转型过程中媒体组织与市场的开放式创新的书，同时也是一本希望以开放式的研究视角来考察、分析与思考的书。

"创新"并非一个新话题。然而如何理解创新，仍然仁者见仁、智者见智。

经济学领域的研究关注创新发生的内部机制。20世纪初，约瑟夫·熊彼特就提出创新是经济社会发展的根本性动力，创新是"内生性"的，是由企业家主导的"创新性破坏"机制，通过自我淘汰、自我更新和自我发展使企业获得发展的动态过程；新熊彼特主义则借用生物学隐喻地构建了企业的创新行为模式，使创新得以内生化，并类比生物学中的自然选择过程描述了经济动态过程；新古典熊彼特主义增长理论则将熊彼特"创造性破坏"思想模型化，通过引入研发生产函数和对创新组织的探讨将技术创新内生化，深入地研究了与经济增长相关的市场结构问题。

20世纪60年代，发展经济学家华尔特·罗斯托提出了"起飞六阶段"理论，技术创新在创新活动中的地位变得日益重要，但随着技术创新的迅猛发展，其表现出了越来越强的知识依赖性，创新由易变难，逐渐成为高知识积累群体才能完成的工作，这也无形中导致了创新与应用间壁垒的形成。管理学研究关注激励创新的机制，爱德华·劳勒和莱曼·波特于1968年提出了新的"综合型激励"的理论模式，将行为主义的外在激励和认知派的内在激励综合起来。在这个模式中含有努力、绩效、个体品质和能力、个体知觉、内部激励、外部激励和满足等变量。

社会学领域的研究关注创新的扩散机制。传播学家埃弗雷特·罗杰斯认为，创新被采纳是充分利用创新作为最佳行动方案的决定，而拒绝采纳则是不被说服的决定。罗杰斯将扩散定义为"一项创新在一个社会系统的成员之间通过特定渠道传播的过程"。制度主义的研究关注创新在组织之间的传染与扩散机制。社会学家约翰·W. 迈耶、保罗·迪马奇奥和华尔特·鲍威尔等人分别从不同角度提出并建构了制度同型（institutional isomorphism）理论。在这个理论阐述中，创新机制是一个重要的研究对象，研究发现在组织之间经常被模仿和传染，同时，具有理性的组织总是会学习对环境所创造的压力和挑战进行调适。创新的采纳总是优先发生于那些面对最大的挑战压力的公司，而当创新可能会带来较大的风险时，场域之中的组织则倾向于趋同，它可能倾向于不采纳创新；且由于这些风险的存在，创新能否"合法化"也在决策采纳的过程中扮演了重要角色。

虽然这些经典的研究理论各有侧重点，但其研究对象有一个共通之处，即大多数为企业或类似的具有市场行为特征的机构。数字化转型过程中的媒体创新，尽管能找到符合上述研究阐释的诸多特性，然而差异也十分明显，尤其是放置在中国媒介融合的宏观背景下，其媒体组织的多样性、创新场域的复合性、创新场景的多元性、创新行动的多极性，使得探寻创新规律的研究似乎变成了一件在迷宫之中寻找出口的有趣任务，充满未知与诱惑。

一、创业者的故事

先讲一个小故事。

记忆最深的一次调研采访是面对一位从传统媒体出走后选择创业的年轻人。那是数年前某个寒凉的冬夜，我们三人坐在上海某个深巷里的小酒吧里。我和同事刚刚从一场盛大的学术会议中脱身而来，脑子里充盈着众多前沿的学术成果、新理论与新思想，而对方则从他那只有数位员工的工作室赶来。在采访之前我指导的一位研究生告诉我，她在这个自媒体的工作室实习期间感觉很开心，觉得那里的工作"特别有创意"，因此她有可能舍弃北京某知名媒体公司的邀约而选择留在这里工作。

我的调研重心并非他个人的职业转向——自身长达 15 年的新闻界从业经验可能使他对此已兴趣索然，我更好奇他是如何创业的，因为彼时他是国内最早一批以原创内容为自媒体产品的创业者。确切地说，我更想了解他的创业与他以往的专业经验有何关联，以及为何我那位优秀的学生想留下来。

可能是因为都做过记者，许多瞬间大家都心领神会，不知不觉就聊到了凌晨酒吧打烊时分。告别后，我发现自己脑海中都已记不得当天下午的思想盛宴，而只有他鲜活的故事，像极了走出闷热小酒馆后迎面而来的清冷夜风，瞬间让我清醒激动。多年来，我们依然保持着联系，看着他将这个自媒体做成圈内知名的"前辈"，而他的创业故事也为我"贡献"了两篇学术论文，并将再次出现在这本书中。

最近数年来，"媒体创新"逐渐成为我的研究重心，在不断探查各种各样发生在媒体组织（既有传统媒体机构也有互联网媒体平台）的创新行动的同时，我都会在心中将他的故事默默地作为某个参照物去做对比研究，并在后续的研究案例中发现了各种各样类似或异质的特征。现在想来，他最吸引我的那些创业经历以及形成论述核心的研究素材，其实从本质上就已经具备了"开放式创新"范式：在创业伊始，依袭多年的专业素养，他将传统媒体新闻把关流程"搬运"到他的工作室，利用互联网平台构建了一个"网络虚拟编辑部"，在内容生产过程中他又极具创意地吸纳了"IDEA"型①的专业资本，不仅轻松地实施了所谓的 PGC 式（professional generated content，专业生产内容）参与式生产——是谓"从外而内"的创新，还成功地使得新闻资本外溢，令其他人同时受益，工作室也由此获得了可观的经济收益及社群认同，从而构建了一个互惠式新闻社区——是谓"从内向外"的创新（详见本书第5章、第7章）。

这个案例几乎简单且完美地阐释了亨利·切萨布鲁夫在2006年提出来的"开放式创新"理论观点，即组织有意识地运用知识流入和流出从而提升各种创新效率。"知识流入"指吸纳外部环境中各类知识以利于内部创新，"知识流出"指组织中的部分知识外溢使得其他人同时受益，即扩大创新的外部使用市场。

二、信息媒介的创新

信息媒介发展的过程几乎就是一部创新的历史。

从纸张、印刷机的发明，到互联网的链接，以及无所不在的智能手机，无不是各种各样创新行动的结果使然。创新可以是一种过程、产品、个体行为、商业模式或组织文化。一般来讲，创新的行动建立在创新性（innovativeness）的基础上，是企业或机构组织及其成员支持新观点、新实验以及进行创造的过程，而这一过程将可能为组织带来新的产品、服务

---

① I、D、E、A 分别是 innovator（创新者）、designer（设计者）、expert（专业人士）、analyst（分析师）的首字母。

或技术。

若以生产效率作为标准,产业经济学家认为对经济和社会能产生影响的创新通常可以划分为新产品和新生产流程,前者很容易观察与理解,例如印刷机、电动车、智能手机,类似于此的大量的新产品已经极大地改变了人们的生活;但创新的生产流程也非常重要——它们通常存在于组织内部,不为外人所观察和了解,却是实现创新的至关重要的环节。例如,生产智能手机、电脑和汽车等的实体型企业引入的各种流水生产线、媒体机构引入的"中央厨房"式的采编信息流程。因此,很多创新很可能直观地既体现为新的产品,也体现为更好的生产流程。

有关创新的经济学和社会学实证研究均表明,这样的创新活动既会受到内部各个因素的影响,也会受到外部条件的制约,同时又与外部资源形成互动。因为创新是多主体、多要素参与的过程,作为推动力的技术进步和作为拉动力的应用创新,二者之间通过互动催生了各类创新行为。

保罗·莱文森的媒介进化论则从历史演变的角度阐释了新旧媒介产生迭代更新的宏观机制。他认为随着社会的发展,媒介呈现了不断进化的规律,媒介的进化也使得媒介技术在形式上越来越有融合成统一体的趋势。随着媒介的进化,系统内的各个创新机制也存在相互利用和聚合的动态发展过程,所有的设备逐渐融合成一体,能够处理来自社会环境不同属性的信息,成为统一、多面的信息处理系统。媒介的进化必然造成新旧媒介的融合,而这种融合并不是简单的淘汰赛,而是旧媒介作为技术逐渐成为新媒介的内容,新媒介则成为旧媒介的技术载体。

最近十多年来,"媒介融合"作为一种引领性的创新行动与机制成了新闻传播学领域的重要研究对象。从国外发展来看,美国和欧洲媒体自20世纪90年代初起便以数字技术作为核心驱动的"媒介融合",其核心是将媒介融合的创新成果概括为新兴产业链与新企业机构的协同演变。媒介融合催生了现代技术和社会基础资源之间普遍的、交互式的重新配置,尤其是涉及大众传播和个体传播的场所以及传播载体的非线性流变,通过互联网虚拟空间和竞争性技术更新来完成公共空间到私人领域的无缝转承,从而改变了现有技术、行业、市场、流派和受众之间的关系(Miller et al.,1986;Torrisi et al.,1998;Tilson et al.,2010;Jenkins,2004;EU Commission,1997)。

三、媒体组织创新的实证研究

众多国内外研究成果多从微观或宏观的研究视角出发,重点考察与分析媒介融合类型、融合对组织的影响以及影响媒介融合创新生成的各类因素等等。

美国西北大学学者 Gordon(2003)归纳了美国新闻业的五种"媒介融合"类型:①所有权融合(ownership convergence),指大型的传媒集团内部将不同媒介之间的内容进行相互推销和资源共享。②策略融合(tactical convergence),指所有权不同的媒介之间在内容上共享,如分属不同媒介集团的报社与电视台之间进行合作,相互推介内容与共享一些新闻资源。③结构融合(structural convergence),指新闻采集与分配方式通过新技术进行融合,产出多媒体的新闻产品,使得不同介质的新闻产品可以相通共享。在这种合作模式中,报纸的编辑与记者可能作为专家到合作方电视台去做节目,对新闻进行深入报道和解释。④信息采集融合(information-gathering convergence),指新闻从业者通过各种新媒体技术和技能的融合完成新闻信息采集。⑤新闻表达融合(storytelling or presentation convergence),指记者和编辑需要综合运用多媒体的、与公众互动的工具与技能完成对新闻事实的表达。其中,前三种是以"媒介组织行为"进行分类的融合机制,后两种则以从业人员的工作内容进行分类。

美国学者安德鲁·纳克森则将"融合媒介"定义为"印刷的、音频的、视频的、互动性数字媒体组织之间的战略的、操作的、文化的联盟",他强调的"媒介融合"更多是指各个媒介之间的合作和联盟(Quinn,2005)。

国外的实证研究通过考察媒介组织的科层结构发现:新闻技能、观念和实践超越技术成为影响新闻组织创新的重要因素,且由于功能性差异,内部创新使得传统媒介组织产生了价值偏离和专业解构,出现充分整合型、跨媒体平台协调型和跨媒体平台分离型等新型组织类型。此外,美国媒体的媒介融合并没有获得预期效果,投入巨大的数字化产品却被认为质量依然比不上传统内容,主要原因是媒体高层错误的媒介融合策略以及对受众的明显误解等等(Lowrey,2011;García-Avilés et al.,2009;Zavoina et al.,2000;Chyi,2013;Chyi et al.,2009)。

最近数年来,在"媒介融合"相关政策的推动下,中国新闻组织对创新表现出开放并接纳的特点,将创新实验纳入常规化的轨道。例如,当下几乎每个媒体机构均开设新闻网站、微博账号、微信公众号、App等,形成新闻信息发布与传播的集成平台,传统报道机制、信息采集、内容生产、传播机制等深受互联网技术的影响,其中,信息采集和传播机制受到强烈干扰,"中央厨房式"的编辑机制成为技术标识(陈昌凤等,2012;陈力丹等,2006;蔡雯等,2017;彭兰,2012;喻国明,2010)。媒介融合还促生了"新兴党媒"。研究者发现,最近数年来党媒通过新媒体技术平台改良内容生产与传播的方式营造了"亲民性"的政治新景观,并致力建构分层式影响力,这说明党媒在互联网舆论阵地进行了宣传策略的转变与调适(龙强等,2017;方可成,2016;张涛甫等,2018)。

少量研究则涉及传统媒介在互联网媒介域中的"专业化分工"。例如,社会化媒体、移动终端、大数据均成为新的影响新闻生产的主要技术因素,通过改变信息生产的场域分工,使得"用户生产"模式变为内容生产的核心资源,移动终端的阅读模式则重新定义了新闻生产与消费的空间;此外,社会化媒体平台(微博)从信源的拓展、报道机制的灵活与行业互动三个维度对新闻生产产生了明显影响,并在媒体融合的前提下认为当代编辑们应该创新多元互动的编辑流程,建构新的集约化、数字化、互动性的开放式新闻生产模式(彭兰,2012;张志安,2011;石长顺等,2011)。

一方面,基于互联网社交平台,新闻报道的价值和意义经由公众的集体参与而被不断重塑;新闻生产流通的速度大大加快,颠覆了工业化时代以报纸新闻为主的新闻生产流程和常规;组织化新闻生产正在变成协作性新闻"策展"(curation)(陆晔等,2021)。另一方面,处于这一历史时期的新闻组织表现出既开放又保守的双重特征,依赖技术和国家政策推动的媒介融合创新如今已进入发展瓶颈期,陷入"姿态性融合""游离策略"或"中央厨房"的路径依赖(尹连根等,2013;李艳红,2013;彭兰,2012);在对待创新的态度上,大部分媒体机构并不是如很多人期待的那样高度拥抱创新,而是表现出创新乏力和难以持续的现状等等。

总体而言,多项实证研究和田野调查证实,媒体组织从外部吸纳互联网信息技术、众包式内容生产、多媒体形态以及多样化的传播方式是成就媒介融合过程中创新的关键。但是,创新实践绝不仅仅限于媒体组织从外向内的"内向型"过程,或者创新行动并不只会发生在媒体组织从外部环境中吸纳各种各类外源性要素的开放性过程中。

四、开放式创新：研究视野的转向

熊彼特认为，推动生产率增长和技术革新有两种方式：一种是通过技术模仿借鉴产业领域的先进经验，或者说模仿现有技术前沿实践；另一种是在技术前沿上搞创新，让已经处于技术前沿的企业突破自身，因为它们没有可以模仿的对象（阿吉翁等，2011：17）。因此，真实的创新过程理应是多极的，或经由交互而产生的，尤其互联网世界中的创新与过去以企业内部主导的创新有所不同，强调市场参与、知识和创新的共享与扩散，倡导利用各种技术手段，是多主体、多要素共同参与的过程。

有研究者在对欧盟 Living Lab 模式和美国 Fab Lab 模式等创新制度模式进行比较研究后发现，从创新生态培育的角度看，知识社会的流体特性推动了创新民主化，知识社会的外部环境有助于更广泛的创新群体在一个更加开放自由的平台上从事科技创新，也创造了更多的知识与应用场景相碰撞的机会，这样的碰撞成为创新活动最大的动力源（宋刚等，2009）。

同样地，在互联网媒体机构中，创新活动也呈现了多主体性与不同场景或不同类型的开放性。例如，Powers 等（2016）、Usher（2015）分别利用"场域"理论阐释了美国与欧洲的互联网创业公司的创新行为，他们的研究均发现，这些创新者认为新闻专业经验的重要性在于向外输出的过程中将商业资本转化为媒体组织的创新资源，因此媒体创新被视为一种对外部资本市场的回应，专业经验在媒体组织的创新场域中发挥着比技术或资本更明显的力量，这与前述上海创业者的故事异曲同工。Carlson 等（2015）通过分析 10 家营利性互联网媒体公司的公开言论，考察创新文化的表现方式与行动意涵发现，这些机构通过吸纳传统媒介组织架构、保留基础价值取向等获得专业合法性，但同时也对传统新闻文化和自我认知形成了挑战，并与后者存在长期博弈关系。这说明在更具开放性的创新过程中，内向型创新与外向型创新可以同时发生在互联网媒体组织中，并在耦合的过程中有可能遭遇来自不同知识流而形成的冲突。另有研究发现，即使在传统媒体组织的创新过程中，外向型的开放性创新过程也会时有发生，Lowrey（2011）以新制度主义解释新闻组织内部的改革是以专业性为核心的"强联系网络"和以市场消费受众为核心的"弱联系网络"两种力量博弈与较量的结果。

国内相关研究大多关注传统媒体的内向型创新，只有少量文献关注这种由内而外的外向型媒体创新，尤其是媒体产品通过创新而获得的市场收益。例如，自媒体机构创新性地构建互惠性的新闻社区，从而节约内部组织的信息交易成本；"大数据"在成为舆情治理的重要产品的同时，还外溢成为某种新闻信源，使得互联网公司出现了"媒体化"的创新趋势（龚彦方，2016a；张志安等，2016）。

亨利·切萨布鲁夫在2003年提出"开放式创新"理论观点，引起了经济学界和社会学界的极大关注。"开放式创新"在学术和应用上都成了某种"流行"概念，但也产生了一些歧义与误读。2006年，切萨布鲁夫等又专门出版了一本相关的论文专著《开放式创新：创新方法论之新语境》（*New Frontiers in Open Innovation*），用以重新阐释与澄清"开放式创新"的概念、理论模型的意涵，并更为清晰地将开放式创新与先前的经济学、管理学领域的文献联系起来。

与以往创新理论最大的不同是，这个理论模型既不太关注组织内部或外部的微观创新行动，也不太关心"人"的作用，而是将焦点置于所有创新过程都会产生的中间变量——"知识流"上，即认为知识及其运用是创新过程中的核心要素，知识的流动性及流动速度对创新的生成过程起着决定性作用（切萨布鲁夫等，2016：18-19）。因此，切萨布鲁夫的"开放式创新"理论观点为理解创新规律开启了另一扇门。

在切萨布鲁夫的理论意涵中，开放式创新理应不仅仅指通过创新而产生的新产品、行动及流程，而且还应指通过管理知识流而使得各种创新广为分布的过程集合；管理这些创新流程需要管理观念的变化，将创新看作一个生态系统，而并非完全由机构内部控制的事情。这些集合中的某些创新呈现出知识流由外而内的流入（内向型）特征或者由内而外的流出（外向型）特征，以及还有可能流入与流出同时并存的耦合型特征。

先前的不少研究指出，创新过程中存在着难以控制的知识外溢的现象，即指企业产生了一些不使用的或用不上的知识或技术。这些研究认为这些知识外溢造成了企业浪费，因此算作是某种创新的"外部性"或创新成本。但是，切萨布鲁夫认为，恰是这些"用不上"的知识有可能会为企业创造意想不到的创新机遇。企业可以将外溢变为有意识地管理知识的流入和流出，例如，企业可以开发一些流程，用以寻找外部知识并将其纳入自己的创新活动中；与此同时，企业也可以创建一些渠道，将自己不使用的内部知识从公司内部输出到周围环境中的其他组织。因此，企业可以设计具体的机制来引导这些知识的流入和流出，这样，先前不确定的、无法管理的事情在开放式创新模式里变得具体且可控。

内向型的开放式创新一般由机构内部主导创新流程,而外向型的开放式创新可能会需要管理者具备不同于传统组织创新(内向型)所需要的管理技巧与洞察力,因为这种创新具有从机构内部改变公司文化和流程的潜力,并令组织更为开放性地接受外部的新创意,增加了机构在面对外部经济环境不景气时的灵活性。但是,由于组织的异质性,外向型的开放式创新常常会形成最不可能被复制或被模仿的独特性,与此同时,带来的风险也有可能比内向型创新更为不确定或不可控。

该理论的第二个区别于其他创新理论的核心观点是提出了"侵蚀因素"(切萨布鲁夫等,2016:18)。侵蚀因素通常来自外界或宏观环境,因为其改变了企业创新的生态环境,从而颠覆了以前的封闭式创新的研发模式,是促进开放式创新的重要变量。这些具有侵蚀性的因素包括劳动力的增加、优秀大学的加盟、初创企业获得风险投资便利性的改善;当然,切萨布鲁夫认为,最重要的侵蚀因素是互联网以及社交媒体的出现,后者极大地改变和拓宽了人们获取知识的渠道,以及公司工作网络的分享能力。

从各种创新实践来看,尽管开放式创新过程形态各异,但都折射出与那些发生在组织内部的封闭性创新经验的不同之处,即互联网、信息技术以及相应的数字化的开放体系,不仅仅可以被组织吸纳成为内部创新的重要因素,同时还可能成为一种可以被组织所利用的、分布越来越广泛和具有普遍性的"侵蚀性因素"。

那么,是不是存在这些可能,即倘若将数字化转型过程的本质视为媒体组织的创新过程,并强调用于创新的知识可以透过组织边界有目的地流入或流出,那么这些创新势必呈现出"开放式创新"的共同特征。

其一,媒体组织的创新不仅呈现出开放的理念和认知,更重要的是用于创新的知识源。例如,来自新闻组织内部的专业经验、文化传统与职业规范等,与来自外部环境的社会资本、市场资源、技术条件等同时广泛地分布于各种创新活动中并形成流动性的知识交互,即形成动态的、有机性的,而非静态或固化的"创新知识流"。

美国当代经济学家、管理学家德鲁克(2009)在《后资本主义社会》一书中阐述了他对知识社会的看法。他认为,由于知识是后资本主义社会最主要的资源,它根本地改变了整个社会结构,即不仅创造了新的社会动力,创造了新的经济发展动力,而且创造了新的政治模式与动力。在信息社会中,机构的边界、族群的边界,甚至国家的边界,都有可能变得模糊，但是，专业知识的生产与创新，不论在任何地方、任何时候，对于互联网使用者来讲，仍是不可或缺的。

其二，互联网、信息技术以及相应的数字化体系作为必然伴随的侵蚀因素将成为创新达成的核心因素。在这些侵蚀因素的"帮助"下，专业经验、文化传播和职业规范等都可以作为知识流从组织内部"走出去"，与外部环境中的商业资本、市场需求以及其他要素进行耦合，使得其他人在媒体化的创新过程中获益。这些创新活动与以往发生的传统媒体内部的封闭式创新不同，因而得以更具开放性、更多样化、更灵活，甚至不成章法。

其三，组织创新的达成或开放式创新的推进依赖管理者之于创新知识流、外部环境和侵蚀因素的理解与取舍，这些决策取决于其对创新风险的感知与预测。

基于以上理论假设，本书的研究拟采取中观的研究视角。与其考察创新行动和流程，不如将研究重心转向创新过程中的"知识流"，从知识流向的特征与流动机制展开分析、描述与阐释，从创新过程的中间变量出发，了解并理解发生在中国媒体机构或互联网媒体平台上的创新规律。

为了进行更为深入和立体的观察，本书采用开放式创新理论模型作为基础性的研究起点，但不限于这个理论范式，而是围绕"媒体组织"与"市场"两个研究对象，引入新制度主义分析范式、产业经济学分析范式、新制度经济学分析范式等，铺陈出具备开放性和兼容性的研究框架，力图勾勒出中国媒体组织在数字化转型过程中所开创出来的各类创新类型与场景，并从中探察媒体组织内部的创新流程、媒体组织与外部社会主体之间的竞合协同机制、媒体组织之间的合作机制等等。本书还将对在研究过程中发现的种种创新困境，尤其是关于创新行动者的"主体性困境"，以及这些困境形成的机理和原因一一进行探讨。

简而言之，本书既是一本研究数字化转型过程中媒体组织与市场的开放式创新的书，也是一本希望以开放式的研究视角来考察、分析与思考的书。

五、本书的研究方法

本书采用的主要研究方法有以下三类。

（1）规范性研究。以产业经济学范式、新制度主义范式、新制度经济学范式对新闻创新进行规范性研究。在发展和批判的基础上，通过运用不同学派的范式分析发生媒体创新的宏观场景，从不同角度来阐释数字化过程中的媒体竞争生态、媒介融合的竞争力发展以及传媒政策的演化机理。

（2）案例研究与新闻室观察。选择具有典型性的创新机构或创新平台，系统地收集数据和资料进行深入研究，用以探讨某一现象在实际生活环境下的状况，这适合于当现象与实际环境边界不清、不容易区分，或者研究者无法设计准确、直接又具系统性控制的变量的时候，回答"如何改变""为什么变成这样""结果如何"等研究问题。相比其他研究方法，这种方法能够对案例进行切实的描述和系统的理解，对动态的相互作用过程与所处的情境脉络加以掌握，因此可以获得一个较全面与整体的观点。新闻室观察研究强调实地观察，通过了解媒体组织的微观具体行动、组织架构、工作环境、个体行为、成员之间的交流方式获得经验认知，是一种以机制为基础，带有理论指导的实证研究方法，目的是发现创新机制的有机组合方式，以及微观机制与宏观结构之间的互动及其关系。

（3）问卷调查、焦点小组与深度访谈等。问卷调查针对创新扩散、制度同构、个体认知、社会客观条件等进行描述性分析；焦点小组选定若干家媒体机构，主要调查创新过程中产生的问题、难点和困境，也会总结与提炼创新成功的经验；深度访谈重点采访组织成员，分析创新成功或失败的原因，以及促进或阻碍创新发生的主观因素和客观条件等，这些人员均来自传统媒体及新媒体平台、互联网媒体平台等。

六、本书基本架构

本书共分为四个部分。

第1部分以比较宏观的视角探讨互联网媒介域的"开放性"内涵与外延。第1章以比较研究的视角提炼互联网媒介域异于传统媒介域的重要特征。第 2 章运用比较优势理论学说探讨互联网媒介域中的信息生产与竞争的规律。第 3 章以产业竞争力的功能性视角重新理解"媒介融合"的本原特征，探讨组成媒介融合的产业竞争力学理框架。第 4 章以新制度主义的三种理论视角分析中国传媒政策的结构化特征及演化机制。

第 2 部分关注媒介组织在数字化转型过程中开放式创新的场景、类型与创新机制，首先聚焦数字化转型过程中内向型的开放式创新运用。第 5 章通过案例分析讲述某自媒体平台吸纳专业人士参与编辑部内部生产，从而形成了自身的"比较优势"。第 6 章聚焦当下广泛存在于平面媒体中、由技术主导产生的"视频化"的创新过程。第 7 章关注虽然并不常见，但已初步呈现比较清晰的轮廓的外向型开放式创新，即媒体在智库化转型中的组织能动性是如何建立的，以及组织内部的新闻经验如何走出去形成新的创新资源。第 8 章是第 5 章的延展性研究成果，也与之形成呼应，即关注一类并不成熟的但有可能在"互惠式新闻社区"中所蕴含着某种"耦合"的创新机制。第 9 章关注媒体组织之间合作机制的创新，即当公共有效信息转变为一种新闻动力时，不同的传媒机构如何通过组织间的开放式创新参与社会治理的实践。

第 3 部分关注作为经济主体的媒体组织在市场活动中的开放式创新机制，包括集团化改制与资产证券化。第 10 章聚焦传媒产业在集团化改制过程中的特性与挑战。第 11 章关注传媒进行资产证券化的创新模式。第 12 章通过量化模型分析传媒上市公司的市场势力、规模经济与创新之间的关系。第 13 章分析互联网媒介平台盈利模式的创新。

第 4 部分聚焦创新中"人"的难题，这些难题展示了在不同的开放式创新场景中，组织中的行动者理性与创新之间的不可避免的复杂互动与博弈，值得展开更深入的追问与反思。第 14 章从新闻从业者的认知角度分析新闻难收费的原因。第 15 章以行动者理性的理论视角剖析在新闻经验输出市场过程中所遭遇到的组织博弈与科层困境。第 16 章关注社会合作关系的互动机制中，新闻主体性与科学主体性之间的矛盾与冲突。第 17 章关注智库式创新改革中行动者的身份困境。

最后，要感谢本书的研究合作者，他们均来自中山大学传播与设计学院的研究生以及本科生。其中，第 5 章、第 8 章的研究合作者是王琼慧，其主要承担研究素材收集工作。第 7 章、第 17 章的研究合作者是向玺如、覃宏征，其主要承担研究素材收集工作和数据分析工作。第 11 章、第 13 章、第 14 章、第 15 章、第 16 章的研究合作者分别是张馨梦、吴非、黄晓韵、许昊杰和黄志远，其主要承担研究素材收集工作和数据分析工作。

第1部分 互联网媒介域：开放的基因

开篇语：

互联网、信息技术以及相应的数字化体系作为必然伴随的侵蚀因素，将成为创新达成的核心因素。在这些终端接口的技术支撑下，各种载体使得信息的发布与流通变得更迅速，发布者与接受者之间的界限变得越发模糊直至完全消失。这种与以往信息传播模式有着显著差异的传播介质、内容生产方式、社会介入模式以及多重循环往复的信息传导方式正在重构着互联网信息社会的传播秩序。也因此，发生在互联网媒体域中的创新活动与以往发生的传统媒体内部的封闭式创新不同，它们更具开放性、更多样化、更灵活，甚至不成章法。

本书第1部分关注互联网媒介域在场域、主体性以及社会关系等方面与传媒媒介域的差异，以及这些差异对互联网创新产生的影响。

相比于传统媒体，互联网媒介域在场域、主体性以及社会关系有着明显差异，这些差异为考察媒体开放式创新的模式及其形成与意义提供了新的视角。

1 互联网媒介域：开放的基因

在信息技术高速发展的 21 世纪，信息社会是一个以网络秩序相系的社会，这些网络通常是"人"与"机"的互联，所有可视与非可视的社会信息都可以通过机器的终端接口产生输入和输出（拉什，2009：18-19；延森，2012：58），这是一种被重构的"媒介域"。

1.1 数字化的本质："交互性"的信息传播与传递

从媒介传播学角度而言，德布雷（2014：7）认为，媒介域的重要特征是"传递"而非"传播"。他指出，信息传播是在同一个时空中的某个长时间过程中的"片段"或某个整体中的"碎片"，是过程中的节点；信息传递则意味着在不同时空中的"信息运动"，是"基于参与者的能动性与环境要素的结果"，"传递"包裹着但不止于"传播"，"还强调思维主体与物质客体的平等关系"。

1.1.1 信息秩序中的传播与传递

在媒介融合的语境中，信息传送的秩序可以进一步分化为"施为性"[①]

[①] "施为性"是英国哲学家约翰·朗肖·奥斯汀（John L. Austin）提出的语言中"以言行事"的现象。奥斯汀认为有些语言并不只是在陈述某种现象，而是通过语言实施某些行为，即可认为是"表演"，语言本身即是这种表演行为的部分。例如，人们觉得自己被语言伤害了，但实际上起到伤害效果的是语言的模式、表演方式等等（Butler, 1997）。再例如，图像即是人类社会中可以激发人们产生崇拜信仰行为的某种标志，对图像的崇拜成为塑造意识形态的一种方式。在图像化时代，图像更是通过其机械复制的特性刺激着大众的物欲，带来消费行为（杨宁芳，2007；段德宁，2015）。

(performative)与"交互性"(interactive)(延森,2012)。"施为性"通过"输入"(input)和"输出"(output)的传播方式呈现可能的世界。就新闻传播而言,"输入"是由编辑部的决策和法规影响着话语内容和传播方式,"输出"是由受众影响着话语和传播方式;传者与受者不断地将各种"意义"附着在不同的载体中进行传播与交流,这是一种自省式的、循环往复的行为方式。

计算机技术及互联网的特殊性使得这种施为性传播可能跨越时空,并受到各类社会主体的介入影响,因而创造了独特的"交互性"的信息传播与传递,"交互性"包裹着但不止于"施为性"。延森(2012)进一步地将"交互性"解析分三个层次:"交互性Ⅰ"是计算机科学家以及普通电脑用户们所理解的"人与机的互动",交互意味着对于一系列可预设机制的持续选择;"交互性Ⅱ"是指媒介与社会结构中其他机构的关系,这是"通过机器产生的人际互动",这种人际互动似乎正在对计算机(及其网络)进行某种技术赋权过程;"交互性Ⅲ"是基于前两种模式的交互,是指社会结构与其成员和利益之间的关系,信息传播赋予这一过程以目标和意义,并且可能重构这些关系。因此,基于对媒介融合的认知,延森总结出信息传播即是这样一种特殊的"交互形式":人们利用可支配的媒体,通过网络传播、人际传播、大众传播来协调或重构共处的社会结构(延森,2012:58)。

在这些网络终端接口的技术支撑下,各种多媒体平台或媒介化平台使得信息的发布变得更及时、更具有原创性、更广阔,而这种传播的过程往往不会经过专业的编辑过程,甚至省略了专业新闻记者报道的过程。

1.1.2 信息秩序的权力象征

网络时代的信息传播有一个显著的特征,即碎片化与随意性。这种碎片化似乎昭示了信息社会的必然规律,英国社会学家拉什(2009:18-19)认为,"信息社会涉及一种扭曲的辩证,即从秩序走向失序再走向新秩序"。信息的扩散与流动呈现准无政府状态,并且这种状态有可能产生"两种权力":"第一种权力"是由于信息或文字本身所承载之内容而获得的权力,微博、即时通信等网络载体即体现这种权力;"第二种权力"是在知识财产范围内——也可以理解为在信息处理的"专业技术范围"内——"知识财产范围内对信息秩序的再造与管理",是一种"信息年代内全世界性的资本积累"。

由此可见，新闻生产的意识形态变得更加多元和复杂。传统的新闻生产被认为是社会特定的意识形态的产物，是公共空间不可或缺的（准）公共物品，具有价值理性和工具理性的双重色彩。但是，互联网媒介域中的新闻生产并不必然自带传统新闻之社会公共性和自律性的责任意识。相反，其附有反思意味的、后现代化的价值理性色彩，因而互联网的媒介创新更多地会呈现出多元性、复杂性和不可确定性。研究者认为，可以将其看成新闻专业之于互联网信息社会现实中与政治话语、技术力量以及社会生活情境进行的某种对话与映射（Nemanic，2016；Borger et al.，2013）。

1.2 互联网媒介域新闻生产的特质：与传统媒介域的比较

相比于传统媒体，互联网媒介域在场域、主体性以及社会关系方面有着明显差异，这些差异为考察新闻创新的概念及其形成与意义提供了新的视角。在信息传播社会中，技术是使人的行动更加有效的物质手段和组织手段，人与物的整合可以建构一个特定的社会空间（陈卫星，2004：176）。在网络社会里，社会行动者本身就构成了信息的开放式资源。

1.2.1 互联网媒介域的场域特性

首先，互联网场域发生了极大的变化。其中，公众社会价值变得十分多元，是互联网网络秩序带来的最重要的变化之一。多元化，意味着过去传统的直线思维、二元判断的价值模式走向了"去极点"的过程。在多元化的成像中，各种不同的观念以平等的方式共存与发展着，信息传播被看成一种可以进行"利益共享"的公共活动，所有人都可以参与进来，讨论与协商、冲突与分裂，都有可能融入其中，但是，"去权威"是其最重要的特征。在中国公众看来，互联网并非一种虚拟现实，而是现实的反映、现实的多棱镜。的确，当传播不再被固化成某种特定的国家机器时，互联网折射出芸芸众生。传统的审美观可能变得式微，不同寻常的、反叛性的"审丑"有时比审美更易成为公众的价值取向，并伴随着"物质化"和"庸俗化"的倾向，但是，更多的人文关注和人文关怀也以前所未有的方式展示了出来。这些以往不曾诉诸社会的价值理念似乎都得到了施展的空间,并且与传统的"真善美"的伦理价值观念共存的同时,也相互冲突着、相互磨合着。

其次,受众的信息需求变得多样化、多变化。其一是为了满足好奇心,这是公众对信息的传统需求。那些新鲜的、反常的、猎奇的事件,都是公众"注意力"的源头,而网络的出现,正好迎合了公众的这种需求。这种需求是量化的、快速变化的,同时也是初级的、肤浅而表层的、不持久的。其二,公众对信息的需求还体现在"专业信息服务"功能上,并且这种信息服务的功能需求随着中国经济改革的深入和相应政策的颁布实施,显得越发迫切。公众对这些专业信息的需求,较之初级的"满足好奇心"的需求点,则更加具体,亦更加专业,即希望媒体提供对增加财产性收入有帮助的专业信息,并且易懂实用,能为自己的理财决策提供一些专业帮助。第三,公众对"公共事务参与与协商"的需求从隐性需求转变为显性需求。这些公共沟通涉及的领域有公民的利益与权利、平等与正义、公共道德等。在这些领域中,公众需求通过"公共信息平台"使芸芸众生与权利的掌握者和管理者进行对话、协商,而媒体则充当着这种"信息平台"的作用。

1.2.2 创新性的媒介实践对新闻主体性的挑战

目前,新闻创新性的实践有公共新闻、互联网新闻实践、数据新闻等方式,这些方式从新闻报道的动机、新闻信息传播平台、信息采集和发布方式等方面打破了传统新闻生产"路径依赖",尤其对新闻从业者的主体性形成了显性的挑战与冲击。

在西方的新闻模式发展过程中,公共政治环境中的文化多元化促进了新闻实践的多元化;"多元化"可以在更大层面上兼顾社会利益,这显然为新闻实践的"公共性"变革提供了外部环境的土壤——20世纪80年代,美国新闻界出现了一种和传统新闻模式不同的"公民新闻"(或称"公共新闻")。从媒体报道的语境来说,公共新闻缘于新闻的发展与社会民主发展的交汇,公共新闻的哲学基础是"协商民主"中的"共同协商"。西方社会学家曾为其"公共新闻"总结了三个核心目标:报道公民特别关心的问题;从公民角度报道那些问题并使公民参与解决这些问题;公共新闻将自身看成一个提供公众协商、解决公共问题的一个公共平台(哈斯,2010:36-86)。但是,这种新闻实践亦带来了不少争议,例如,公共新闻的实践过程中可能造成媒体"过度参与",同时会导致新闻最核心的本质——"中立与客观性"受损。

更多的新闻实践出现在网站、网络社区、博客/微博、即时通信等各种移动终端平台,并以此为传播平台而兴起了自媒体。这些互联网新闻实践与传统新闻实践最大的差异在于,首先,新闻信息的发布者有可能是任何"在现场"的公众,可能是当事人,可能是围观者,也可能是一群专业人士;其次,新闻的发布无"把关人"。从信息公共传播的容量与效率来看,互联网实践显然弥补了传统媒体发布信息的片面性、选择性与滞后性的欠缺;在公共舆论空间中有时甚至起到了"议程设置"的作用。从公众角度而言,互联网新闻实践也是一种"公共新闻"的呈现方式,只不过发起者并非传统媒体,而是公众自身,因此,其中的"参与性"会更加明显。例如,某些自媒体的新闻内容生产、视频网站的内容呈现都是以"众包"的方式实现的,媒体也因此由"传播内容供应"演变为"传播平台供应"。

但是,这些互联网新闻实践有天然的缺陷:新闻信息呈现碎片化、不连贯性;过度的信息搜索(例如"人肉搜索")和信息挖掘有可能使公众丧失隐私权;信息发布的个性化、随意性有可能使得信息传播失真和扭曲,信息的客观性和中立性均受到严重质疑,但是信息发布者对信息的真伪不负有"信誉责任"。

1.2.3 市场因素的强力渗透改变了生产要素结构

除了互联网场域所带来的社会性和公共性的挑战外,市场因素有可能对新闻组织惯有的主体性以及信息权威产生更大的冲击,甚至使之瓦解。

基于互联网技术的新闻组织内部的改革,以专业性为核心的"强联系网络"和以市场消费受众为核心的"弱联系网络"两种力量在博弈与较量(Lowrey,2011)。的确,在互联网的生产场域中,是互联网外向扩张型的市场竞争(如内容和平台),而不是封闭式的媒介内部议程设置作为控制力量主导参与式生产模式和"媒介产品"的类型;同时,信息使用者(网民)超越媒体编辑而成为内容产品的生产、传播和评价的主体(龚彦方,2016a)。当所有人都可以通过手机上传和阅读图片、文章和视频时,新闻生产的时空场域(或生产权)则被完全打破,个人生活情境可以渗透和影响媒介生产,通过媒介生产再现、分享和使用。媒介生产的含义非常丰富(Hujanen,2012;王斌,2011),无论是职业机构编辑部的原创内容,还是社交媒介信息产品,甚至是网民们的跟帖留言和评论,均可被看成是通过媒介进行"积极的参与式生产"而生成的成果。也因此,媒介机构不再是新闻事件的唯一阐释主体;新闻报道的价值和意义是基于互联网社交平台经由公众的集体参与而被不断重塑,新闻职业社区的专业控制和社会大众的开放参与之间形成了强大的张力,组织化的新闻生产正在变成协作性新闻"策展",专业者的新角色有可能是教师、导师、版主、总策展人和社区负责人(陆晔等,2016)。

随着受众的社会价值取向的多元化,信息需求也变得更加多元化。这些变化都在挑战着传统新闻专业工作者,尤其是在传统新闻生产过程中具有一定地位的新闻编辑们的权威,并由此带来新闻信息功能的多元化,以及新闻平台、新闻组织及相应的新闻专业人员知识架构的多元化的转型。

1.3 互联网媒介域:开放的基因

新闻信息不是一般信息。一般信息即使经过公开渠道传播,也不能等同于新闻信息。新闻信息必须是经过专业的新闻认知和辨别工作所筛选出的有效信息,这些有效信息还必须与其产生的社会环境产生关联——因为任何有效信息必然受到政治、经济、文化和技术等宏观因素的规范和约束。经过这些专业过程生产出来的信息,才有可能成为新闻信息。也就是说,一般信息能否成为有意义的新闻信息取决于新闻专业工作者对新闻微观事实和社会宏观意义的交互融合的认知判断;也正因为这种"意义"的性质,新闻媒介可以成为社群之间进行精神交流不可或缺的信息平台(龚彦方,2005:9-11)。

在当代信息传播的环境要素中,新闻生产既不局限于以往的专业媒体机构内部的组织化过程,也不再以"专业媒体组织机构"作为主要的"生产场域";互联网技术及平台与传统媒体平分信息传播与传递的场域,甚至有取代的可能。基于媒介融合的认知,延森(2012:55-58)认为,在信息社会中人们利用可支配的媒体,不再满足于以往单向的信息索取和传播,而是通过网络传播、人际传播、大众传播的"交互性"来协调或重构共处的社会结构,这构成了当代互联网信息生产与流通的最重要特征和目的。

基于互联网技术和平台的信息传播与传递的场域已经成为新闻信息生产的主体——媒介域,尤其由于发展时期、技术、平台和社会资源等外部条件相当，新媒介域下的信息媒体的竞争实际是在外生比较优势并不明显的前提下进行的。从产业演进的角度来看，互联网媒介域的形成与其说是当代信息技术推波助澜而生的新媒体生态环境，不妨理解为是由技术和市场需求导致的更加深入的专业化精细分工而造成的结果。

但是，互联网媒介域中的媒体创新在某种程度上并非对传统的新闻属性的全面摒弃，相反，那些曾被公认的公共价值与社会性的传统属性，在互联网媒介域中与政治话语、技术力量以及社会情境依然可以产生镜像式的呼应；即是说，媒体创新并非只发生在新闻生产的场域中，影响媒体创新的变量也并非仅有新闻要素，而是纳入了那些对新闻场域产生越来越重要的影响力的外部力量，例如文化传统、技术环境与制度环境。中国媒体机构所拥有的来自国家宣传制度、产业政策或扶持性补贴等这些曾经作用于传媒媒介域中的外生性力量依然发挥着作用。

由此可见，互联网媒介域的开放性是根本的、彻底的，它既呈现出自身独特的基因性数字化要素，同时还与各种外生力量形成有机的互动与传递，这使得媒介创新获得了尽可能多的可能性，当然也可以视为约束力或边界条件，影响并形塑着媒体创新的类型、场景与机制。

如何理解互联网媒介域的信息竞争？由于外生性条件的比较优势不可避免地发生了变化，传统媒体组织与新媒体的竞争在不同的边界条件下呈现激烈态势。

2 互联网媒介域的媒体竞争：以比较优势的理论视角

进入21世纪，处于转型时期的中国社会，其个体交往、分层流动、群体组织的行为和形态均发生了深刻的演变，在这种复杂多元的转型过程中，唯有互联网超越制度关系甚至利益格局，成为可以将社会各种构成因素联系起来并发挥相互制约作用的平台。从信息媒介域的角度而言，互联网媒体域是一个通属的、不特定的空间，也是一个被拔出的、无根的空间（拉什，2009：41）。

2.1 互联网媒介域中的传媒组织

"媒介域"，是由信息的生产、分工与传播所构建的信息流通领域，从某种功能意义上讲，它与信息传递和存储的技术条件密不可分；但是在法国传播学家德布雷（2014：261 – 262）看来，媒介域的意义并不仅限于此，还蕴含着特定的社会信息，并在社会环境中创造着与个体交往、分层流动和群体组织等特质相对应的信息载体与扩散渠道。也就是说，"媒介域"是变化的、流动的，当技术或社会环境的外部条件发生变化时，媒介域也可以随之改变并形成自己独特的时—空组合。

在传统媒介域中，传媒组织一般由专业人士构成，采取相似的官僚科层体系完成"团体新闻作业"，目的是通过环环相扣的新闻生产提高"组装"符合读者多样化的新闻产品的效率。在这种组织内，正式的专业训练在新闻生产过程中越来越普遍，新闻编辑部里的编辑与记者及其他新闻工作者通过相互协作的新闻网络构建出一套套涉及内容生产、新闻信息流通、发布与传播、新闻伦理等的规范性制度或规则,并用以应付各类突发新闻事件(甘斯,2009:103;塔奇曼,2008:32;Di Maggio et al.,1983;Dobbin et al.,1998)。由此可见,传媒组织的本质是一种基于专业化主义或专业化程序的制度趋同后果,组织活动既源于新闻效率的理性选择,也通过共享某些专业理念而获得组织合法性,并用以对冲外部环境的不确定性。大众媒体机构大多以企业或非企业的形式组成,在保持新闻传统文化的前提下以盈利作为可持续发展的手段。

在传统媒介域中,作为一种信息集成生产的、大众型的媒体组织,传统媒体机构还拥有一些外生性条件,并且可以凭借制度性的有线电视网络许可证、出版许可证或地方政府的财政性转移补贴等外生性条件获得保护性的竞争优势,由此形成传统媒体的外生比较优势,能够垄断大众信息的发布与传播、建构现实和影响社会。例如,媒体组织可以通过报道议题的议程设置来影响受众去关注相关新闻事实或社会领域,并影响这些事件的重要性排序。又例如,大众媒体建构的"象征性的现实"对受众认识和理解现实世界发挥着巨大影响,并且这种影响不是短期的,而是一个长期的、潜移默化的"教养"的过程,它在不知不觉当中制约着人们的现实观。

与传统媒介域有着本质区分的是,互联网时代的信息传播是以计算机和大数据技术为核心枢纽进行资源配置的信息生产,并由此构建了"人"与"机"的互联网络社会。所有可视与非可视的社会信息都可以通过这些机器的终端接口产生输入和输出。在这些内生性条件的支撑下,信息主体的进入壁垒逐渐被消解,信息发布者与接受者之间的界限变得越发模糊直至消失。

大多数新型的媒体组织仍然以企业或非企业的形式组成,但组织结构却不一定以新闻编辑部作为核心,而是以互联网为通属的平台空间作为核心,"平台"并非必然具有私人财产的性质,但通常具有特殊的知识财产属性,没有它们就得不到参与信息生产的"准入证"(拉什,2009:45)。这些平台毫无疑问是由人与机互联而成的空间,在这个空间里,外生性的条件如许可证、补贴以及其他类似外生性禀赋可能依然存在,但很难再为媒体组织形成外生性比较优势。

组织社会学认为,组织正是在不同条件的多重压力下开展其活动的。本章想要探讨的是在互联网媒介域中,当信息技术成为显著的内生变量时,传统媒体机构曾拥有的外生条件在当下媒介域中是否仍然适用?它们将出现哪些变迁趋势?这些变迁对于传统媒介组织和新媒体组织在互联网媒介域中的竞争将会形成哪些影响？本章拟沿用"比较优势"的理论学说探讨互联网媒介域中信息生产与竞争的规律，并以中国媒体在传统媒介域和互联网媒介域中的发展特色作为旁证陈述，提出若干命题假设。

2.2 比较优势理论与边界条件

比较优势学说是产业经济学发展的重要基础性理论之一，最早缘于亚当·斯密的《国富论》，兴起于全球化贸易链条中探求各国的产业分工及比较优势形成的机制与影响因素，以克鲁德曼的国际贸易理论和杨小凯的"新兴古典贸易理论"将其延展并创新了内涵；当下则由贸易领域延展至国家或区域发展、产业之间竞争、企业创新等多个经济领域。

比较优势理论的发展有两条线索。亚当·斯密关注分工以及经济组织在经济发展中的作用，开创了内生比较优势学说的先河。李嘉图等学者则从区际或国际间资源禀赋差异的角度解释比较优势，形成了外生比较优势的传统，强调先天因素对比较优势的影响，又被称作"静态比较优势"。近年来，比较优势理论研究的最新成果主要集中在对传统比较优势理论批判基础上的内生比较优势，以及动态比较优势的理论拓展这两个方面（崔浩，2003；张其仔，2009）。

外生比较优势理论模型并非不承认国家内部或企业内部的技术进步等内生条件，而是认为这些内生条件的产生是基于外生禀赋而产生差异性的，即外生给定的。外生比较优势理论认为，外生性的优势一般来自自然资源、劳动力和制度禀赋，且由于这些外生的天生的差异性是相对不变的，因而即使存在不同的劳动生产率，国家或企业在市场竞争中的地位也是相对固定不变的。因此，依据外生优势的理论模型，国家之间、企业之间的技术差异性可能被忽略，而外生禀赋成为竞争力的主要决定要素，包括劳动力的数量和价格、原材料资源总量、国家政治体制、区域经济特点等等。

林毅夫等（1999）认为，"比较优势战略"是日本和亚洲"四小龙"实现经济成功的核心所在。比较优势战略使得经济发展在每个阶段都能发挥当时资源禀赋的比较优势，从而维持经济的持续增长并提升资源禀赋的结构。他们的研究认为，实行比较优势战略要求发挥市场机制作用，发挥政府维护市场竞争性和规则性的经济职能，并特别表现在产业政策的制定和实施上。比较优势战略与金融危机没有必然联系，反而在某种程度上具有防范和抵御金融危机的作用。

依据比较优势理论，我国许多学者在20世纪80年代中后期提出了梯级产业转移的构想，但我国目前区域优势产业的现状表明，相对于东部沿海地区，中西部地区在劳动密集型产品的生产上并不具有人们想象中的比较优势。依据资源禀赋判定的地区优势与市场竞争形成的地区优势之间出现了矛盾，其原因在于，决定地区比较优势的因素除了各地区的要素禀赋外，地区竞争环境的差别对地区比较优势有决定性影响；同时，要素的自由流动使要素的丰缺程度对国内不同地区比较优势的影响度大为下降。中西部地区在劳动密集型产品的生产上要取得对东部沿海地区的比较优势，关键之处不是如何发挥其要素丰裕之所长，而是尽快弥补其竞争环境之所短（任太增，2001）。

外生比较优势只关心生产成本而忽略行业交易费用，也没有考虑规模经济，更没有考虑技术进步所带来的社会分工和企业内部的分工（邹薇，2002）。当竞争更加自由充分，专业分工逐渐深化，外生条件的"优势"有可能不再左右竞争优势的出现，由产业或企业通过后天竞争而形成的内生性的比较优势成为在竞争中胜出的主要因素（杨小凯等，2002）。

内生比较优势理论强调经济发展中的后天因素，而后天因素是可以改变的，对内生比较优势的讨论必然导致比较优势研究由静态分析到动态分析的拓展。反过来，动态比较优势又往往由比较优势的后天因素即内生比较优势理论来解释，这样，比较优势的内生化和动态化研究出现了一定程度的交织与合流。此外，因为政府可以通过相关政策影响经济发展中的后天因素，在对上述问题的研究中，经济学家们还特别关注了政府在内生性比较优势中的作用。

杨小凯等（2002）认为，外生比较优势是由事前的差别引起的（包括嗜好、禀赋和生产函数），内生比较优势则是由对生产方式和专业化水平的事后选择而产生的。杨小凯还认为，通过内部专业化分工、报酬递增、学习效应、交易效率的提高等手段，可以创造并培植出内生比较优势。因此，杨小凯"新兴古典贸易理论"的出发点和基石是由分工和专业化形成的内生比较优势，而不是李嘉图模型的外生（天生）比较优势。

杨小凯还探讨了这种"内生优势"的外部约束条件。在杨小凯的"内生比较"模型中，每个人的天生条件可能相同，人们之间不一定有与生俱来的差别，即可能不存在绝对的外生比较优势，或者说处于"等优势"或"等劣势"的外部条件。换言之，在外生生产条件相同或相当的国家，可以通过某些手段内生地创造出原来没有的"比较的"甚至"绝对的"优势。从现实观察来看,当外生比较优势不明显或不存在时,自由竞争的程度将会更充分,内生绝对优势反而有可能出现。这或可解释在某些新兴领域或创新性产业领域,当各个国家或企业的生产水平起点相同时,为什么某些企业可以通过某些方式(如内部研究与开发)达到较高的世界水平,如华为公司。其中,"(内部)技术进步"被杨小凯定义为内生比较优势与演进过程中的主要自变量。

从上述理论和实证研究来看,首先,外生比较优势理论强调来自自然资源、劳动力和制度禀赋的外生性条件影响着区域之间的市场竞争形势,那些拥有更好外生性条件的特定区域或产业会将这些外生优势转化为竞争性优势;其次,外生性条件对技术条件、人力资本、资本资金等内生性变量起着决定性影响,即内生性变量是由外生给定的,从而使特定的区域或产业在竞争中胜出;最后,外生比较优势并非一成不变,制度的优劣、要素的丰歉程度影响着外生优势的变化程度。

内生比较优势理论认为,随着专业化分工的深化、技术的进步,区域、产业或企业所产生的竞争性优势首先是由对生产方式和专业化水平的事后选择产生的,通过内部专业化分工、报酬递增、学习效应、交易效率的提高等可以创造并培植出内生比较优势并转化为竞争优势;其次,形成内生性优势的前提是,随着竞争的持续,外生比较优势的边界条件有可能发生变化,导致这种外生性优势被弱化甚至消解;此外,某些外生性条件的优劣仍然对内生优势的形成产生影响,但并非外生给定的。

如何运用"比较优势"理论来理解互联网新媒介域之下的信息生产?传统媒体组织不可避免地与新媒体组织处于相互竞争的状态中,且由于外生性条件的比较优势发生了变化,这些竞争还在不同的边界条件下呈现多样化的竞争态势。

本章从理论视角出发对互联网媒体域中的组织竞争提出三个命题。

(1)在互联网媒体域,诸如自然资源、劳动力和制度禀赋等外生性条件将随着技术介入而走向式微,传统媒体机构曾拥有的外生比较优势由此得到被弱化并有可能消解。但是,互联网媒介域仍非完全自由的竞争市场,由于国家的干预,传统媒体组织的制度禀赋仍然能为其内生比较优势提供辅助性的动力机制,使其在竞争初期保持暂时的外生比较优势,能否成功转化为竞争优势取决于新媒体组织的创新效率。

(2)随着媒体融合技术的深化,互联网媒介域中外生比较优势将呈现"等优势"或"等劣势"的变迁趋势,信息市场的竞争由于供给增加而变得更加激烈,内生比较优势将取代外生比较优势成为新闻组织竞争势能。

(3) 在互联网媒介域中，专业化分工所带来的组织与流程的再造将成为传统媒体最重要的改革成本。

接下来将对上述三个理论命题进行详细阐释。

2.3 命题一：传统媒体的外生比较优势将走向式微，但是传统媒体的制度禀赋仍能提供暂时的、辅助性的外生性优势

外生比较优势理论强调那些拥有更好的外生性条件的特定区域或产业会将这些外生优势转化为竞争性优势。其中，制度禀赋成为传统媒体机构自成立之初就已具备的外生的优势性条件，例如，传统机构作为事业单位的财政补贴制度，以单位征订、直接补贴为主要手段，还有出版许可证制度以及无线和有线的电视网络特许制度，等等，均形成信息发布、流通与传播的准入壁垒，使得传统媒体在这几个环节中形成了垄断性优势条件。但是，这种垄断性势力也并非一成不变。实证研究表明，以传媒业上市公司相关数据作为取样对象，估算结果显示，中国的传媒业上市公司存在显著的市场势力，不过在考虑企业之间生产差异率时，传媒产业上市公司显著地规模不经济，在考虑因多年改制而带来的技术进步时，企业呈现了比较显著的规模经济效益（龚彦方，2012）。

互联网媒介域中，国家和相关机构对新媒体的信息生产实行各项监管与准入资格限制，例如有实名制、个人隐私权的保护以及内容审查等制度。[①]但是，在技术赋权的支持下，任何一个信息主体在理论上都能够参与新媒体平台上的信息生产，特别是由于微博、微信等社交媒体平台以及电商平台的普及化，移动终端的灵活性与兼容性使得各种不同的信息以平等的方

---

① 2012年12月16日，北京市人民政府新闻办公室、北京市公安局、北京市通信管理局、北京市互联网信息办公室联合发布了《北京市微博客发展管理若干规定》。此条例虽出自北京，但是由于中国互联网的知名门户网站总部大多设在北京，因而这个规定间接地对其他各地的网民均有约束力。规定的实施开了两个先例：第一，互联网的地方条例首次对全国有效；第二，开始实施微博实名制。2014年8月7日，国家互联网信息办公室发布《即时通信工具公众信息服务发展管理暂行规定》，明确规定：即时通信工具服务使用者通过真实身份信息认证后注册账号；新闻单位、新闻网站开设的公众账号可以发布、转载时政类新闻；取得互联网新闻信息服务资质的非新闻单位开设的公众账号可以转载时政类新闻；其他公众账号未经批准不得发布、转载时政类新闻；即时通信工具服务提供者应当对可以发布或转载时政类新闻的公众账号加注标识。

式及时共存与交流，互联网中的虚拟空间被看成可以进行"声音共享"的乌托邦式的理想空间，任何人都可以凭借技术终端参与信息的生产、流通与传播过程，个体的传播自由在多元化的成像中已经间接得到实现。

作为技术赋权的重要后果之一，互联网媒体域中的信息准入壁垒无形中被消解了，随之而来的就是传统媒体机构早先由于制度禀赋所形成的外生比较优势也因此被极大地弱化；这种弱化尤其在社交媒体盛行之后呈现了明显的趋势，其中一个重要表征就是自2014年之后传统媒体的发行量和广告规模急剧萎缩。[1]

互联网媒介域仍非完全自由的竞争市场，这体现在国家的财政政策、产业政策和监管政策仍然作用于包括传统媒体、互联网传媒机构和传媒平台及相关性机构在内的传媒产业。

中国传媒政策一般包括三个相互独立又相互关联的体系，即财政政策、产业政策和监管政策。新中国成立以来，传媒政策形成了三个阶段范式，即"干预型""引导型"和"服务型"的政策范式，它们与政府职能转变、技术进步以及产业发展密不可分（卞地诗等，2012）。其间，政治价值逐步弱化，经济价值日益彰显，文化价值不断拓展，资本准入门槛逐步降低，使其逐步建立以市场配置为主导的传媒发展机制；加快完善传媒产业市场准入与退出机制；政府对传媒规制的系统性将进一步得到强化；传媒产业在市场导向与政府规制、公共利益的多重互动中前行（金世斌等，2012）。

近年来，国家和地方对央媒及各地地方党媒的媒介融合转型以财政直接补贴、定向的项目基金投放、征订式的转移支付主等方式进行定期的资金扶持。另一类制度保护仍然来自主管部门对"采访权"和"传播权（出版权）"的干预，例如，国家限制了那些新兴媒体机构如腾讯等在时政领域的采访权，国家也限制了一些新兴媒体网站的出版资质。进入21世纪后，传媒产业方面的各类政策推动已成为媒介融合发展的必要前提（蔡雯，2007；陈映，2009；严三九，2019；杨路索，2011），媒介融合的资金筹措主要采用地方财政直接补贴、转移支付、间接投入（绕道产业基金）以及自筹（广告经营）等方式（刘颂杰等，2017）。

在互联网媒体域中，传统媒体在与新媒体的竞争中确实能获得来自制度的保护性条件，这些条件部分地承担了媒体融合的创新与试错成本，相

---

[1] 据《2014年中国传媒产业发展报告》（崔保国等，2015），2014年全国报纸印刷用纸量约为270万吨，比2013年减少了近1/4，报业的发行量和广告量均呈现"断崖式"下滑，报业赖以生存的广告市场连续四年处于负增长，2014年的下降幅度甚至达到两位数。

比之下，那些新媒体机构或其他不能获得这些制度性条件的媒体，例如市场化媒体，不仅需要自己承担这些试错成本，还要自负盈亏。但是，这些制度性条件是否能创造外生性优势，以及帮助传统媒体保持这种优势，一方面取决于传统媒体能否将这些暂时的外生性优势转化为一种持续性的竞争势能，另一方面取决于同时参与竞争的新媒体机构或其他市场化媒体的创新效率是否已经形成内生性的比较优势。

从现实看来，传统媒体正在利用一些非财政类的制度性条件，例如与政府的关系垄断，在组织内部通过专业化分工发展出"舆情分析"等类似智库的市场化产品，这说明外部性条件确实促使了内部的专业化与分工。但是这种分工能否转化为内生性的比较优势，还得看在组织流程和产品终端能否打通新闻报道与智库产品之间的边界。从现实来看，这两类终端产出不论组织、产品形态还是理念均存在明显的差异，如果要将二者融合在一个媒体机构内的话，组织化的新闻专业化分工实践就有可能承担高昂的内部交易成本。

2.4 命题二：信息市场竞争更激烈，内生比较优势成为组织竞争势能

新媒体时代的信息生产主体和竞争主体在数量上远远超过传统媒介域，新媒体机构的组织架构更简单，信息产品的生产成本大为降低，这使得传统媒介域中报业和广播电视业凭借制度保护而拥有的市场份额被新媒体大量挤占，[①] 传播介质、内容生产方式与传播模式在信息市场中处于几乎自然的竞争状态。

越是处于自然竞争的状态，越是会出现更多符合各种需求的信息产品。不同的产品对应不同层次的需求弹性，不同的需求类型又会催生出更多样的信息类产品。例如，有些受众需要新奇好玩的视频类产品以消磨碎片化的业余时间；有些受众需要精准而专业的信息产品，用来解释复杂社会现象、解读重大政策，最好还能提供各种经济和社会的风险预警；有些受众需要在公共空间发表各种利益诉求以获得来自政府、政策或其他机构

---

① 2014年，互联网与移动增值市场的份额不但一举超过传统媒体市场份额总和，且领先优势高达10.2%；尽管网络广告和网络游戏收入的增长速度有所放缓，但仍保持了较高的增长，特别是网络广告收入首次超过电视广告，收入规模超过1500亿元（崔保国、何丹嵋，2015）。

的政治或物质的福利帮助；有些机构类受众需要获得更多真实准确的专业信息以达到下情上达、解决信息不对称的社会性难题；等等。

这就意味着，在互联网媒介域中，公众对信息产品使用偏好的分层成为推动传媒产业内部专业化分工的主要力量。分工至少在两个层面展开：首先是信息产品类型的多样化，几乎所有的媒体机构都通过扩大生产规模尽可能提供不同种类的信息产品，以达到互联网的"范围经济"的总体需求；其次，互联网媒体域还延伸出在传统媒体域中无法实现的新型专业化分工，即信息产品的传播渠道和信息传递方式的多样化，以达成受众所需要的信息获得的便捷性、信息抵达的准确性，从而满足互联网的"长尾经济"的深层次需求。

上述两个层面的专业化分工显然不可能由传统媒体完成，传统媒体曾经拥有的外生比较优势也不能为这些专业化生产提供优势性的条件，所有参与竞争的传统媒体或新媒体的外生条件均处于"等优势"或"等劣势"的状态。进一步地，即使受众多样化的需求推动了这些专业化分工的持续进行，但是从内生比较优势理论模型中可以得知，这些专业化分工并非由外生条件给定，而是由企业自身对生产方式和专业化水平的事后选择而产生，然后通过内部组织的学习效应、交易效率的提高等，最终形成报酬效应，当报酬效应达到一定的阈值，某些内生性的比较优势就呈现出来并转化为竞争势能。

互联网媒介域中的信息生产机构之间的竞争，较之传统媒介域，则更接近自由市场竞争状态。外生性条件也并非不存在，但不能创造出明显的比较优势，竞争主体处于"等势"的竞争环境中。受众的多样需求推动了专业化分工的进行，企业内部通过学习效应、交易效率而获得报酬效应，最终使得内生性的比较优势转化为竞争势能。

2.5 命题三：组织结构与流程的再造将成为传统媒体内生比较优势最关键的改革成本

分工和专业化是比较优势之源（邹薇，2002）。产业化是工业的先进组织形式，使用专用设备和工艺，工人、工程技术人员和管理人员在生产机构中各有专长，规模化集中生产同类产品，因而具备明显的规模效益和高要素生产率。一方面，分工越细化，越能使人们容易专注于专长领域，能以更高的效率增进专业知识的积累，从而促进社会生产率的全面提高。另一方面，细化的专业化分工又同时使得各专业相互的依存度加深，联系更紧密，从而扩大市场的规模，而市场规模的扩大反过来又促进了专业化的更加深入。

杨小凯等（2002）认为，专业化分工的"事后选择"是这样进行传导的：专业化分工→人力资本与知识的积累→总合生产力水平高于自给自足水平→劳动生产率的不断提升。产生这种传导的根本原因在于分工可以节省"人力资本与知识积累"过程的"重复学习的费用"——这种费用也是专业化分工过程中重要的交易费用。因为降低了学习的费用，人力资本和知识就可以不断集中于某一专业领域，并且通过不断的积累，使得机构组织在这一领域的专业能力有可能在同行业中具备更明显的竞争力，从而形成自己的"内生比较优势"。

从国内外新闻媒体的媒体融合实践来看，其大致可分为四类：①"策略融合"，指不同介质的媒介之间在内容上共享，如报社与电视台之间进行合作，相互推介内容与共享新闻资源；②"技术融合"，指新闻采编技术与新媒体技术通过融合创新更多的新闻产品；③"信息采集融合"，指新闻从业者通过各种计算机或大数据技术的融合完成新闻信息采集；④"新闻表达融合"，指记者和编辑综合运用多媒体交互技术与技能完成对新闻事实的表达，等等。

这些融合方式不论表现形式有着怎样的差异，都必须通过新闻机构组织流程的创新式改革来完成，因此，组织流程的改革质量关乎媒介融合的改革成效。但是，组织流程是整个媒体机构的枢纽所在，任何变动都将牵一发而动全身，涉及几乎所有的内部资源，改革无法一蹴而就；而采取循序渐进的方式则既能避免冒进的试错成本，也能实现现有资源的最大化。

大多数传统媒体在转型初期进行版面流程改革时，都力图将技术劣势转化为内容优势，将速度劣势转化为深度优势，通过文字、图片、版面语言集中呈现有价值的新闻，追求流量的同时也要具有影响力，为受众提供丰富的文化大餐。中期则通过新技术将纸媒与网络连通，互为入口、相互导流，将第一现场以"文—图—视"的形式呈现，通过报纸的文图导读让读者能在观看现场视频时了解更多的信息。

版面改革使得不同介质的新闻内容达成了融合效果，如果要提升这种效率，就必须将改革继续推进到采编大流程。内部流程的改革是传统媒体机构内部最重要的改革，以广东某媒体而言，简言之就是将传统的以采访领域划分的部门制"围墙"推倒，大约用4～5年的时间多次调整采编流程，建立全媒体采编大平台、全媒体指挥中心、新闻可视化中心和多功能演播中心等。

组织流程改革带来的成效相当可观，但如何使这些成效持续下去？这就涉及组织管理的改革，该媒体内部进行了诸如审稿系统、采编考核系统、绩效计算、部门主任职责、薪酬体系、浮动薪酬绩效考核等多项措施，以尽可能建立与流程改革配套的利益再分配体系（刘海陵，2020）。

当然，大部分市场化的传统媒体却并未能将这种内生比较优势在新媒介域中再转化成自己的长久竞争优势，这固然有多种原因，但主要原因之一是绝大部分传统媒体尽管再造了组织流程，却不太重视自己的传统媒体内容，因此放弃了"原创"策略来发展新媒体，而倾向于采用"信息聚合"策略——新闻网站将传统媒体信息内容向互联网平台进行"搬运"。尽管这种聚合使得传统媒体在新媒介域中信息传播的边际成本有所下降，却反而有可能丢失原创性信息生产的质量效率，同时还有可能制造更高的版权成本。

综上，本章沿用比较优势理论学说阐释了三种有可能发生在互联网媒体域中的组织竞争态势，传统媒体机构曾拥有的外生比较优势由此被弱化并有可能被消解，内生比较优势将取代外生比较优势成为新闻组织竞争势能；与此同时，专业化分工带来组织与流程的再造将成为传统媒体最重要的改革成本。

中国职业化媒体机构当下所进行的"媒介融合"的本质或目的，并非仅通过互联网技术完成各种各类微观形态的、新型智能应用程序的融合，而理应作为使其自身在当代互联网媒介域中能形成创新型的、可持续性的新兴产业竞争力的主要方法和路径。

3　重新理解媒介融合：以产业竞争力的开放性视角

从现代产业演进视角来看，产业融合发生在某一类高新技术及其产业适用于相关传统产业之际，两个或两个以上的产业融为一体，并逐渐发育、成长为独立的新产业，这是产业发展与演进的必然阶段和趋势。在各类演进中，尤以发生在计算机、通信和传统媒体业之间的"媒介融合"最令人瞩目。

3.1　何为媒介融合？产业经济学的解释

20世纪60年代到90年代，国外媒介融合的产业特征与相应的理论概念随着信息技术的实践发展经历了一系列的演变。最初的概念是平面印刷业、电信与出版商、集成广播系统等产品市场彼此之间的相互参与，随之是电话公司、有线电视运营商和广播公司产生交叉式协同合作。20世纪90年代，开始出现"数字融合"——由一个单一的集成式共同载体来满足当时所有的媒体需求（Mueller, 1999）。从更宏观的角度而言，"数字融合"也是指高科技信息技术大规模地渗透生活必需品的建设，并对人们生活、工作和互动产生广泛影响，成为现代性的必要基础设施，导致现代社会技术和社会基础设施的本质的、普遍的和交互式的重新配置（Tilson et al., 2010）。简言之，产业经济学认为"媒介融合"的过程既包括各类媒介产品、市场的融合，还包括利用数字技术将几乎所有的市场需求集成在某些信息载体之上的"数字融合"，这与传播学界的理解殊途同归。德布雷（2014：261-262）认为，每个"媒介域"都是已有做法和新工具相互妥协的结果，并融入不同时代的技术网络；延森（2012）认为媒介融合是网络传播、大众传播和人际传播的三重融合。

伴随着互联网信息技术的快速发展，并得益于产业政策放宽与财政补贴，职业化媒体机构自20世纪末开始"媒介融合"，也称"数字化转型"。例如，几乎每一个媒体机构均开设了各自的新闻网站，将传统媒体已发表的内容"搬运"到自己的网站上；最近数年则将新浪微博、微信公众号和移动客户端这些能随时提供即时通信服务的应用程序作为新闻信息发布与传播的集成平台（喻国明，2010；谢静，2016；单学刚等，2016）。

但产业经济学认为产业融合的目的并不仅仅是融合本身。

从市场整体发展而言，研究显示当代以数字化技术驱动的产业融合对市场结构的主要影响不是鼓励整合和纵向一体化，而是将媒体市场细分为或多或少的专业水平组件，例如内容、传输、服务、软件和终端设备的打包；同时，加剧企业之间的竞争，消融新旧产业之间的边界，原本服务于某个行业的企业可能被淘汰也可能走向"混业经营"，其结果是通过融合获得快速的信息处理能力，显著降低交易成本，以及通过开放式的技术共享而使新兴产业的发展获得产业竞争力（Mueller，1999）。

从企业发展而言，有研究显示，融合为企业提供了扩大生产规模、拓展业务范围、开发新产品和新服务的机遇，并淘汰了与技术和市场发展不相融的旧企业、旧产品甚至是旧产业，最终使企业获得内生比较优势。从成功案例可知，那些新兴的企业正在从传统的"纵向一体化"兼并转向市场的专业化与横向合作，设备、分销渠道和应用程序变得越来越多样化和专业化，以及具有更多的可交互的操作性。其结果不是媒体机构、网络、电信的"统一"，而是一种全新的媒介生态（Mueller，1999）。具体而言，媒介融合不仅仅是技术的转变，还改变了现有技术、行业、市场、流派和受众之间的关系（Jenkins，2004）。

从社会福利而言，这种产业融合也是促进就业与增长的强有力发动机（An，1997；Torrisi et al.，1998；Porter，2001；植草益，2001；谢攀，2008）。1997年，欧洲委员会的"绿皮书"首次提出，电信、广播电视和出版业三大产业的融合不仅仅是技术性问题，还涉及服务类型、商业模式以及社会运作的全新方式。"绿皮书"从宏观和社会角度重新定义了"媒介融合"，即并非技术或市场、企业机构之间的局部性融合，而是一个系统性的、既具有技术功能性又具有社会功能性的多层次的高阶融合，也因此创造出新的工作岗位和新的消费市场。

依据产业经济学的理解，中国职业化媒体机构当下所进行的"媒介融合"的本质或目的，并非仅通过互联网技术完成各种各类微观形态的、新型智能应用程序上的融合，而理应作为使其自身在当代互联网媒介域中能形成创新型的、可持续性的新兴产业竞争力的主要方法和路径。

德布雷（2014：262-280）认为，每一个新的媒介域的产生都意味着另一种确信和另一种定位的含义，并且这是一个互动性的系统——每个传递形式的地位和角色都随着媒介整体以及其中任何一个媒介而变化，因此这是一个"整体决定部分的结构"。以产业经济学视域而言，这种"整体结构"恰可理解为一个"产业"，媒介域中所特有的"确信"和"定位"不是他物，应由"产业竞争力"来标识和完成。即是说，即使各式各样的媒介机构作为信息技术的某种经验而存在，"媒介融合"也不可能只是各自孤立的微观客体，它应该具备普遍性意义——只有在互联网媒介域中实现了新的功能性的"产业竞争力"，才算完成了真正意义上所谓的"媒介融合"。

产业是指生产同类或具有密切替代关系的产品和服务的企业集合。产业经济学以中观的系统性视角观察产业内部的企业之间如何形成纵向一体化或生产协同的关系，以及不同产业之间的横向合作关系，是将一个产业内的企业集群看作一个整体，研究这个整体内部不同企业之间的错综复杂的中间关系、最终产品以及供需关系（白永秀，2008）。这与德布雷认为"媒介域"是一种整体决定局部的结构关系有异曲同工之妙。

基于上述的理论视角——作为一种现实洞察和阐释的替代式尝试，本章拟以产业经济学的中观视域来理解已经由新闻传播学观察与研究建构起来的"媒介融合"。进一步地，在摒弃技术乌托邦主义或技术霸权主义语境的同时，以产业竞争力的功能性视角重新理解"媒介融合"的本原特征和理论框架：媒介融合的产业竞争力是由哪些本原性要素组成的？表现特征是什么？本章还希望去分析：在现实融合过程中，这些生产要素是否均存在；是否相互作用而生成了新型的产业竞争力，即是否如德布雷所言生成了"另一种媒介域"。

3.2 产业竞争力模型：四个关键要素

德布雷（2014：268-276）在阐述媒介域的"种群原则"时认为，有效信息产生于这样的一种"文化环境"——这种意义上的文化环境实际上是一个"有机性"的媒介域，可以看成一个"技术结构"，同时也等同于一个"制度结构"，其间发挥核心作用的是某种传播工具，交互式的基础性技术是关键，政治权力结构是载体，确立一个等级性的知识社交性的场所和环境是其社会性的后果。

从产业演进实践来看，产业融合是在科技的高速发展，尤其是互联网技术作为现代科技的核心驱动力的前提下出现的一种全新的产业内部与之间的活动，是一系列自发的、竞争性的包括资源与资本、技术与产品、市场结构与产业形态在内的多重融合，是处于产业竞争力核心位置的各个因素相互作用而成的。在互联网高新科技高度发达的今天，产业融合几乎发生于所有的传统领域之中，并催生出更具市场竞争力的新产业与产品。例如，现代农业生产服务体系、机械智能仿生产品、网络型金融服务、电子商务……产业经济学者将之概括为四种类型：高科技技术渗透于传统产业的"渗透性融合"；功能上具有互补性的独立产品在同一标准下的高度兼容性的"互补型融合"；产品间具有相似功能性的"替代型融合"；以及各自独立产品或服务通过重组完全结为一体的"重组型融合"。如影相伴的是通过产业融合演化出的一些新型组织形态，例如网络性的企业组织、多元化经营的大型企业、研发型企业、内容提供商和信息传播企业等（余东华，2005；吴颖等，2005；植草益，2001；林民盾等，2006）。

迈克尔·波特（Michael E. Porter）的竞争力理论（又称"钻石模型"）是一套被广泛认可的产业经济学经典理论，他从组织变革、价值链、经济效率和柔性等方面所创造的优势角度重新审视产业集群的形成机理和价值，并将这种产业竞争力的优势分析框架置于国家竞争力优势的宏观视野之中（Porter，1980）。波特的竞争力理论认为，产业竞争力由生产要素，需求条件，相关和支持性的产业，企业战略、结构和同业竞争四个主要因素，以及机遇、政府两个辅助性附加要素组成的。[①] 其中，企业决策以及同业市场的竞争行为又是核心之中的"核心要素"，因为自由的市场竞争赋予企业竞争以创新的驱动力，新一轮的竞争力生成又成为下一轮自由市场竞争的更高的平台和起点——而其中重要的环

---

① 附加要素是指外部环境和制度均有利于产业发展，"机遇"是指一些突发性因素，包括政府制订的重大产业决策、基本科技的发明创新等，"政府"主要指政府对其他要素的干预。就中国媒介融合的实践而言，我们可以理解为国家产业部门和地方政府的宣传机构以政策资源和资金资源为手段的双重驱动；在国家—意识的政治传播学框架中，这些资源可能成为主导性的要素，但是在产业竞争力的框架中，迈克尔·波特在20世纪80年代对10个国家上百种产业发展历史的实证研究证明，这些资源起到的只是辅助性的附加作用。

节即是"产业融合"。因此,产业竞争的本原目标即是通过产业融合创造更强的竞争力,然后又凭借同业竞争螺旋式上升,最终循环往复地形成新的产业集群和区域,甚至国家的竞争力。"产业竞争力"的理论模型常用来评价和衡量有关产业融合的成熟度和达成度。(如图3-1所示)

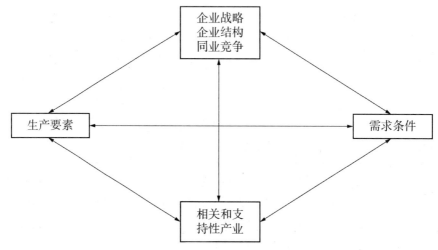

图3-1 产业竞争力的钻石理论模型

波特的竞争力理论所阐述的四个核心要素,延森所理解的交互性的三个层次[①],以及德布雷所建构的"媒介域"脸谱特征,三人立论各有诉求,却是"英雄所见略同":其一,基础性技术不仅作为一种信息活动的工具,更作为一种关键性的媒介而普遍性地存在着;其二,在这个互动性系统中,技术媒介必然与其他资源要素——人、企业、资金、组织结构、社会等——进行复杂交互的过程,这也是融合与再生、竞争与合作的过程,相互作用、优胜劣汰;其三,这是一个富有生命力的有机体,它不仅以竞争性的力量重构了媒介关系,还重塑了与之呼应的社会关系。

---

① 见本书第1章"互联网媒介域:开放的基因"。

3.3 媒介融合的产业竞争力模型解析

结合波特的"产业竞争力"理论模型，本章尝试定义媒介融合的生产要素，需求条件，相关和支持性的产业，以及企业战略、结构和同业竞争有哪些指标性特征。

3.3.1 媒介融合的"生产要素"

一般而言，生产要素是指产业发展所需要的基本物质条件和投入要素，主要是指土地、技术与资本资源等。以媒介融合而言，"技术"与"资本"是其核心的基础性的生产元素。

延森称数字技术为"元技术"，他认为数字技术不仅复制了所有传统的传播表征（一对一、一对多、多对多）与交流媒介的特征，还将这些交流重新整合在统一的物质平台上。延森所提出的这种愿景实际也是与产业经济学中有关"技术融合"的三个维度相呼应的：一是基础技术融合，这是产业融合的基本保障，主要指各种数字化技术通过技术标准进行共享与生产；二是网络的融合，所有可视与非可视的社会信息都可以自由通过机器的终端接口产生输入和输出；三是设备的融合，即所有功能融合到一件设备上，意味着数量更少的设备能够实现过去依赖不同设备才得实现的宽广范围的无缝连接（凯尔奇，1998）。

"资本"是第二个重要元素，资本投入是技术融合的必要前提，是元技术的"元资本"。资本投入的过程是一个长期而持续性的、创新性的过程。新古典主义经济学认为，资本的本质是一种在生产中作为稀缺要素投入的、经过劳动加工的、追求交易增值效果的中间投入品，包括劳力、资金和土地这三种类型；现代工业经济认为，资本是由人力、资金、原材料、机器设备、产销技术组成的。考虑媒介融合"元技术"的生成必须依赖庞大而持续性的设备投入，且中国媒体的经济主体以公有制为主，同时借鉴中国国有企业改革的经验，本章认为"资金投入"又是资本投入中最根本的基础。

3.3.2 媒介融合的"需求条件"

需求条件是指产业所提供的产品或服务符合市场的需求规模,换言之,能满足这些传播需求的产品和服务才是有效产出。需求规模不仅影响生产规模和效率,更重要的是刺激企业对产品和服务的改进与创新,例如促进企业对需求结构进行市场细分,创新产品以满足各类客户需求。因此,即使数字技术相当重要,但媒体技术的竞争力仍取决于是否满足大众的需求和社会的平衡,以及技术的有效性在于是否对阅听人的注意力产生影响。例如,在传统的大众传播空间,大众传媒向公众提供节目和观点,目的是通过视听化产品调节公众和外界关系并达到一种理想的妥协(陈卫星,2003:138)。因此,在大众传播的市场领域中,媒介产品评价的标准为是否符合"寓教于乐"和"愉悦原则"的消费需求。

而互联网信息社会的传播需求格局是"大众传播"与"小众传播"并存,前者以单向方式和方向传播能取悦于大多数公众的热点信息,后者则具有传播内容细化、受众主动性增强、互动性频繁和传受一体化的特点(陈力丹等,2013)。"小众传播"与互联网经济的"长尾效应"不谋而合,互联网技术的进步加速了社会分工和专业分层,在规模经济时代不能得到满足的、由不同消费能量与文化品位的"小众"们组合的多元性需求,通过互联网获得了前所未有的满足——其中最大的原因之一即是网络技术极大地改变了生产者与消费者之间由于"信息不对称"而造成的供需失衡的困境。

3.3.3 媒介融合的"协作型产业"

传播技术的本质在于网络(陈卫星,2003:187)。在互联网空间里,作为基础性存在的技术性网络实际是由协作生产的产业链所组织的,包括音频、视频、数字技术、终端平台、硬件商和软件商等技术链,以及主导信息流通、聚合与分众的传播链。信息生产、信息聚合与传播不再被某一企业机构垄断,而是在产业集群里通过竞争性的融合与分解,将信息原创者、中介经纪人、信息生产商和销售商等不同的参与者连接起来,成为协作性的"产业链条"。这个过程也是从媒体机构的融合发展到数字技术、产品与市场的融合。

协作性产业链的生成实际上指向延森所提到的交互的第三层次，即基于前两种模式的交互之上，企业机构作为处于产业经济利益关系中的社会成员，已经重构了与以往截然不同的社会关系：你中有我，我中有你，经济交易与社会交往交互于同一平面、同一结点，媒介经营中的娱乐和市场化观念将物质和精神的生产性行为转化为有层次的趋同性消费性行为（陈卫星，2003：138）。因此，传播通过经济活动维持着可能世界的稳定和延续（延森，2012：56）。

3.3.4 媒介融合中的"企业战略、企业和同业竞争"

无论是产业集群还是产业融合，均围绕"企业"进行，企业是产业融合、产业竞争的主体；在同一产业内部，企业的内部组织、管理能力、经营目标、策略均大相径庭；同时，同业竞争则会形成不同的市场结构和集中度，处于激烈竞争之中的企业，其内部比较优势则取决于企业是否能追求技术创新，提高管理能力，同时降低管理成本。有研究表明，与产业融合相适应的新型企业组织需要具备开放性、自组织、自适应和网络性等特点，以能够适应产业和企业边界的动态变化（白永秀，2008）。其中，知识创新、技术创新在产业和企业竞争中处于战略性的主导地位（芮明杰，2006）。

国外学者以互联网公司 Netflix 的内容生产为研究个案，其研究结果表明，数字内容产业强调基础设施，特别是顶级（OTT）融合技术、数据流控制技术和大数据分析技术，同时还强调原创内容、新兴的新媒体业务模式，以及企业策略上的灵活性，该研究还认为商业模式的创新应该成为企业的核心策略（Chiu et al., 2017）。

简而言之，第一，在媒介融合的竞争力理论框架中，生产要素应该是由技术、设备和资本构成的；对于中国职业媒体机构来讲，技术和资金投入是媒介融合的基础因子。第二，媒介融合的需求条件必须满足互联网空间里的"大众传播"与"小众传播"。第三，相关和支撑性产业链应该是由协作生产的产业链所组织的，包括音频、视频、数字技术，终端平台，硬件商和软件商等技术供应链，以及主导信息流通、信息交易、聚合与分众的传播链。第四，在企业战略与同业竞争过程中，企业应该成为一些具备开放性、自组织、自适应和网络性等特点，且能够适应产业和企业边界的动态变化的新型企业组织，在知识创新与技术创新竞争中处于战略性的主导地位。（如图 3-2 所示）

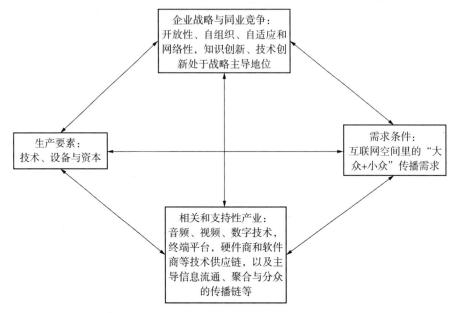

图3-2 媒介融合竞争力的"钻石"理论模型

3.4 媒介融合实践的现实分析

基于上述的媒介融合的产业竞争力模型,笔者将过往实证研究的成果代入,以验证当下的"媒介融合"是否已形成产业竞争力的指标性特征,以及分析究竟产生了哪些媒介融合的困境。

3.4.1 当下媒介融合的生产要素形态:技术与资本

媒介的技术动量在很大程度上归因于它们的普遍存在性(延森,2012:85)。以具体表现形态而言,成长于信息产业的"媒介融合"是将IT产业作为信息化发展的核心竞争力提取出来,充分发挥其在各类媒介资源配置中的竞争性和集成性,并将信息技术的功能性深度融合于信息生产、传播与流通的领域之中。

其间,互联网技术在媒介融合过程中对新闻生产机制、产业形态和组织结构都产生了巨大影响,例如传统报道机制、信息采集、内容生产、传播机制等方面都发生了明显的改变或变异，但各自受影响的程度有所差异，其中信息采集和传播机制受到强烈干扰，"中央厨房式"的编辑机制成为一种技术标识（彭兰，2012；陈昌凤等，2012；蔡雯等，2017）。

从现实案例来看，"中央厨房式"的编辑机制确实已成为当前大多数媒介融合的"路径依赖"，这是一类包含了现有新闻生产流程的"技术总包"，并将内容的制作编辑系统与网站、客户端、微博、微信等智能设备的系统整合成一个庞大的互联网信息平台。例如，人民日报的互动类媒体项目实现电视屏、电脑屏与手机屏"三屏互动"，让受众可通过手机端、PC端实时参与讨论国家政策的话题互动，同时，"虚拟演播室"呈现数据分析的可视化图像（叶蓁蓁等，2016），在这个系统中，"中央厨房"并非传统媒体内容的"搬运工"或仅是网络终端的出口与入口，而是所有信息再生产的分发平台，也就实现了在这个局域网络中信息资源的自由流通和转化过程，因此也就基本解决了信息交流与传播的"元技术"，实现了基础技术、网络与设备的三重融合。

媒介融合还会影响媒介产品的微观形态，受众的媒体使用偏好成为市场经营的关注焦点，俗称"两微一端"的新浪微博、微信公众号矩阵以及新闻的移动客户端已经成为目前新闻信息在智能终端中传播与流通的主要应用程序，并产生了相应的新闻产品类型，同时，传统新闻类型逐渐式微，广告营销方式也发生了多种变异（喻国明，2010；谢静，2016；单学刚等，2016）。

还有一些研究关注媒介组织对新闻创新的影响，例如考察不同机构实施数据新闻实践，并尝试用理性主义理论和制度同型理论阐释其媒体创新行为，认为组织结构可能超越其他要素而成为影响创新的重要因素，表现在融合过程、创新实验路径等方面（李艳红，2017）。此外，媒介融合的活动贯穿于实践与制度之间，中国媒介环境所特有的国家—媒体的意识形态以及国家产业与财政政策构成多重的外部驱动机制，不过研究显示这些驱动机制并未对媒介内部的新闻创新起到明显的促进作用（陈力丹等，2006；朱春阳，2008；龚彦方，2016b）。

上述实证研究揭示了在媒介融合过程中，智能技术的"普遍存在性"通过功能的适用性、嵌入性、场景性和竞争性[①]渐渐渗透于传统媒介信息生产的各个环节，并开始作用于组织内部的价值观、语言系统、组织结构

---

① 智能终端是一类嵌入式计算机系统设备，因此其体系结构框架与嵌入式系统体系结构是一致的；同时，智能终端作为嵌入式系统的一个应用方向，其应用场景设定较为明确，因此其体系结构比普通嵌入式系统结构更加明确，且拥有一些自身的特点。

等社会和文化要素。尽管这种"普遍存在性"因机构和制度环境的不同，有些走得快一些，有些走得慢一些，但不可否认，互联网媒介域生产要素中的技术正在发挥着越来越显著的功能。

但是从另一方面来看，中国媒体机构媒介融合的资金和资本筹措普遍采用政府资金财政补贴、转移支付、间接投入（绕道产业基金）以及自筹（广告经营）等方式（刘颂杰等，2007）。但是，前三种资金投入模式与曾经在国有企业的市场化转型与改革过程中反复出现的"父爱主义"的政府行为极为相似，后者常常通过政府补贴、价格补助等各种形式增加企业收益。大量实证结果表明，尽管这种模式在资源与资本短缺时期为企业提供了快速市场化的发展动力，但"预算软约束""在位消费"等均为这种模式的负外部性，影响并损害企业的市场效率（林毅夫等，2000）。因此，目前中国媒体的以政府补贴为主的资金模式很难说能够支撑长期的、持续性的"元技术"的生成。

3.4.2　当前数字化的媒介产品与服务是否满足互联网市场需求？

在媒介融合过程中，受众的使用偏好成为市场经营的关注焦点，微博、微信公众号矩阵和新闻的移动客户端也已替代纸媒和电视媒体成为新闻产品的主要形态和信息发布平台。但是，职业媒体机构"两微一端"的生产机制显然还不能完全满足"小众传播"的需要，因为其所对应的仍然是"大众传播"式的需求，例如追求公共议题、公共兴趣，并期望引导舆论（赵文晶等，2011；蒲红果，2012；邹东升等，2014；张志刚、陈艺等，2016）。显然，尽管"两微一端"的产品模式扩大了大众传播的市场，但是还不能满足互联网空间的"长尾需求"。

3.4.3　现实中协作型的产业链是否已经生成？

在现实中，一个值得注意的创新模式是各式各样的"参与式生产"逐渐出现在职业媒体的各个技术网格中。一方面，传统媒体从被动到主动地吸纳了网民们的原创素材，使原来单向的"阅听人"参与了具体的新闻专业生产；另一方面，网民们通过互联网平台自由地发表"所见、所闻、所想"，直接生产了"类新闻产品"——从专业的报纸采编业务到社交网站上人们的留言评论，都可以视为一种"积极的参与式生产"（王斌，

2011; Hellmuelle et al., 2013)。此外, 职业化的成本考量也为积极的参与式生产提供了更多的可能性。一份对欧美和中东 11 个国家的有关用户生产内容（user generated content, UGC）的研究报告发现, 相比于"内部竞争"或"民主因素", UGC 方式受到普遍接纳的主要原因可能来自经济和市场的考量, "受众"因这是免费内容的主要来源, 从而降低新闻生产的成本; 报纸编辑们可能更想通过网络流量来增加媒介品牌的知名度, 而参与式生产正是达到这个目标的重要手段（Vujnovic et al., 2010）。

但是, 大多数媒体机构的媒介融合目标陷入了"机构融合"的误区: 以为所有媒体基础设施都将合并而达到"纵向一体化"的垄断——媒体机构将由邮局、网络、广播电视网和通信工具等组合成一个"庞然大物"（Mueller, 1999）, 企业还是恪守原有的生产边界, 即使有新生资源参与其中, 但机构之间并未形成协作共生的产业关系, 更遑论由这种产业关系而缔结出的新型产业和新型的社会合作关系。

3.4.4 企业战略中是否形成了开放性、自组织、网络性以及能适应产业或企业边界变化的职业媒体机构?

当下, 媒体机构关于媒介融合的策略选择以及同业之间的竞争仍然处于探索与试错阶段。首先, 还并未出现可观测到的技术创新、产品创新或市场创新, 仍然是以模仿为主, 例如对"中央厨房"的路径依赖; 其次, 具备开放性、自组织、网络性以及能适应产业或企业边界变化的职业媒体机构仍然是凤毛麟角。

以数据新闻为例, 这是国内媒体机构较早涉足创新性试验的媒介融合类新闻产品。与"事件主导"型的传统新闻编辑和采写思维有显著不同的是, 它以"问题意识"为主导; 数据抓取和分析是新闻的生产方式, 新闻作品则依赖数据分析和交互设计的计算机软件进行可视化呈现; 从专业分工来看, 数据新闻必须由新闻记者与软件工程师进行开放式的、自组织的、网络化合作而完成——相比于传统的新闻生产机制, 数据新闻生产从新闻采集层面、叙事层面和表现层面均存在显著创新。新近的实证研究发现, 新闻组织基于社会环境的各种不确定性对"数据新闻"式的创新确实持有激情, 但是, 创新本身的风险、编辑部成本的考量以及其他因素阻碍创新的深化与持续, "游移"成为组织内部创新的主要的策略选择（李艳红, 2017）。

3.5 结论：被"误解"的媒介融合

就目前的发展状态来看，一方面，作为技术的经验性存在，媒介融合的微观形态更多地呈现出：智能技术因为全面植入传统媒介而形成了技术垄断，媒体机构被技术牵制的现象比较明显，对互联网的市场需求感知甚少或欠缺发现。另一方面，当下媒体正在进行的"媒介融合"大多发生在产业内部而没有发生在产业的边界处，尽管出现了融合的产品形态，但融合的产品并没有替代原来的市场需求或者创造出大量的新需求，因而真正的产业融合并没有实现，有可能是"虚假融合"或者至多只能算是"部分融合"；"媒介融合"更多是由有线电视网、通信行业和互联网，或者电视台和报纸根据"就近原则"而进行的纵向一体化的机构整合或兼并。

通常情况下，我们很容易夸大新技术之于传播实践的重要性而忽略将互联网作为一个全新的媒介域进行深入而全面的理解。

在信息传播功能上，数字媒介与其他已有媒介相比，从表现形式而言也许大同小异，仅速度更快与传播面更广——这一点经常使传统媒介者陷入迷惑并错误地将之作为自身的延伸品或"升级版本"，其根本原因在于并没有完全理解网络化媒介的"技术动量"——可使大量的社会成员通过与技术和机构的交互同时成为传播者和信息的接收者，并对技术接受者的表达方式产生深刻影响。实际上，在互联网媒介域里，社会行动者本身即构成了信息的开放式资源，数字技术让信息呈现出一种与传统媒介域大相径庭的数量级形式，且使得每个人都可以通过新的传播方式和"仪式结构"访问与接触信息。

此外，产业融合最早缘于技术进步和企业竞争策略的创新冲动。1999年，微软公司发布"维纳斯计划"，希望微软用户可以配置自设机顶盒，从而实现"上网"和"看电视"两不误，但彼时电视全部采用标准清晰显示（标清）格式，根本无法支持网络流媒体的显像要求，画面效果很差，导致该计划最终流产。在此期间，许多公司在不同的产业进行技术、产品、业务以及市场等多个层次的融合尝试。直到2000年1月，彼时全球最大的互联网服务提供商美国在线与全球娱乐及传媒巨头时代华纳进行换股合并，这种电信业与媒体资讯业之间的"媒介融合"也成为早期产业融合的标识性产物。

现实案例启示我们：第一，媒介融合的过程是一个由技术推动市场成熟发展，并不断产生创新的过程。当然，仅有创新是不够的，技术融合也并不必然产生市场融合，更不会必然导致产业融合，但没有市场和创新是绝对不可能引起融合的。有实证研究分析中国传媒业上市公司1998—2010年的市场数据发现，在考虑到企业间的产品差异率时，这些企业呈现了"规模不经济"，但在考虑技术进行的影响因子时则反之（龚彦方，2012），这说明企业获得市场势力的主要原因还是依赖技术介入，但自身缺少创新型的产品，也并没有制造更多的市场需求；此外，更多的传媒产业机构正经历着市场转型的过程，其产品属性已具明显的商品特征，但公共属性仍是主流性质并对相关产品影响甚大。第二，行政推动仍主导着产业发展，"制度干预"与"市场理性"的共生体为转型提供了实践经验，但也形成市场竞争与行政垄断并存的多元体制（龚彦方，2011，2012，2021）。由此可见，技术进步、行政补贴并未给媒体机构带来市场和创新的冲动。换言之，职业媒体机构虽然通过国家政策和财政补贴获得了媒介融合的外生比较优势，但是这种优势也并没有自动转化为具有市场竞争力的内生比较优势，更无法肯定由此就能产生新兴的产业或新型的产业竞争力。

以产业经济学范畴内的产业融合的演变与发展历史图集为鉴，我们可以想象出一个中国职业媒体机构进行"媒介融合"的地图集——波特的产业竞争力模型也许可以为地图中的坐标定位提供一个合理的、本原的参照系。有了合理的定位，才有可能在迷宫中找到正确的出口。

区别于西方国家的媒介体制中强调国家单方面的行政干预或经济自由主义的范式,这套联结着国家、传媒、市场与社会不同场域的、制度化的政策体系在某种程度上初步具备了现代化国家治理体系的特征。

4 传媒政策的演化路径:以新制度主义视角[①]

在媒体的发展历程中,"国家角色"一直扮演着形塑媒介体制的重要功能,它与其他维度,如市场结构维度、新闻专业文化或意识形态的维度以及媒体组织与政府的关系维度等共同组成了媒介的体制性结构。不同国家对于传媒的津贴制度和税惠政策、公共广播电视的管制政策、媒介所有权的政策规定等种种干预手段对该国媒介的市场结构、专业化特征以及媒体与政府的互动关系均产生重要影响,但各国的国家干预形式存在着显著差异(哈林等,2012:30-36)。在这些干预过程中,各类具体的媒介政策实践或政策混合体则反映了"国家角色"在多方面进行直接或间接的制度化特征。因此,研究中国近数十年来的传媒政策及其制度化过程,一是可以探察"国家角色"如何作用并形塑媒介体制;二是从新制度主义的视角理解在这些政策的形塑之下,中国媒介组织的发展具有怎样的历史独特性。

4.1 问题的提出:中国传媒政策体系的演变有何独特性?

近年来,我国的国家、地方或产业政策之于媒介体制的重要性越来越受到新闻传播学术界的重视。以往的研究表明,中国传媒政策一般包括三个相互独立又相互关联的体系,即财政政策、产业政策和监管政策。新中国成立以来,传媒政策形成了三个阶段范式,即"干预型""引导型"和"服务型"的政策范式,与政府职能转变、技术进步与产业发展密不可分

---

① 本章主要内容以《从"行政干预"到"国家治理":新制度主义视域下的传媒政策的演化路径研究》为题发表在《传媒经济与管理研究》2021年第2期。

（卞地诗等，2012）。其间，政治价值逐步弱化，经济价值日益彰显，文化价值不断拓展，资本准入条件放宽，逐步建立以市场配置为主导的传媒发展机制；加快完善传媒产业市场准入与退出机制；政府对传媒规制的系统性将进一步得到强化；传媒产业在市场导向与政府规制、公共利益的多重互动中前行（金世斌等，2012；蔡雯等，2007；严三九，2017；张亮宇等，2013）。进入20世纪，政策推动已成为媒介融合发展的必要前提，在此背景下，媒介融合的资金筹措主要依靠地方财政直接补贴、转移支付、绕道产业基金的间接补贴以及以广告经营为主的自筹等方式（龚彦方，2011；刘颂杰等，2017）。

上述研究成果从政治学或政治经济学角度揭示了国家或地方的财政与产业政策构成了中国传媒业发展的重要外部机制，形成了"国家—媒介—市场"的体系特征。但是对于各类政策之间的制度性差异及其原因、政策之间形成了何种互动与集合的关系则缺少足够的解析，尤其欠缺从制度形成与演化的角度理解与阐释"国家角色"如何形塑中国媒介体制。具体而言，本文聚焦三个研究问题。

（1）从新制度主义视角剖析中国传媒政策如何对传媒的国家意识形态、市场结构和专业文化的价值观产生影响；

（2）政策的选择与承续是否呈现理性选择的结果；

（3）如何将非制度因素纳入政策制订过程。

本文的最终研究目标是在尝试回应这些问题的基础上，试图构建"国家角色"通过政策集合体形塑中国媒介体制的基本框架。

英国学者Des Freedman的《传媒政策的政治学》一书对美国和英国的传媒政策研究提供了一个批判性的视角，他将媒体定义为政府塑造媒体结构和实践的方式，并将媒体政策定义为指导这些结构和实践的原则，因此作者认为媒体政策是在众多政治、经济和技术力量的帮助下，通过深思熟虑的政治干预而形成的；这是一个动态的过程，侧重于不同行动者之间的相互作用、工作的体制结构以及追求的目标（Rayburn，2010）。自19世纪中期以来，西方的媒介体制经历了两大旨趣相异却又相互纠缠的范式：经济自由主义范式和国家干预主义范式。前者强调由市场机制主导传媒资源分配，后者主张由国家发布积极的传媒政策，这两种范式都有其自身难以解决的机制缺陷和政治风险。此后历经多元主义、法团主义、共和主义等种种"主义话语"的探索之后，20世纪90年代以来，西方社会开始寻找一个超越经济自由主义和国家干预主义、面向"市场—国家—社会—媒体"合作治理结构的新范式，但仍然未找到适合的路径（董天策等，2013）。具体而言，最近百年来，美国和欧洲的传播与媒体政策发展可分为三个典型阶段：

第一阶段是第二次世界大战之前，各国盛行以电报、电话和无线电等新兴技术为核心的新兴传播产业政策范式，尤其是其间公共资助体系成为欧洲国家对以影视为主导的文化创意产业的一系列重要的公共政策，并且通过市场和文化的双轨措施，欧洲开发出产业的区域整合与互惠模式，创造出一个维护欧洲文化多样性，并对美国文化强权产生抗衡能力的政策模式和产业辅助体系。

第二阶段是第二次世界大战之后至20世纪八九十年代，盛行以社会政治为主的公共服务媒体政策范式，此时的公共服务广播发展达到顶峰，尤其是20世纪八九十年代以来，许多国家政府选择打破通信领域的垄断，推动传统媒体与通信产业的媒介融合。

第三阶段是从21世纪初期开始，欧盟政策目标开始关注创意和文化产业的经济潜力，强调视听媒体作为实现文化目标的先决条件在欧洲经济增长方面的潜力（罗青等，2007；Van Cuilenburg et al.，2003；Erickson et al.，2011）；与此同时，欧洲国家采取更加鲜明的传媒监管政策，目的在于防范市场因过度集中带来的观点多样性受损的问题，以及因过度竞争带来的低俗化问题，并保护民众接触传媒的平等权利，等等。例如，2013年，英国保守党、工党、自由民主党三党领导人达成协议，一致同意制定《报刊自律皇家特许状（草案）》，成立新的媒体监管机构以替代现行的报刊自律组织"报刊投诉委员会"（PCC），并通过修正相关法律，赋予新的监管机构合法地位和权力（周丽娜，2013）。

4.2 以新制度主义的复合视角构建研究框架

新制度主义的分析视角不同于市场主义或国家主义的单一视角。国家主义强调国家的自主性与国家能力，过分考虑国家而将市场置于次要位置，市场主义反之。新制度主义则克服二者的偏向性，将"制度及其形成、演化过程"作为核心研究对象和因变量，从单一视角转为国家、市场、文化、习俗之间相互制衡与合作的系统性视角，尤其重视除政治、经济外的非制度化因素对制度形成的影响，从某种意义上讲，它是国家主义或市场主义的拓展与修正（李汶纪，2003）。就方法学而言，新制度主义是一类较少采用宏观理论演绎,而是基于国家的特殊历史和制度安排,从中观甚至微观事实出发而进行的归纳型的研究方法,因此可以为勾勒中国传媒政策的制度化路径提供一种动态的、具有发展观的阐释性视角。

学术界公认至少有三种不同的"新制度主义"分析途径,即历史制度主义、理性选择制度主义和社会学制度主义。"历史制度主义"将某一政体的制度组织或政治经济结构看作是构造集体行为和产生差异性结果的主要因素,将政治结果看成是对系统中各种主要需求的反映、呼应与必然后果,从广义上说,该研究路径将制度界定为嵌入政体或政治经济组织结构中的正式或非正式的程序、规则、规范和惯例,在分析政体制度时强调"结构主义",但并非像早期结构功能主义那样去强调"功能",而是通过追寻事件发生的历史轨迹强调政治生活中路径依赖和制度变迁的特殊性,并试图通过放大历史视角来找出影响事件进程的"结构性因果关系"和"历史性因果关系"(豪尔等,2003;何俊志,2002)。

"理性选择制度主义"从新制度经济学那里受到启发,强调产权、寻租和交易成本对于制度运作与发展的重要性,利益是制度存活的目标和核心,相关行动者的合意是制度形成过程的原则,算计是其手段,"从交换中获益"得以进行,从而引导行动者做出某种算计,并带来潜在的更好的社会结果,因此,制度的承续显而易见是竞争与选择的结果(诺思,2008:55-57;巴泽尔,2008:7-9;聂辉华,2005)。

一般来讲,制度解释建立在组织结构的基础之上,文化解释建立在将文化理解为共享的态度和价值的基础之上,前者表现为直接观察到的条例、法规、程序等,后者则表现为道德、习俗或艺术等直接或间接的非正式规则。"社会学派制度主义"认为,制度与文化不可截然分隔,两者是相互投射并影响的;文化也可能是一种"制度形式",不仅与情感、价值和态度相关联,并且也可能为行动提供模板或象征。因此,社会学意义上的制度不仅包括正式规则、程序、规范,而且包括文化、习俗和传统等为人类的行动提供"意义框架"的象征系统、认知模式和道德模板(Soysal,1995;Fligstein et al.,2012)。

因此,简而言之,新制度主义分析具备历史视角,重视历史的独特性与路径依赖,也重视产权、交易成本和理性对于制度运作与发展的重要性;并且,新制度主义分析还认为,制度存续的原因是它与社会学中各种文化、习俗相关联并构建出具有"意义框架"的合法性系统。

对应前述三个研究问题,本章拟采用新制度主义的复合分析视角构建媒介体制中"国家角色"的分析框架。

（1）基于我国传媒业发展的特殊背景，从历史制度主义视角分析"财政政策"是如何形塑媒体的国家意识形态，以及形成了哪些相应的制度路径。

（2）从产权与交易成本的理性制度主义视角分析产业政策的演变是通过哪些理性选择的方式推动传媒业市场结构的发展。

（3）从社会学制度主义视角分析传媒监管如何将其他非刚性的制度因素纳入制度体系，从而形塑中国媒介专业文化的价值观特征。

4.3 财政政策：舆论竞争场域的外生性制度优势

从财务角度而言，财政政策是一种重要的具有政府性质的无偿转移性支出，包括财政直接拨款和其他相关的财政补贴、转移支付。财政政策不仅令领取补偿者直接获益，还有可能间接影响消费市场相对价格和资产价值的变动，长期来看具有改变资源配置结构、供给结构、需求结构的作用（张颖熙等，2007；黄亭亭等，2010；黄赜琳，2005；靳春平，2007）。

通过梳理中国传媒财政政策的发展脉络，发现其大致经历了财政补贴、市场改制、政府财政与社会资本混合三个阶段。第一阶段是从新中国成立到20世纪80年代的计划经济时代，我国媒体建制是事业单位，各级党报、党刊和电视台均享受国家的财政直接拨款、税收减免，或通过各级党政机关和事业单位等的定向征订进行财政转移支付。

第二个阶段是20世纪80年代末[①]至21世纪初，财政直接拨款政策随着国家从计划经济向市场经济改革的推进而逐渐被削弱和减少。与此同时，基层的传媒机构产生了初始的市场化改革实践，自办发行与广告经营逐渐代替财政补贴成为传媒机构的主要生存之法[②]，中国传媒的机构属性开始突显其"二元性"特征[③]：首先，传媒作为党和国家政策的宣传工

[①] 1985年4月，经由国务院批转的《国家统计局关于第三产业的统计报告》，第一次将广播电视事业列为第三产业（见《激荡四十年：广电行业的"第一次"》，https://www.tvoao.com/a/195952.aspx）。

[②] 例如，《广州日报》1981年与市财政脱钩，1990年成为中国第一家脱离传统的邮局征订模式改为自办发行的副省级城市党报，1993年成立了发行公司。

[③] 1987年12月，在广州召开的珠江经济广播电台广播理论研讨会上，与会代表提出了电台、电视台不断扩大有偿服务、逐步缩小无偿服务节目服务范围的建议，并首次提出了传媒"二元性"的基本观点。

具，承担着维护社会稳定和国家安全的政治功能；其次，传媒在不改变其政治属性和功能的前提下进行一系列市场经济改革，追求利润成为传媒组织生存和发展的重要基础和导向。这种"二元性"使得中国的传媒机构既具有"事业单位"的行政特质，又在顺应市场经济大环境发展的前提下，被动或自发地衍生出许多符合市场经济特点的企业化行为。在这个时期，财政政策依然被实施，但规模缩减，同时，国家和地方主管机构鼓励传媒机构在不改变其政治属性和功能的前提下进行一系列企业改制的尝试，传媒组织不仅生产具备宣传导向的严肃内容，还开始趋向提供迎合受众的生活娱乐消费需求的内容产品（周鸿铎，2006：35－89）。为了扩大经营规模和增加盈利，地方党政媒体开办了子报、子刊，但后者从创办之初便不属于财政政策的补贴范围。例如，南方都市报自1997年创办起即成为全国第一家"自办发行"的附属于党媒系统的市场化的媒体组织。

第三个阶段是21世纪初以来，随着历史条件的变化，以及随着国家对主流媒体角色在政治功能认知上的强化和巩固，中央和地方政府开始陆续对党媒做出了财政直接补贴的政策调整，与此同时，将以往的强制性订阅转变为"协调式征订"和"切实保障订阅经费"[1]。此外，广东省、上海市、湖南省、甘肃省等地的政府部门均给予当地党媒以现金支持，由此得以推动各层级的主流媒体的融合转型，受助机构中也包括一些传媒上市公司[2]；最近数年还出现了由地方政府牵头进行的社会资本的间接性投入，

---

[1] 《确保完成〈南方日报〉等征订任务》，《南方日报》2011年11月8日第AC01版；《确保完成征订任务》，《南方日报》2020年11月25日第A12版。

[2] 例如，从广东省财政厅发布的《关于2015年推动媒体融合发展扶持资金分配方案的公示》中可知，广东省委、省政府当年拿出0.5亿元资金，分别给予南方报业集团、羊城晚报报业集团、广东电视台等媒体机构2400万元、1000万元、700万元不等，并详细列出资助的项目名称（见 http://czt.gd.gov.cn/tzgg/content/post_174269.html）。上海新丽传媒的招股书显示，2014—2016年该公司累计获得的政府补助高达1.29亿元（见 https://baijiahao.baidu.com/s?id=1572048102615843&wfr=spider&for=pc）。新华文轩出版传媒股份有限公司称，该公司及其子公司自2018年5月至2019年5月共获得政府补助人民币1.011亿元（见 http://finance.eastmoney.com/a/201905141122240852.html）。中南传媒（601098.SH）公布，2020年度该公司及其所属公司收到政府资金支持文化产业发展的补助资金累计为4973.12万元（https://baijiahao.baidu.com/s?id=1689303463655182302&wfr=spider&for=pc）。读者传媒（603999.SH）公布，该公司及其下属子公司2020年全年累计获得中共中央宣传部、国家出版基金规划办公室及甘肃省委宣传部、甘肃省财政厅等中央及地方各类补助资金总计1015.15万元（见 https://baijiahao.baidu.com/s?id=1692652405421218154&wfr=spider&for=pc）。

即吸引社会资本成立产业基金来扶持党媒[①]。

从历史制度主义视角分析中国传媒的财政政策，综合上述三个阶段的演变来看，尽管其形式多样、实施主体包括国家和地方行政机构，但一直维持着两个基本点：一是就干预的程度而言，国家和地方政策对传媒的财政政策比其他行业更直接，受益者身份均为国家和地方的各级党政媒体，且随着网络和国际舆论环境的复杂化和多元化，财政政策也变得越来越积极和多样化，既保留了传统的财政补贴，也创新性地使用了市场化的产业基金。二是就干预的后果而言，通过积极的财政干预赋予了主流媒体机构政治意识形态属性以超越其他属性的首要地位，也建立了媒体组织与政府机构之间的体制性联系；与此同时，这种特殊的政治经济结构是党政媒体与其他市场化媒体在组织实践上形成多种差异的主要原因，即形成了党政媒体在当下舆论竞争场域的外生性制度优势。

4.4 产业政策：基于市场竞争性的理性选择

从历史实践来看，产业政策是国家提升新兴产业发展竞争力的最重要的制度性机制。一般指有关产业的国家法令和特定政策；或是当市场调节发生障碍时政府采取的补救措施；或是政府针对国家经济发展特点制定的产业赶超政策，即工业后发国家为赶超工业先进国家而采取的政策总和。从政策目标、政策客体和功能性来看主要分为三类："功能性产业政策"对市场机制的缺陷起弥补作用，通常是指政府通过提供人力资源培训和R&D补贴（科学研究与试验发展经费）来推动产业结构的升级与演化；"水平性产业政策"是政府通过产业政策开放市场、放松经济管制、打通相关产业的接入壁垒，为研发投资和产业间相关主体的融合提供激励性政策；"选择性产业政策"是通过提供奖励和补贴来提升特定部门或特定企业的优势，提升产业结构的演进效率。"功能性产业政策"和"水平性产业政策"注重市场机制在资源配置中的基础性作用，"选择性产业政策"

---

① 例如，2016年由广东省委宣传部组织广东南方报业传媒集团有限公司、广东羊城报业传媒集团有限公司、广东南方广播影视传媒集团有限公司、广东省出版集团有限公司等四省省直传媒出版企业与海通创意资本管理有限公司、中赛信合（北京）投资管理有限公司等共同发起成立总规模为100亿元的广东南方媒体融合发展投资基金，按照市场化原则和股权投资方式，重点支持广东传媒出版企业转型升级和媒体融合发展重点项目（见《广东首支媒体融合投资基金揭牌》，《南方日报》2016年3月28日第A01版）。

则更加强调政府在资源配置中的作用（彭伟辉等，2019；黄先海等，2003；邱兆林，2015）。

中国传媒产业有其特殊性。传媒业在新中国成立后相当长的时间内被定位和归属为事业单位，并不属于产业，也不具备市场和产业属性。20世纪80年代以来启动的市场化改革对我国传媒行业发展产生巨大影响，通过梳理各类产业政策，发现其大致呈现为以下四个重要特征。

第一，通过"功能性产业政策"促使传媒机构从事业单位向企业单位转制以增加传媒的市场经济属性。例如，1985年，广播电视部首次将广播电视业列入第三产业进行统计；2001年8月，中共中央办公厅、国务院办公厅发布了《关于深化新闻出版广播影视业改革的若干意见》，首次提出文化体制改革要以发展为主题，以结构调整为主线，以集团化建设为重点和突破口，组建包括中国广电集团、中国出版集团在内的70多家文化集团。

第二，通过"水平性产业政策"将市场化转型初期的传媒业逐步纳入新兴的产业融合领域。例如，2001年3月九届全国人大四次会议首次提出"三网融合"的产业政策，打破了各个产业部门边界，促进了电信、电视和互联网融合发展。从那之后，中央全面深化改革领导小组、国务院、国家发展改革委、新闻出版总署、国家广电总局、财政部、工信部等相继发布了诸多传媒产业政策。例如，2009年国务院首次提出积极发展移动多媒体广播电视、网络广播影视、手机广播电视等新兴文化业态，推动文化产业升级；2013年国家广电总局继续提出将网络广播电视台提升到与电台、电视台发展同等重要的地位，推动各台资源互动和深层融合；2014年国务院首次将金融、科技、贸易等更多的行业纳入了与文化经济融合发展的框架；同年8月，中央全面深化改革领导小组提出推动传统媒体和新兴媒体在内容、渠道、平台、经营、管理等方面的深度融合，推动各省建成数家大型新型媒体集团；2015年国务院明确将媒体融合纳入"互联网+"的国家大战略。①

第三，通过"选择性产业政策"提升新兴传媒产业的市场效率。例如，2012年中共中央、国务院提出要实施一批重大项目，加快发展文化

---

① 见2001年3月九届全国人大四次会议发布的《国民经济和社会发展第十个五年计划纲要》、2009年7月国务院发布的《文化产业振兴规划》、2013年1月国家广播电视总局发布的《关于促进主流媒体发展网络广播电视台的意见》、2014年3月国务院发布的《关于推进文化创意和设计服务与相关产业融合发展的若干意见》、2014年8月中央全面深化改革领导小组发布的《关于推动传统媒体和新兴媒体融合的指导意见》、2015年7月国务院发布的《关于积极推进"互联网+"行动的指导意见》。

创意、数字出版、移动多媒体、动漫游戏等新兴文化产业；2018年11月，中央全面深化改革委员会提出要深化县级媒体的机构、人事、财政、薪酬等多方面改革。为了提升转型效率，2018年12月，国务院办公厅颁布了一系列涉及文化产业领域财政税收、投资融资、资产管理、土地处置、收入分配、社会保障、人员安置、工商管理等方面的支持性政策。①

第四，除了前述三类常规性产业政策外，针对传媒业发展的特殊性，通过"竞争性政策"创新性地引入社会资本。2003年，国家首次提出党报、党刊、电台、电视台、国有发行集团、广播电视传输网络公司等重要新闻传媒经营部分剥离转制为企业，在确保国家绝对控股的前提下允许吸收社会资本。在2005年还进一步允许非公有资本进入出版物印刷、可录类光盘生产等文化行业和领域，还可参股出版物的印刷与发行以及新闻出版单位的广告与发行领域，并参与广播电台和电视台的音乐、科技、体育、娱乐方面的节目制作，电影的制作、发行与放映，可以建设和经营有线电视接入网，参与有线电视接收端数字化改造。这些政策直接推动了中国影视业、互联网传媒业的发展。2012年，新闻出版总署发布相关实施细则，鼓励国有出版传媒企业吸收民间资本，鼓励民间资本申请国家文化产业发展专项资金，降低传媒业的进入壁垒，为传媒业从民间资本融资创造条件，直接推动传媒机构改制上市的进程。②

综上所述，从理性选择的新制度主义角度而言，国家各职能部门以符合市场竞争性的理性选择的方式，为传媒业的市场化转型和媒介融合改革提供了一系列的产业政策集合，尤其为传媒组织的媒介创新构建了除财政政策之外的第二类外生性制度体系，且相比财政政策来讲，具有创新性、开放性和连续性的重要特征。从产业融合的外部协同效应来看，这些政策从最初为传媒业增加市场经济属性，演化至以提升其市场竞争力为目标，推动传媒机构参与产业融合过程中的利益与资源再分配，既与相关产业如互联网业、电信业、文化产业等发生了利益关联，也与其他非相关产业如金融业、房地产业等发生了利益关联，尤其当引入社会资本时，所带来的

---

① 见2012年2月中共中央办公厅、国务院办公厅发布的《国家"十二五"时期文化改革发展规划纲要》、2018年11月中央全面深化改革委员会发布的《关于加强县级融媒体中心建设的意见》、2018年12月国务院办公厅发布的《文化体制改革中经营性文化事业单位转制为企业的规定》与《进一步支持文化企业发展的规定》。

② 见2003年12月国务院发布的《文化体制改革试点中支持文化产业发展的规定》与《文化体制改革试点中经营性文化事业单位转制为企业的规定》、2005年4月国务院发布的《关于非公有资本进入文化产业的若干决定》、2012年6月新闻出版总署发布的《关于支持民间资本参与出版经营活动的实施细则》。

行业关联则更具多样性，提升了媒体组织在更大范围内的产业融合中的实际竞争力。从传媒组织的企业效率来看，组织自身形成了财政补贴、经营利润与资本融资三者共存的资本结构，获得了远比单一财政补贴或广告经营更多的收益，促使传媒组织进行内部改革并初步具备了现代企业治理结构。

4.5 监管政策：回应"伦理规范"的意义框架

一般来讲，监管政策指政府运用财政、税收、信贷、价格等经济杠杆和立法手段来遏制某些恶性市场竞争，通过维持公平、公正、公开的市场秩序来保护市场或行业参与者的合法权益，并以此促进行业的发展。但对于不同的产业，监管政策往往还带有该产业明显的产业属性特点和政策调控的侧重点。

新闻传播机构的监管与其他行业有显著差异。传媒业的监管体系除了常规性的市场监管之外，还包含内容监管和资质监管。从历年的监管条例来看，内容监管是其最重要的监管手段，包括监管传统媒体信息内容导向、审查内容真实性等等；对新媒体的监管则与传统媒体保持同一个标准和同一条底线，监督、管理和抵制互联网上的虚假信息、黄色信息和低俗信息等等。资质监管则监督传媒机构业务经营的许可资格，例如是否符合新闻出版资质、互联网新闻信息服务许可资质等等。

内容监管的范畴从信息内容的文化特点、商业类型到技术手段，监管行业覆盖广播电视业、新闻出版业及新媒体行业。例如，国家广电总局2009年7月重申"限制方言令"，指出除地方戏曲片外，电视剧应以普通话为主，一般情况下不得使用方言和非标准的普通话，重大革命和历史题材电视剧、少儿题材电视剧及宣传教育专题电视片等一律使用普通话，电视剧中出现的领袖人物语言要使用普通话，等等；2010年指出电视综艺节目严禁伪造嘉宾身份，不得以婚恋的名义对参与者进行羞辱或人身攻击，不得展示和炒作拜金主义等不健康、不正确的婚恋观，不得现场直播等，对引起社会广泛争议的婚恋类电视节目造假、低俗等问题在嘉宾关、内容关、主持关和播出关上都做出严格规定。[①]

[①] 见国家广播电视总局2010年6月发布的《关于进一步规范婚恋交友类电视节目的管理通知》《关于加强情感故事类电视节目管理的通知》。

有关部门还将有关证券市场的新闻内容纳入监管范围。2011年1月，新闻出版总署与中国证券监督管理委员会联合要求审慎报道可能影响投资者预期和市场稳定运行的新闻题材，并首次提出证券期货监管部门应当建立针对证券期货信息类产品的日常监测机制，同时建立证券期货互联网新闻信息内容管理责任制度。① 此外，提升对各卫视播出的某些类型节目的监管强度，例如严格控制影视明星参与的综艺娱乐、真人秀等节目的播出量和播出时段，原则上黄金时段不再播出引进境外模式的节目。② 进一步地，监管手法从单一性的行政监管推进到与法制监管并行，例如《未成年人节目管理规定》自2019年4月30日起施行，指出未成年人节目不得宣扬童星效应或者包装、炒作明星子女；细化对未成年人节目制作、传播的规范细则，要求广播电视节目集成播放机构应当通过设立未成年人节目专门频率频道等方式，完善未成年人保护专员与未成年人节目评估委员会机制等。③ 近年来，随着算法技术引入信息分发与传播渠道，2021年8月，中共中央宣传部与其他四个部门联合发文指出健全基于大数据的评价方式，加强网络算法研究和引导，开展网络算法推荐综合治理，不给错误内容提供传播渠道。④

传媒业的市场监管与其他产业一样，包括规范市场准入和合同，监管产品价格、竞争手段、税收义务等。例如，2017年相关组织联合发布了规范行业组织、出台电视剧成本配置比例的指导意见，引导制作企业合理地安排电视剧投入成本结构，优化片酬分配机制，并随即对演员片酬作了详细的规定。2018年6月底中共中央宣传部与相关部门联合印发通知要求加强对影视行业天价片酬、"阴阳合同"、偷逃税等问题的治理，控制不合理片酬。⑤

---

① 见2010年12月新闻出版总署与中国证券监督管理委员会发布的《关于加强报刊传播证券期货信息管理工作的若干规定》。

② 见2017年8月国家新闻出版广播电视总局发布的《关于把电视上星综合频道办成讲导向、有文化的传播平台的通知》。

③ 见2019年4月国家广播电视总局发布的《未成年人节目管理规定》、2021年3月国家广播电视总局发布的《中华人民共和国广播电视法（征求意见稿）》。

④ 见2021年8月中共中央宣传部、文化和旅游部、国家广播电视总局、中国文联、中国作协等五部门联合印发的《关于加强新时代文艺评论工作的指导意见》。

⑤ 见2017年9月国家新闻出版广播电视总局等五部门发布的《关于支持电视剧繁荣发展若干政策的通知》，2017年9月中国广播电影电视社会组织联合会等行业协会组织联合发布的《关于电视剧网络剧制作成本配置比例的意见》，2018年6月中共中央宣传部、文化和旅游部、国家税务总局、国家广播电视总局、国家电影局等联合印发的《治理影视行业天价片酬"阴阳合同"偷逃税等问题的通知》。

对从业资质与信息发布资质的监管也逐渐被纳入传媒监管体系。在传统媒体时代，媒体事业被纳入国家行政和事业体系，平面媒介与电视媒介的边界清晰，但是这一情形在市场经济和网络场域中发生了巨大变化，"媒介资质"的定义必须重新进行修订与调整。例如，2009年重点修订了"记者的定义""采访权利的维护和保障""记者职业规范要求"等等；2018年12月明确规定金融信息服务提供者从事互联网新闻信息服务、法定特许或者应予以备案的金融业务应当取得相应资质，并接受有关主管部门的监督管理等；2019年11月明确网络音视频信息服务提供者应当依法取得法律、行政法规规定的相关资质，应当建立健全用户注册、信息发布审核、信息安全管理等制度；等等。①

以社会学派制度主义的视角而言，上述监管体系的条例尽管庞杂繁细，但实际涉及了除政治和市场经济因素之外的各类文化传统、道德规范、社会/商业伦理及舆论素养等等。新闻出版业属于外部效应较强的行业，也就是说，这个行业的内容产品能迅速产生信息反馈和非企及的社会性后果，这是因为传媒产品具有一种本源性功能，即可以通过议题设置宣传生产者认为有价值和有利的信息来引导读者，在潜移默化中影响读者对事物价值的判断和决定。也正因为如此，传媒产品在公共空间中所表达出来的共享的态度、表现方式、价值观均等成为监管对象，以确保现实中的内容载体与国家框架中的象征系统、认知模式和道德模板维持对应关系。由此可见，监管体系的内在逻辑并非基于政治原则或市场理性，而是基于各种社会伦理法则，为媒介行动提供"意义框架"，并通过评估、监督与纠错，使得传媒机构在产业经济框架下的市场化过程中内化这些与信息内容相关联的伦理规范，从而尽可能规避市场效率对伦理价值产生的挤出效应。

4.6 传媒政策的制度路径：从国家干预到国家治理

本书采用新制度主义的复合分析视角，尝试勾勒与阐释我国传媒政策体系的演化路径。以历史制度主义的视角分析，发现中国传媒的财政政策始终维持两个基本点：一是国家对传媒的财政政策比起对社会中其他行业

---

① 见2009年10月15日正式施行的《新闻记者证管理办法》，2018年12月国家互联网信息办公室发布的《金融信息服务管理规定》，2019年11月国家互联网信息办公室、文化和旅游部、国家广播电视总局联合发布的《网络音视频信息服务管理规定》，等等。

领域显得更直接，从财政补贴的常规性制度演化为党政媒体在舆论竞争场域具备外生优势的特殊制度；二是通过积极的财政干预赋予了媒体机构的政治属性以超越其他属性的首要地位。以理性选择的新制度主义的视角分析，发现国家各个职能机构以符合市场竞争性的理性选择的方式，为增加传媒业的市场经济属性和产业竞争力提供了一系列具有创新性、开放性和连续性的产业政策集合，不仅推动了传媒产业参与各类产业融合过程中的利益与资源再分配，也使得传媒机构自身形成财政补贴、经营利润与资本融资三者共存的现代企业治理结构。以社会学派制度主义的视角分析，发现监管政策体系的内在逻辑并非基于政治原则或市场理性，而是基于伦理法则的评估与衡量，并以此为传媒机构提供了具备"意义框架"的象征系统和道德模板。

于此，财政政策、产业政策与监管政策并非各自为政，而是形成了目标和对象存在区分，但功能之间相辅相成的系统性制度框架。其演化机制既承续了中国传媒发展中的历史特殊性，也与中国产业融合的大趋势亦步亦趋，与此同时还将各种社会伦理规范的原则纳入其中，尤其是监管体系一直贯穿始终，其政策颁布时间与监管内容与产业政策的推进呈现着协同与呼应，避免了以工具性或市场利益遮蔽公共性的"单一目标取向"，同时也避免了将政策过程转变为去政治化、追求技术性事务优先的"技治主义"（肖滨等，2017）。

进一步地，区别于西方国家的媒介体制中强调国家单方面的行政干预或经济自由主义的范式，这套联结着国家、传媒、市场与社会不同场域的、制度化的政策体系在某种程度上初步具备了现代化国家治理体系的特征。

国内外学者认为"国家治理"与国家理论不同，国家理论认为国家对社会或行业实行的单方面"强干预"，使国家与社会之间有可能形成对立的"零和博弈"。所谓国家治理指的是国家通过制定和执行系统性规则或制度，以及提供服务而与社会实现"双赢"。国家治理的核心问题之一是如何处理政府、市场与社会的关系，国家治理的核心理念是体现现代国家的新型执政模式，即以国家、社会与市场的新型复合型关系概念替代单一的国家概念，此外，国家治理不仅仅具有意识形态的政治意义，还是建立在系列的规范性框架之上的目标状态，即运用一系列的制度与规则解决现实问题，在此过程中，政府、市场与社会进行合理分工与协作，最终实现现代性治理的一系列目标（薛澜等，2015；刘海潮，2014；蓝志勇等，2014）。从上述意义而言，财政政策、产业政策和监管政策以及相应的法律制度意味着在媒体体制的形成与演化过程中，国家角色并非以行政干预的单一手法，而是从政治、经济与社会的各个方面作用于中国传媒业，朝着传播核心价值观与主流道德规范的国家目标而发展。

随着中国经济社会的发展，社会的价值观念也发生了重大变化，很多在传统社会里被认为是私域的事务也逐渐进入了公共事务的视野和国家治理的范畴，互联网舆论生态创造了更大范围的多样性与更难预知的不确定性。作为一种制度安排，市场经济在很大程度上解决了传媒资源配置效率的根本性问题，但是中国传媒市场经济发育不全与市场失灵问题仍然交织在一起，如果政府放任不管，市场的外部性问题就可能会转化为社会性、群体性问题。例如，如何维护原创性内容的版权以及如何监管内容资质而杜绝假新闻的蔓延？若仅依靠市场能动性是不能解决这些市场外部性问题的。

但从另一方面来讲，在当下的社会环境中，政府对在市场化过程中应该或不应该介入哪些事务做出正确判断变得十分困难，例如，媒介融合的技术为传媒业的市场创新带来了更多可能，而"三网融合"打破了传统的通信产业垄断边界，使得这些可能成为现实。利益各方在博弈的竞合中前行，传媒进行互联网平台化、互联网平台反向进行媒介化的双重转换过程势必会带来混业经营的市场状态，但创新也意味着试错，这些传媒业态的全新体验对现行监管规制提出了多重挑战（李丹林，2012；石长顺等，2010；姚德权，2006）。有些问题是由于传媒业市场发展不健全所导致的，例如，传媒组织的激励机制与媒介融合改革，就更应该继续促进市场化和数字化的双重改革，让市场配置资源的作用发挥出来。

国外学者通过实证研究发现，大多数发展中国家都同时存在"太多"国家和"太少"国家的问题，就是说要么管得太多、要么放任不管，解决之道不仅在于减少国家在微观经济事务的干预，还在于国家增强实施政策、履行日常行政职能的能力。国家干预或国家治理不是意味着约束，而是保护传媒业的多样性、创新性与可持续发展。从本质上说，治理是建立在政治原则、市场原则、公共利益和社会认同之上的合作，其权力向度是多元的、相互的，而并非单一性的或自上而下的（薛澜等，2015；刘海潮，2014）。毫无疑问，国家角色如何作用于媒介体制并没有全球化的统一路径，它是一个基于国家、市场、社会以及文化的不同而又有各自特点的选择。

第 2 部分 开放的新闻编辑部

开篇语：

从创新生态培育的角度发现，知识社会的流体特性推动了创新民主化，使得知识社会的外部环境更有助于更广泛的创新群体在一个更加开放自由的平台上从事科技创新，同时也创造了更多的知识与应用场景相碰撞的机会，这样的碰撞成为创新活动最大的动力源。

本书第 2 部分关注媒体组织的创新。这些创新不仅呈现出开放的理念和认知，更重要的是，带来了用于创新的知识源，例如来自新闻组织内部的专业经验、文化传统与职业规范等，与来自外部环境的社会资本、市场资源、技术条件等，同时广泛地分布于各种创新活动中并形成了流动性的知识交互，即形成动态的、有机性的，而非静态或固化的"创新知识流"。

在信息市场中，对竞争起着决定性作用的是内生性的信息生产专业优势，而非其他具备资源性优势的外部条件。在这样的前提下，该自媒体由外而内的开放式创新模式或能为当代新闻生产机制创新提供一些启示。

5 开放式参与：由外而内的新闻生产机制创新

作为一位闯入者，参与式新闻生产一向被看成是一种令专业领域人员感到"五味杂陈"的创新性的生产机制，同时也是一位"面孔模糊"的"业余他者"。尤其在互联网空间，媒介主体变得多元复杂，碎片化的参与式生产与专业化的媒介生产体系的交叉渗透在互联网世界中构织成了一个个充满创新性、有机性的信息生产网络。

5.1 参与式生产："业余他者"的媒介创新

在传统新闻生产场域，"新闻编辑"作为参与式生产的控制力量，主导和决定着媒介议程以及"媒介作品"的类型，传统媒体的参与式生产是专业对业余的"选择性接纳"（Thurman，2006；Domingo et al.，2009）。"业余"是对并不充足的专业资源、狭隘保守的客观性以及记录者的"现场缺席"（即记者们并非都能出现在第一现场）等专业机制的天生缺陷进行即时或临时补充（蔡雯，2010；陆晔等，2016；夏倩芳等，2016；Borger et al.，2013；Erjavec et al.，2013）。学者们还发现，为了"抵抗"参与式生产的渗透影响，专业新闻组织会有意减少机构内部的"参与"机会，阻止编辑与受众的关系从"互动"演进到"参与"，这体现着当公众从一个附属地位向主导性的专业新闻框架靠拢时，传统新闻机制呈现出一种令人失望的结构性的顽固。

互联网技术的发展开辟了新的民主机会，伴随着这种机会，作为受众自我技术赋权之表现形式的参与式新闻生产对传统的新闻权威、新闻价值、生产权和生产机制均发出了质疑和挑战，并被学者们赋予了一种强烈的"道德热情"。例如，1995—2011年，国外大多数相关研究成果表明，在传统新闻社区出现这种新生产模式的原因是新闻业"对新民主的机遇的热情"，或是对"新闻专业的顽固的失望"，以及对"以经济动因促进参与式新闻的"和"被动新闻使用者"的期待；基于议程设置理论，有研究提出了中国新闻社区的三种参与式新闻传播模式：不相容模型、协商模式以及非传统模型（Vujnovic et al., 2010; Borger et al., 2014; Wang, 2016）。

参与式新闻生产并非仅发生在新闻组织内部。在互联网媒体平台，参与式新闻生产得益于互联网技术的成熟以及社交媒体的盛行，一方面，传统媒体从被动到主动地吸纳网民们的原创素材，使原来单向的"阅听人"参与了具体的新闻专业生产；另一方面，网民们通过互联网平台自由地发表"所见所闻所想"，直接生产了"类新闻产品"。当所有人都可以通过手机上传图片、文字和视频时，新闻生产的时空场域（或生产权）被完全打破，个人生活情境便可以渗透和影响着媒介生产。通过媒介生产再现、分享和使用，媒介生产的含义非常丰富，也因此，从专业的报纸采编业务到一些社交网站上人们的留言评论，都可以视为一种"积极的参与式生产"（王斌，2011; Hermida et al., 2011）。

5.2 "虚拟编辑部"的创业故事

这个创业故事的发生之地并非传统媒体，而是一个成立于2011年的某个自媒体"中国×××"①。本研究的田野调查基于"新闻室观察"的研究方法。"新闻室观察"是指研究者在新闻机构里进行长时间的观察，甚至担任记者，亲身参与新闻的制作过程，然后根据观察所得，对新闻机构的内部运作以及新闻制作过程做出深入的、概念性的、具有理论意义的描述和分析，并探讨各种内部因素如何影响新闻生产（李立峰，2009）。

---

① 该自媒体（http://www.china30s.com/）成立于2011年3月，目标受众为30岁左右的年轻人，拥有专属网站、微信、微博、网络电台、线下活动组织等，同时还与出版社合作。截至2015年1月，该自媒体吸引了8万粉丝关注其微信公众号，并在半年时间里吸引了700多人注册成为其会员（需付费）。

本研究对该自媒体①进行了为期5个多月（2014年9月—2015年1月）的"新闻室观察"的田野调查②，包括参与该自媒体的内容生产和活动生产流程，还包括其所组织的采访、写作、编辑、线下活动（"工作坊"培训）、产品发表、创新类产品孵化等等，同时辅以深度访谈。

该自媒体的内容生产模型与传统的新闻编辑室很相似。"核心编辑室"是其枢纽平台，由一名工作人员（即自媒体的创始人）和2～3名实习生组成，每天工作时间不到8小时，工作内容主要有三项。

第一项工作内容：进行专业新闻内容的策划与编辑，以及维护共同的价值取向和身份认同——该自媒体打出的"口号"是"互助、分享、行动"——这被认为是核心编辑部的重要职责。从该自媒体的整体运作逻辑可以看出，编辑部对于各种信息资源的利用提出了"高效"的工作要求，同时在"虚拟编辑室"营造一种平等的工作环境，目的是培育编辑部成员的"责任感"和"荣誉感"。

第二项工作内容：协调该自媒体在各地的"报道成员"的工作沟通，进行各项内容生产的"众包"，这是日常工作的主要内容。从机构组成来看，"报道成员"与处于编辑部机构之外的信源组织"通讯员"类似，但是其招募过程和生产过程却更像"众包"：分散在北京和上海的核心编辑部源源不断地发现新的"报道成员"，并将他们的信息传送到核心编辑部，核心编辑部将这些信息归类整理，公布在共同的群组当中进行"众包"。

"众包"过程有三步：第一步，核心编辑们通过专业新闻策划，判断哪些故事、哪些人可以成为被采访对象以及采访内容。在判断一个新人是否符合要求时，相比传统新闻编辑部的做法，该自媒体采取了"开放"的态度和方式——对新人的选拔并不局限于该自媒体总部上海，而是面向全国；对新人和新故事的要求是"有故事"和"有趣"。第二步，对采访双方进行地域和工作时间上的"信息匹配"。第三步，出于对编辑部成本（主要是差旅成本）的考虑，其核心内容产品"三明治访谈"和"三明治实验室"是这些报道成员的相互采访，这其中包括旧人对新人的采访，也包括新人之间的相互采访。

第三项工作内容："核心编辑室"对报道内容进行编辑、整合与发布，

---

① 该自媒体最多时拥有十多万名注册用户，其微信公众号推送文章的微阅读流维持在2500～8000次甚至更多，并在同类型自媒体中享有盛誉。该自媒体的官方网站展示了《城市画报》、《二十一世纪商业评论》、中新社、BBC中文网、凤凰网等媒体的新闻报道。

② 中山大学传播与设计学院2012级研究生王琼慧2014年6月—2014年10月在该自媒体实习并完成了本研究的部分数据取样。

以确保内容的品质和格调的一致性。该自媒体的微信公众号每周更新四次，一般是周一、周二、周三、周四（或周五）；网站的内容随时根据新的内容更新，一般与微信公众号同日更新，有时稍微晚于微信公众号。核心内容产品"三明治实验室"略有不同，每周更新三次，一般是周一、周三、周五。

通过上述三项工作内容，核心编辑室与报道成员的工作形成了一个"虚拟编辑室"：即通过"专业策划＋编辑众包"的方式生产内容，利用微信、邮件以及协同工具"tower"等互联网技术平台建立虚拟工作场域。

本研究的参与者之一曾全程参与了"中国×××"的"三明治实验室 SANDBOX"项目的筹划和早期运营。这是一个创新类的孵化项目，以微信的阅读习惯进行内容编排，但也是一个连接其他内容产品并建立"三明治社群网络"的枢纽。

SANDBOX，即"沙盒"的意思，是一个计算机专业术语，它本就是创新的试验场，指新型的计算机程序在这里运行而不会影响整个系统。这个项目的内容生产对象（被采访者和目标受众）是创业者。因此，SANDBOX 将各种与"创业"相关的人联系起来，并将"准三明治成员"（报道者与被采访者，以及目标受众）锁定在"IDEA"四类人：Innovator（创新者）、Designer（设计师）、Expert（专业人士）和 Analyst（分析师）。

例如，第一期的 Expert（专业人士）的主角是陈先生，他曾是谷歌公司员工，现供职于中国某互联网公司，从事互联网广告、市场营销及知识管理工作。而他的另一个身份则是某文化公司签约的科幻类作家。在与"中国×××"数次合作之后，陈先生也从单纯的被采访者变成了"中国×××"的参与者，正式成为"三明治社群网络"的一员。同时还因为其祖籍在广东潮汕一带而成为"中国×××"线下活动"听潮 2015 年"的嘉宾。在另一个 SANDBOX 成员李女士所组织的某科技杂志社的现场活动中，陈先生也成为活动嘉宾，他不仅是这本科技杂志的采访对象，也是这本科技杂志的撰稿人。

SANDBOX 成员之间就是通过微信、邮件，以及线下活动等多种方式，使社群里的"组织信息"衍生出更多的社群内或社群外的信息，一个信息之间的联结又不断地延展出其他的触角，构建起了一个持续扩张的"三明治社群"。

总结这个创业故事，我们认为虚拟编辑部的特点是"由外而内的内容生产众包"的新闻生产机制，包括两个重要特点。

其一是核心编辑部以"资源的接近性"降低"信息沟通成本"，从而迅速地完成信息传送的分工。"寻找故事"和"核实故事"是其主要工作内容，但有趣的人和故事，往往并不会自动地来到编辑部，而由于人员有限，核心编辑室的几个成员也不可能仅由自己来获得这些消息。因此，其以"资源的接近性"为筛选标准，将目标人群（报道者、被采访者、传播受众）聚集在"IDEA"四类专业人群之中，从而极大地提升了信息传送的有效性和内容生产的精准度；"资源的接近性"还帮助核心编辑完成了新闻生产过程中信息成本最高的一个环节——信息自我筛选与核查的工作。

其二是开放式的"信息交互式与共享模式"使得组织内部的知识流形成了可流动的资源，完成了可持续的"信息内循环"：一种循环方式是新闻专业性的知识流在核心编辑部与参与者之间的垂直共享，在完成采访之后，通常情况下，采访人会先完成稿件，并将稿件发给核心编辑部成员；然后双方在彼此信任的基础上，进行一定的资源共享，例如，在采访资源地举办活动，并由核心编辑部支付一定费用。另一种循环方式是将各种专业化的知识流进行横向共享，三明治报道成员们通过彼此的专业资本、社会资本和人际资本建立了一个交互性的"三明治社群"。例如上述 SANDBOX 成员之间就是通过微信、邮件，以及现在活动等多种方式，使社群里的"组织信息"衍生出更多的社群内或社群外的信息，一个信息之间的联结又不断地延展出其他的触角，构建起了一个持续扩张的"新闻社群"。

在观察中，我们发现互联网技术与传播特质、成本节约的考量、创始人的个人经历与专业经验等均对创新产生影响。

创始人认为微信、App 等移动终端比传统网站更迅速地扩大了新闻社区的规模，新闻故事可以通过各类传播平台以各种差异化的产品方式进行传播，这充分地提供了创新的物理操作空间。

其次，该自媒体属于小微型创业机构，成本考量是创业者最具约束的边界条件，创始人坦诚其创业资金仅来源于个人积蓄，因此"必须一切从俭"。

此外，创始人的个人经历与专业经验[1]也是其参与新闻生产的重要原因之一。从访谈中得知，该创始人出生于 20 世纪 80 年代，曾供职于国内多家媒体，并有国外留学经历，还曾在国内高校新闻类学院和国际公关公司工作过，从事与新闻内容生产、新闻品牌管理、新闻教育及媒体行业相

---

[1] 创始人即为本书前言中的受访者，毕业于中国人民大学新闻专业。曾供职于《21世纪经济报道》《东方早报》等媒体，著有《民主是个技术活儿——英国民主生活走笔》《灾难如何报道》等。

关的工作。该创始人认为,"1980年后成长的一代现在正处在拼事业、拼家庭、拼社会资本的人生关键时期,他们有专业、有才华但是还没有社会地位,就像三明治中的中间夹层,没有受到社会的重视",因此他想"利用自己的专业经验为这群人创办一个互联网的表达空间"。

5.3 参与式生产:由外而内的知识流创新

概括地讲,在竞争比较充分的信息传播平台上,这个自媒体呈现出参与式生产的独特魅力,而且,相比于其他内容原创性自媒体,这个创新性的"虚拟编辑部"不仅极大地节约了信息采、写、编的信息沟通成本,同时还延伸出了社群式的"资源交互分享"的增值收益。

首先,如前文所述,核心编辑通过新闻专业化分工过程完成新闻信息生产与传播的过程。相比其他传统媒体平台,显然这种传播的效率要更高,体现为内容产品的创新种类多样性、更快的传播速度以及更高的专业信息质量。

其次,信息"交互性的分享"降低了编辑部的交易成本,正如前文所述,虚拟编辑部通过原有参与者的专业资源重新进行采写信息分工,节约了编辑成本;与此同时,社群规模的扩展使得社群中信息生产的边际成本下降,从而令新闻信息的生产与传播过程能以尽可能低的投入获得尽可能高的边际收益,俱乐部成员可以通过社群信息共享进行专业化的学习,降低社会资本的搜寻成本,提升自我资本的边际收益,从而极大地增进了俱乐部成员之间的"有效黏性"。

由外而内的"开放式创新"既是社群中最主要的报道内容,也是这个自媒体最重要的、最具价值的实践体验。与"创新"有关的任何信息故事因此也成为最具意义的信息生产和分享的内容。这个社群既类似"俱乐部"但又区别于"俱乐部",因为这些成员并非"交了会费了事",而是持续地为俱乐部创造各种边际收益,并且这种边际收益还"反哺"了该自媒体当前低廉的编辑部预算投入,例如由成员自行组织的线下活动会向核心编辑缴纳少许的活动宣传经费。

相比于传统媒体的新闻生产机制,"虚拟编辑部"无疑发起了一种从流程创新扩散到产品创新的过程。需要强调的是,通过深度访谈,我们还发现"中国×××"的创始人的个人成长经历和新闻业从业经历使得这个自媒体的新闻信息生产过程自始至终呈现出对新闻专业性的清晰认知，并形成了信息把关和枢纽的作用。

受此点启发，可以这样理解，一方面，自媒体通过纳入参与式生产要素而使自身获得的精准高效的内部分工，满足了当代信息生产中以更高的效率完成信息的交互使用的重要特征；另一方面，新闻专业性仍然成为内容产品质量中必不可少的潜在专业优势，并与创新性的新闻生产流程相辅相成地构成了"内生比较优势"。

在互联网媒介域中，新闻内容更倾向于作为具有市场属性的商品，内生比较优势因而更容易被激发出来并演化成一种竞争优势。主要原因之一是公众/用户与新闻业之间的关系与其他的生产者和消费者的关系类似，是一种"信托关系"。这种信托关系是这样完成的：当用户认为新闻媒体能够通过客观、公正或中立的方式提供专业新闻产品，他们就愿意支付超出"编辑部成本"的预算实施购买，因此这种信托关系的本质是基于专业关系而造就的商业竞争关系（王学成，2007）。所以，基于专业分工而产生的内生比较优势在信息市场的竞争中就显得十分重要，实证结果也显示这是该自媒体获得持续性竞争力的重要方式。

在基于互联网技术创新而生成的当代信息新"媒介域"中，信息传播的生态环境发生了根本性的变化：行业保护的制度壁垒变得或脆弱或被自然消解，信息主体的参与自由度和数量都得到了极大的扩展。因此，信息机构之间的竞争较之传统媒体时代则更接近自由市场的竞争状态，原本所拥有的外生比较优势逐渐式微，甚至不复存在。对竞争起着决定性作用的应该是内生性的信息生产专业优势，而不是行业制度的许可或其他具备资源性优势的外部条件。在这样的前提下，该自媒体由外而内的开放式创新性模式或能为当代新闻生产机制创新提供一些启示。

由于技术的渗透以及获取成本的下降，网络新闻直播之于中国平面媒体，无疑成为最能体现媒介融合的特色和成果之一。但是，相比传统电子媒介的直播实践，网络直播既拓展了媒体机构的传播力和影响力，同时也延展了公众舆论的监督触角，其显然要面临更为复杂的舆论环境和社会需求的挑战。

6　平面媒介的网络新闻直播：技术渗透式的内容创新

网络新闻直播凭借技术优势打破了传统电子介质的传播渠道垄断，这为平面媒介开辟了新的发展机会；不仅如此，纸媒作为对用户具有强排斥性的"热媒介"，还可以借助新闻直播扬长避短，改善其包容性和增强卷入度，从而更符合互联网媒介域中的"互动性"与"社交性"的信息需求。但是，这种由技术主导的开放式创新仍然面临由于同质化而造成的"信息冗余"、由于新闻专业性的结构失衡而形成的认知盲点，以及"断言式新闻"对新闻客观性和新闻伦理形成的多重挑战。

6.1　平面媒体+网络新闻直播：从"热"到"冷"

麦克卢汉（2000：51－64）认为，电子媒介是一种适合传播过程的"冷媒介"，这意味着出现在电视屏幕上的新闻节目是一种碎片式的、低清晰度的信息，因而可以"撩拨"大众深刻参与、深度卷入；与此相反，报纸、电影则是拥有高清晰信息、对观者具有排他性、不易卷入的"热媒介"。

网络新闻直播则将这种"冷媒介"的特征放大到极致，几乎无时无地不在满足受众交流分享和掌握未知领域的心理诉求。"受众卷入"在网络新闻直播中的体现为"强社交性"，在线用户可实现即时交流，可以完成信息直达的便捷、信息落点的多样等传统媒介域中不可能达到的传播效果

（金志成等，2007）。2016 年，美国社交网站脸书（Facebook）的直播功能（Facebook Live）进行了一次大升级，增加了更多新的功能，如发送表情、进行弹幕评论、对直播点赞以及邀请朋友观看直播等，使得国外媒体更多会选择同时在 Facebook Live 和直播 App 中播送新闻内容。据脸书称，2020 年 2—3 月，美国的 Facebook Live 观看者人数增加了 50%。①

在传统媒介域中，直播是伴随着电视的出现而产生的，并能最大限度地打破原有时间和空间界限的传播方式，也是物理效率最高、精确性最高的一种传播技术形式。但受制于传播介质的特殊性，它一直被电子媒介所垄断。

2016 年以来，网络新闻直播打破了电视媒介的"垄断"边界，渗透至大多数平面媒介的移动终端平台，但一直不温不火。2020 年的新冠肺炎疫情大流行以及一系列持续的、不确定性的社会事件不仅令新闻直播从娱乐直播、电商直播等社交类直播中脱颖而出，而且与电视频道形成了明显竞争，似乎还预示着与纸媒开展媒介融合的未来趋势：即时信息的需求被前所未有地激发出来，媒体竞争战线将会前移至信息端口，网络新闻直播成为新闻人不可或缺的工作方式。

网络视频直播系统可以应客户的要求把活动现场的音频或视频信号经压缩后，传送到包含了提供播放录音通知、DIMF 数字接收、交互式语音应答（IVR）功能及多媒体会议功能的多媒体服务器上，在移动终端或社交平台上供广大受众收听或收看（李涛，2004）。据了解，现在网络直播系统分为直播软件和硬件直播，硬件直播的优势在于网络延迟低、唇音同步的效果，同时还支持客户端分辨率自适应调整。例如，在强现场感的直播画面之下，用户会不断抛出问题，以评论和弹幕的形式与主播展开互动，受众从被动的"单向度"信息接收者而逐步成为信息生成、信息传播的参与者和生成者。

---

① 参见《中央总台、人民日报、新华社，它们怎样做直播？》（https://www.sohu.com/a/376630318_613537）、《从技术到技艺——〈新京报〉视频直播的尝试》（http://media.people.com.cn/n1/2017/0320/c411694-29156726.html）、《一点资讯与南方都市报达成战略合作 打造"新闻直播"聚合平台》（http://media.people.com.cn/n1/2017/0418/c14677-29219259.html）、《新华社推出"现场云"全国服务平台 助力传统媒体"一站式"迈入直播时代》（http://www.xinhuanet.com/politics/2017-02/19/c_1120490015.htm）、《人民日报、央视加入直播平台混战，直播正在撬动传统媒体变革》（https://www.sohu.com/a/126696381_116132）、《这 6 家英国媒体跟着脸书爸爸怎样玩直播？》（https://news.qq.com/original/quanmeipai/ukbrandfacebooklive.html）、《国外媒体如何玩转社交直播》（《光明日报》2016 年 8 月 20 日第 6 版）。

6.2 疫情期间纸媒网络新闻直播

在新冠肺炎疫情的非常时期，受众对于即时新闻的需求更为迫切与强烈，每天定时通过各类新闻 App 收看中央和地方防疫新闻发布会的即时直播似乎成了一种新型的生活方式；最经典的画面之一即全民观看"央视频"客户端 24 小时不间断直播的《全景直击武汉火神山、雷神山医院建设》。

其实自 2016 年始，传统平面媒体就纷纷启动直播项目。例如，2016 年，新华社客户端的"现场云"栏目为纪念红军长征胜利 80 周年，推出大型主题网络直播栏目《红色追寻——三个年轻人的长征路》；《新京报》于 2016 年与腾讯新闻合作出品众多新闻直播产品，如《我们一起回家》《天津滨海新区爆炸》《7 月北京河北暴雨》等；2016 年 7 月，在北京"7·20 暴雨"灾害中，在直播页面下方，新京报客户端设有"主播厅"，后方编辑团队以"新闻 ing"的名义将最新信息汇总呈现并进行实时播报；2019 年全国两会期间，新华社联合搜狗公司推出了 AI 合成女主播以及智能 AR 直播眼镜，展现了人工智能与新闻采编的融合。《南方都市报》在 2016 年全年的直播接近 200 场，最高流量超过 300 万；在 2017 年全国两会期间直播《中国驻日大使难当吗？大使笑着这样回应》《李彦宏：人工智能怎么发展都不会超越人类》等新闻节目，同年还与"一点资讯"合作制作视频直播产品，并在凤凰网、手机凤凰网、凤凰新闻 App、一点资讯 App、OPPO 浏览器、小米浏览器等互联网平台进行分发。《封面新闻》的新闻直播则更为生活化，如走进飞机维修现场，在成都双流国际机场一侧现场解密如何"问诊"庞然大物——飞机，该节目直播开始后的 5 个小时内吸引了全网 65 万网友在线观看。

新冠肺炎疫情防控期间，各大平面媒体平台推出的新闻直播实践有即时资讯直播、全景式直播及策划类直播三大类型。即时资讯直播类似于电视新闻频道的直播，例如对中央和地方防疫新闻发布会的即时直播。全景式直播依照时间逻辑突出受众的融入感和现场感，例如疫情防控期间，新华社客户端推出的《慢直播丨武汉公益志愿者车队抗疫专车日记》等。全景式直播经常引入 AI、VR、无人机、电脑动画等智能技术丰富直播形式。（见表 6-1）

表6-1 2020年1月—6月新冠肺炎疫情期间防控部分平面媒体的网络新闻直播

媒体种类	媒体名称	主要产品形态	相关作品
中央级媒体	中央广播电视总台	现场新闻直播、网络公益直播	《全景直击武汉火神山、雷神山医院建设》《共同战"疫"》《长镜头直播：武汉此时此刻》《云守护武汉监护室出生14天石榴宝宝》《爱心助农｜市长带货 帮助果农 一起来买衢州椪柑》等
	人民日报	现场新闻直播	《人民战"疫"》《直击武汉疫情防控》等
	新华社	现场新闻直播、原创MV	《慢直播｜武汉公益志愿者车队抗疫专车日记》《挺住，武汉》等
市场化媒体	新京报	现场新闻直播、实时对话	《重启武汉十二时辰》《连线全球嘉宾分享疫情故事》
	财新传媒	现场新闻直播、记者日记	《疫情前线日记》《财新国际圆桌——全球经济：疫情冲击与应对》等
	澎湃新闻网	现场新闻直播	国家和上海等地的各个新闻发布会等等
	南方都市报	现场新闻直播、动画产品	国家和广东/广州等地的各个新闻发布会、《到达客流最高过10万，广州南站防疫直击》《凡人英雄》等
	封面新闻	现场新闻直播、纪实类短视频	《直击武汉封城首日》《抗击疫情 声援武汉》音乐会
门户网站	腾讯新闻	专家直播	《博"疫"论》《正直播新冠疫情下的世界体坛》
	网易传媒	专家直播	《战"疫"归来：探路中国医改和健康产业变革》
	新浪新闻	实时地图	新型冠状病毒肺炎疫情实时动态追踪

上述三类直播模式依据时间顺序展开，时空的不可逆性是其发生的基础（鞠斐，2003），尤其是引入智能技术的全景式直播，时间顺序的连贯与信息空间的完整会令受众感觉信息未经编辑修饰，从而消弭了信息的"可操作性"，以提升公众对信息公开满意度的阈值。

策划类直播，是由媒体机构主动策划可能会令观众感兴趣的直播选题，例如《新京报》的《让全中国牵挂的悬崖村孩子》。英国《每日邮报》直播记者在伦敦办公室的闲聊，话题涵盖每日新闻、时尚摄影，甚至明星八卦等，或者是媒体应客户要求开播各类政务信息或商业信息。2016年，《纽约时报》在Facebook Live进行视频直播，直播了一场婚礼，在哈瓦那直播了一次徒步旅行，还在布鲁克林直播了一次对《纽约时报》专栏作家尼古拉斯·克里斯托夫的采访。策划类直播与全景式直播一样，经常引入各种智能技术，但同时还必须配备编辑团队或专业生产内容（professional generated content，PGC）团队。

策划类直播模式与前两种模式不同的是，新闻编辑或PGC团队提供了选题策划并主导直播过程，因此，直播以动态性的片段信息为主，是一种传统形式与网络技术结合的成果，体现了议程设置与时间逻辑的共时性，但并没有削弱"受众卷入"，相反，可能由于"主题先行"反而刺激受众的卷入兴趣。

此外网络新闻直播也延展出其媒介融合式的产业链"雏形"。例如，新华社推出"现场云"全国服务平台，向全国新闻媒体开放"现场新闻"功能应用，提供"一站式"整体解决方案。人民日报联合微博、"一直播"共同上线"全国移动直播平台"，积极探索平台化战略，为媒体机构减少信息传播成本，同时可以增加传播广度。互联网机构"今日头条"为入驻头条号平台的2000余家媒体提供视频直播解决方案，并透过今日头条的算法功能对用户实行精准分发；网易新闻开发"天网计划"，为自媒体匹配直播技术，还推出"Top 100伙伴计划"吸引PGC生产者。

6.3 平面媒体"视频化"的信息冗余

可以想象的是，网络新闻直播和短视频已然成为互联网时代新闻报道不可或缺的方式，但是，以内容生产为主的平面媒体将面临信息冗余与新闻客观性的双重挑战，同时人才结构也需要重新整合。

信息冗余并不等同于"冗余信息"，冗余信息并非一些不必要的、多余的内容，在很多情况下，人们进行传播的时候，所发出的信息除了包含能够消除不确定性的信息外，还有大量未经提炼的、不由传送者自由选择的、可能重复的信息，这就是"冗余信息"。冗余信息在新闻报道中的存在是一个客观事实，一方面，它可能会降低新闻作品的有效信息含量；另一方面，它又能提高传播效果。网络新闻直播中包含了大量的冗余信息，这些冗余信息对于观者正好起到了消弭信息的主动操作性、弥补信息失灵的缺陷。

但是，信息质量是决定其作用和意义的重要衡量，过多无意识的冗余信息非但不能起到补充作用，大量类同的冗余信息挤占信息通道，对那些本能消除不确定性的有效信息产生了挤出效应，就会形成信息规模上的"信息冗余"（郭光华等，2004）。例如，有一些平面媒体机构理解"新闻直播"就是"直接播放"新闻信息，在同一新闻场景下"不约而同"地选择类似的、模仿式的直播。这种认知忽略了新闻事实的多层次性，也欠缺考虑同步直播的物理空间需要拍摄地点、角度以及新闻当事人、事件相关人的转换，从而产生了大量信息单调、画面同质的内容产品，造成信息冗余，无法满足受众群体多样性的需求，也干扰了有效信息的传播，属于低质量的新闻直播。

6.4 视频化的人才困境

通过调研我们发现，有一些纸媒网络新闻直播的生产机制是鼓励文字记者在采访的时候做直播，这可能与培养"全媒体记者"的策略有关。全媒体记者指具备突破传统媒体界限的思维与能力，集采、写、摄、录、编、网络技能运用及现代设备操作等多种能力于一身的人才。"全媒体记者"使得直播记者突破了传统新闻专业生产中采编分离的边界，对当代新闻从业者提出了更高的要求。

例如，纸媒中参与新闻直播的文字记者，工作内容包括前期策划、沟通导播与摄像、协调采访对象、制作海报、出镜等，后期还要撰写文字稿。记者们坦言自己面临的最大的专业考验并非各种新媒体设备的使用和资源调配，而是"出镜"。因为出镜记者需要良好的表达能力、采访能力和应变能力，还必须知晓如何运用镜头语言，包括如何使不同镜头之间的过渡既符合视觉习惯又符合新闻因果逻辑关系，以及合理掌握播报节奏、恰当插入同期声和话外音，等等。

显而易见，网络新闻直播是平面媒体培养"全媒体记者"的必由之路，但是，术业有专攻，从事过电视新闻采访或在电视机构工作过的新闻人都知道，形塑"出镜"能力并非一朝一夕的事情。因此，若仅以新闻选题作为项目策划启动新闻直播创新，而缺少足够的技术专业性和新闻专业性的培养，尤其是新闻直播的专业性结构并未上升到人才战略层面进行调整与规划，那么可以想象，纸媒的网络新闻直播热潮在疫情之后很有可能将后继乏力，终究昙花一现。

6.5 "断言式新闻"直播模式对新闻专业的挑战

以网络新闻直播而言，其面临的最大困境或将来自"断言式新闻"对于新闻客观性和新闻伦理的挑战。

"断言式新闻"始于20世纪八九十年代的美国新闻界，是伴随着电视新闻直播而创新出来的新闻模式。其最早见于美国有线电视新闻网（CNN）的连续、实时播报国际新闻的新创频道，记者可以在听到消息后马上告诉观众，每一个新采访到的、未经核实的事实都有可能成为独家新闻。从那以后，在电视新闻生产的过程中，新闻核实、编辑把关等传统的"确证式新闻"范式逐渐让位于这种以"快"著称的"断言式新闻"播报。

带来这种转变的根本性原因是直播技术极大地满足了新闻机构对快速新闻、独家新闻的"偏好"，曾经的新闻素材——谣言、暗讽、指责、控告、猜测和假设都以最快的速度直接传递给了受众。所以，在电视直播普及后，即时、有趣和刺激替代严谨的事实核查、客观的立场态度成为新闻直播的惯例（科瓦奇等，2014：38-47）。

美国学者指出，在电视或网络媒体上，"断言式新闻"的一个重要的标志是允许新闻当事人背诵事先准备好的观点却不加核实。也因此，"断言式新闻"还有可能为那些想要通过直播节目操纵信息渠道的人士制造了传播机会，他们可以在直播中发表自己的观点，哪怕是偏激的论点或未经证实的事情。美国学者认为，"断言式新闻"低估了新闻舆论环境的不确定性与复杂性，尤其是未经核实的断言常常成为谣言传播、社会群体极化、公众舆论分裂的导火索。

尽管在调研中我们还未发现"断言式新闻"形成的某种趋势，但是有不少编辑和记者对此表示了担忧，特别是在以"Vlog"（微录）方式进行的一些新闻直播中，记者在播报时被允许带有个人主观认知，某些观点或新闻素材很有可能尚未经编辑核实就会通过直播传播出去。

由于各类技术的渗透以及可获得成本的逐渐下降，网络新闻直播之于中国平面媒体，无疑成为最能体现媒介融合的特色和成果之一。但是，相比传统电子媒介的直播实践，网络直播既拓展了媒体机构的传播力和影响力，同时也延展了公众舆论的监督触角，其显然要为面临更复杂的舆论环境和社会需求的挑战。从某种意义而言，强调速度与社交性是信息技术的本质所在，但是在新闻信息领域，正如美国学者所言，也存在着一种近似物理法则的原理，即"新闻的速度是准确的敌人"，生产时间越短，错误就可能越多。

以创新流程而言，媒体智库化属于少见的外向型的开放式创新，这是因为新闻报道的"日常采写"的专业经验和采编流程从编辑部"流出"到媒体智库，并起到了基础性的支撑作用；与此同时，与其他内生型创新显著不同的是，随着创新的持续与深入，创新行动者的职业身份也生成了多种社会化外延。

7　媒体智库化转型：专业知识流出型的创新

切萨布鲁夫等（2016：253-254）在阐释开放式创新时特别强调，创新是一个分布式创新流程，其基础是运用金钱机制和非金钱机制，结合每个组织的商业模式，有目的地管理知识流。这些知识流涉及进入特定组织的知识流（通过内部流程吸纳外部知识）和特定组织向外输出的知识流，并将外部知识流和商业化活动结合起来。为达到第二个目的，创新组织有可能将新生事物用于旨在创造新生事物的、独立的部门或子机构中，并通过创造收益而使得创新合法化并持续下去。不管是公司业务，还是内部员工与外部生态系统合作伙伴之间的关系，都会从这些健康的由内而外的创新中受益。

先前的不少研究指出，创新过程中存在着难以控制的知识外溢的现象，即指企业产生了一些不会使用的、或用不上的知识或技术。该研究认为，这些外溢造成了企业浪费，因此算作是某种创新的"外部性"或创新成本。但是，切萨布鲁夫认为恰是这些"用不上"的知识有可能会为企业带来意想不到的创新机遇。例如，企业可以将外溢变为有意识地管理知识的流入和流出，如开发一些流程，用以寻找外部知识并将其纳入自己的创新活动中；与此同时，企业也可以创建一些渠道，将自己不会使用的内部知识从公司内部输出到周围环境中的其他组织。因此，企业可以设计具体的机制来引导这些知识的流入和流出，这样，先前不确定的、无法管理的事情在开放式创新模式里就会变得具体而可控。不同于由外而内的传统创新，这种外溢性知识流是一种由内而外的创新，具有从机构内部改变公司文化和流程的潜力，能够支持创新环境，让组织更为开放地接受机构主导文化的内部和外部的新创意。

前面的第 5 章、第 6 章重点探讨了由外而内的传统创新流程。例如，第 5 章探讨了参与式生产模式通过将外部社会资本纳入新闻生产流程而创新出自媒体机构的内生比较优势；第 6 章探讨了运用新技术、设备和流程使得平面媒体实现视频化的转型，并通过直播的方式改善传统媒体的包容性和增强卷入度，从而更符合互联网媒介域中的"互动性"与"社交性"的信息需求。

本章将通过对媒体智库的案例研究，探讨在将新闻专业的经验性知识作为一种内部知识流时，它是如何与外部的行政资本、商业资本或社会资本充分融合，并为媒体带来某种崭新的创新体验的。[①] 具体而言，本章节着重探讨四个研究问题：

（1）媒体智库化从产品角度而言，与以往的媒体经济模式（例如广告经营）有何同异之处。

（2）媒体智库化的过程是怎样进行的？主要考察媒体如何运用专业知识与经验以"智库"的方式与行政资本及商业资本合作。

（3）作为一种对开放式创新的更深入的思考，也作为对开放式创新理论范式的互补式研究维度，这种由内而外启动的创新模式如何影响并改变媒体组织中创新者的身份认知。

（4）媒体智库化相对于数字化转型中的媒体创新来讲，其创新意涵何在。

7.1 媒体智库化：始于数据技术由内而外的创新性转型

2013 年 7 月，中央下发相关文件，提出要建设中国特色新型智库，以此推动媒体智能化转型，走融合发展道路。在这一背景下，新华社率先创建了瞭望智库，发展成"媒体与智库的融合体"，并成为国家高端智库的重要组成部分。与此同时，瞭望智库依托中央级时政期刊集群《瞭望》《财经国家周刊》以及智库建设的全媒体平台吸引流量，组建了专家数据库、知识数据库、成果数据库和在线研究协作平台。瞭望智库的内容产品

---

① 本章的合作者覃宏征、向玺如曾分别于 2019 年 9 月—2019 年 12 月、2020 年 9 月—2021 年 1 月在两家研究机构进行为期 4 个月的专业实习。同时，本书作者与两位学生分别与多位智库工作人员进行深度访谈。本章节的研究素材即主要取自他们专业实习期间搜集的相关数据与采访内容。

包括内部刊物《瞭望研报》、论坛、智库课题、数据产品，通过专门渠道和网站及"两微一端"分别向有关机构和公众发布。2020年，瞭望智库在"2019亚洲大国智库百强榜"中上榜，成为唯一上榜的中国媒体智库。

从新华社、人民网等央媒的智库化转型来看，数据技术驱动是创新的原点，但与数据融合的目的并不只是媒体机构自身创造出新的新闻信息类产品或流程，而是在数据技术的运用之上，将新闻与宣传的媒体资源和经验作为比较优势而建立新型的媒体型智库；与其他的第三方智库形成显著差异的是，媒体型智库是数据与媒体专业资源与经验等"知识流"融合而生的新产物。

本章的案例考察对象是南方两家已经建成完整的智库组织化结构的媒体机构。以观察对象1为例，2012年，当数据新闻刚从国外引进到国内时，该媒体机构即建立了数据新闻团队，成为国内最早做数据新闻的媒体之一；2013年，该媒体机构为了鼓励数据新闻而将其纳入组织的新闻奖项之一；2014年，正式成立数据新闻工作室，通过虚拟的数据系统和实际的采编人员结合，统筹全报社的数据新闻，逐渐聚集了一批技术人才；从2016年开始，该媒体将数据新闻的概念升级为"指数"概念，截至2018年，以数据测评为主要内容产品发布了8个系列近百个产品，其中包括个人隐私保护报告、广州城市治理榜、广东高校就业榜等；2018年，该机构在系列数据产品的基础上正式启动了全员智库化转型的创新式改革，品牌主张从以前的"办中国最好的报纸"转变到"做中国一流的智库媒体"。

7.2 智库产品类型分析：与媒体经济模式比较

通过对新闻室的观察和调研，我们发现这两家地方媒体智库类产品与媒体经济模式（后者以广告经营为主）有明显差异。

以观察对象1为例，"定制化产品"是其获取利润、寻求生存的主要途径。"定制化"指的是根据客户需求进行定制，产出专注于某一行业或某一主题的报告，可以根据客户的要求公开或不公开，也可以在发布后采用联合发布、冠名发布的形式为客户做宣传，主要分为以下三类。

第一类是公关宣传类，这类产品依托该媒体机构固有的专业经验、利用自有传播渠道为客户制定综合性的传播方案，以提升客户知名度和美誉度。一般以"联名报告""定制化榜单""正面案例分析""可视化传播"为主。联名报告和定制化榜单是基于该媒体智库已有的研究成果，从中发现客户某一方面表现较好的指标，针对媒体自身具备优势的话题安排专题榜单，如某一城市绿化面积排名全国前列，要求媒体智库产出"绿色城市榜"，以媒体与某城市联合发布的形式推出，以此凸显自身优势。正面案例分析是比较传统的公关宣传方式，例如某一城市想要打造自身的城市品牌，提升城市知名度，可以与媒体智库合作，由智库根据其发展特点量身定制选题，以城市案例分析、经验参考的形式撰稿并在媒体的各个渠道发布稿件。除了单纯的文字报道外，可视化产品也是媒体智库试图发力的新领域，例如近年来较为常见的宣传片、专题数据新闻报道等，其核心是基于客户的特点去定制选题，帮助他们重塑和推广自身形象。这类产品的盈利模式与媒体经济中的广告经营类似。

第二类是专题性的社会调查类，以定制性的调研报告为主。这类产品不仅能为客户提供对某一行业、某一话题、某一方面发展的深度认知，更重要的是帮助客户发现自身发展中存在的问题，便于自我改进。以客户类型划分，有政务类客户和企业类客户两类。政务类客户多来自地方政府的各个职能管理机构。以观察对象1的民调中心为例，其部门定位是"专业社会调查、一手数据采集、政企决策参考"。该媒体建立的"广州公共报料投诉监测报告"（以下简称为"公共监测报告"）是在新闻热线等自有报料以及投诉平台数据的基础上，针对本地行政区的报料与投诉情况进行定期监测分析。监测内容包括三类：公共服务投诉、突发事件报料以及政务投诉。在本研究调查期间，观察对象1于2019年5月—2020年2月共计推出19期公共监测报告。例如，当地水务局委托制作的"水务服务与河涌治理满意度调查报告"中，观测的河涌样本共计85个，覆盖11个市辖区，样本选择基于本地黑臭水体整治的公开清单及调研员实地调研结果，采用问卷调查和实地访谈的方法，通过线下实地发放调查问卷以及电话访问的形式展开调查；同时，根据样本主体的多元性，调查问卷包括三种类型，分别是城市居民卷、农田水利卷、企业单位卷，除了通过问卷调查统计水务服务和河涌治理满意度外，民调中心还组织调研员对河涌进行了实地观测。企业客户则委托其进行市场调查，例如观察对象1的民调中心曾受企业的委托对消费分期、广州和深圳毕业生租房、未成年人移动互联网使用现状以及中国社会新人消费等社会情况进行问卷调查。

第三类是服务咨询类，这被媒体智库定义为未来主要的利润来源和发展方向。社会机构提出问题，媒体智库提供建议、定制解决方案。以观察对象 2 为例，该媒体智库成立了"企业社会责任中心"，每年都会发布"企业社会责任报告"，从多个维度评估企业社会责任的履行状况和社会声誉等。而很多大型企业本身就设置了社会责任相关的部门，如公关部、品牌形象部等，媒体智库的企业社会责任报告本身可以作为第三方报告，对企业社会形象建设成果进行评价，企业会邀请媒体智库专家为企业员工进行培训，有时还会购买媒体智库的解决方案。

此外，"策划和举办活动"是媒体智库机构维系社会关系以及招商和增加营收的常用方式，包括研讨活动、沙龙、学术论坛、年会等，例如观察对象 1 的媒体智库每年举办的"企业社会责任年会"，即是以探讨企业社会责任议题、企业形象建设策略等行业痛点内容为引，为自身发布的企业社会责任报告造势。并且，媒体智库研究院每年集中发布智库产品，例如 2020 年在北京、广州、深圳等 9 座城市发布了 30 份智库报告，这种对研究成果的集中性展示的目的是展现该媒体智库深度研究和数据运用能力。每年报告发布时，观察对象 1 的媒体智库还会推出特刊，政府机构也会在特刊发布政府形象广告，媒体机构可以此获取营收业务。

7.3　媒体智库与新闻报道的互动

从观察中可以发现，媒体智库与新闻报道之间具有鲜明的互动关系。除了上述的定制类产品外，智库还定期发布与新闻报道关联性较强的具有公益性的免费报告，选题一方面来源于国家新近发布的重大政策和舆论热点，一方面来源于媒体的新闻报道。一般来说，这类公共产品会发布在媒体智库自建平台及媒体自有 App 上，智库的重点产品如总的榜单、核心观点解读等会通过报社内部协商、申请排期等方式，发布在报纸纸质版以及报社官方微信公众号上。但由于移动终端平台的发布规模限制，这类公益性报告往往只能占据微信公众号推送内容的 2～3 条，所获取的流量和关注度远不如头条报告。

如观察对象 1 在 2016 年发布揭露侵犯个人隐私黑色产业链的报道《记者 700 元就买到同事行踪　包括开房手机定位等 11 项》后，引发了广泛关注和引起了巨大反响，以此为契机，该媒体在 2017 年 7 月成立了个人信息保护研究中心，旨在促进大数据产业发展的同时关注个人隐私的保护，并从 2017 年开始，每年均发布个人信息保护报告。

以观察对象 1 的民调中心在 2019 年 5 月—2020 年 4 月间发布的 19 起调查报告为例，这些发布主题大多涉及社会关注事件，例如房屋装修、预付式消费、研学旅游、文创月饼、国庆长假旅游、"双十一"投诉、网购年货以及新冠肺炎疫情等等。有些报告是直接就发生的热点新闻事件进行民意调查，例如 2019 年在当地发生的韦博英语关停风波，"猪兼强"驾校无法预约练车和退款难度大等，民调中心通过网络调查问卷和电话访谈的方式了解当地受英语机构关停影响的学员的情况，回收问卷 1668 份，其中本地人的问卷 857 份；"猪兼强"事件共收回问卷 712 份。在新冠肺炎疫情暴发初期，民意报告发现民众关注焦点是口罩，待到疫情有所稳定，允许有条件恢复"堂食"的政策推出时，关注焦点转变为餐饮行业。

此外，智库的报告和榜单往往会衍生出深度报道和资讯类新闻。如研究对象 2 所属的城市观察中心在发布城市榜单后，会从数据中寻找城市发展的新趋势，结合新近的社会热点和国家政策进行深度分析报道。同时设置"城市观察"栏目，定期推送一些与城市相关的热点资讯以及城市品牌建设的动态等，由此形成智库部门向采编部门输送选题和分析观点互动，同时采编也会提供灵感、在智库的平台上发布新闻报道的模式。

7.4 创新者身份的社会化外延

在传统的研究咨询机构中，研究员的职业角色和职业要求较为清晰，角色实践也较为单纯，服务内容以分析研究、产出智力产品为主。但在新型的媒体智库中，研究员的职业要求多样、角色实践较为丰富，已经超出了研究—产出的简单模式。从访谈中得知，他们承担的角色也从研究者分解出"传播者""运营者""公关者"等多重角色，继而产生了这些角色之间的互动关系，形成了不同类型的角色互动机制。

从调查中得知，媒体智库建立的初衷之一即是将"研究型记者"培养成"记者型研究员"，充分发挥媒体的传播优势，带动智库研究，让新闻记者与研究员角色取长补短。这是因为，媒体智库产品与其他社会智库和咨询机构产品的最大区别之一，就是媒体智库充分利用并扩展媒体原有的地方性行政资源向公众发布具有公共性的信息产品，借助媒体的公信力去塑造智库的影响力，以获取社会各界的关注度和流量。因此，一方面，媒体智库研究还需要与政府机关对接，一般情况下，媒体智库的研究员需要对接政府相关部门进行课题开拓和项目招标，研究员需要扮演类似商务合作人员的角色，向政府部门推广智库产品，与其他智库一起竞争政府的专题研究项目，开拓更多课题、参与招投标会、洽谈研究细则和合作方式等；另一方面，涉及政府机关的报告榜单发布后往往会收到相应机构方的质疑和问询，研究员需要回应榜单指标的设置、数据来源、数据处理方式、所提出观点的根据等问题。此时，智库研究员扮演了公关和舆情处理的角色，需要耐心向政府机构的问询进行回应和解释。

除了本职的研究工作外，研究员还需要寻找专家，与高校学者、各行业商协会建立联系并争取合作，属于研究资源积累。

7.5 媒体智库化的创新性意涵

从上述各类项目实践过程可以看出，媒体智库化的创新过程的本质是新闻报道的"日常采写"的专业经验和采编流程从编辑部流出到"智库"，并起到了基础性的支撑作用。其一，记者进行日常新闻报道获取的新闻数据，可以沉淀为垂直领域数据库的数据；采编日常策划的新闻报道选题，可以为研究课题寻找更"接地气"、更贴近市场和社会公众需求的方向。其二，新闻报道积累的专家资源可以转化为具体研究课题的学术顾问和外聘研究员。其三，从成本结构的角度看，新闻报道对研究的支撑，可降低研究报告的生产成本，提升研究课题项目的毛利率。

这种专业经验的输出还触发了媒体作为"智库"的社会功能，即通过大数据技术使得媒体直接参与了社会治理。以观察对象1的媒体智库研究院推出的"广州城市治理榜"为例，这一榜单主要是对广州过去一年各区以及各个职能部门的工作进行评价，包括评选、案例征集等，榜单会根据不同维度的指标对各区政府进行排名，每年都会根据政策热点补充替换评价维度，推出十几个不同榜单，例如数字政府榜单、营商环境榜单等。从2014年开始，广州城市治理榜已连续发布7年，近年来，广州很多区政府的年度工作报告中都会提及本区当年在广州城市治理榜所列的名次，区政府根据自身在榜单上的排名主动向智库获取定制服务。

在这种由内而外的开放式创新过程中，随着创新的持续与深入，创新行动者从传统的新闻专业身份首先分裂出"研究者"的新身份，继而外延出"传播者""运营者""公关者"等多重角色。因此，媒体智库从业者不可避免地面临着职业身份的转变、职业技能的再造和职业身份认同的重塑。

不过，通过持续与更深入的观察与研究可以发现，当媒体智库在融合发展过程中不可避免地产生了对从业者的全新角色期待之际，在薪酬与编制等职业期待处于不太确定的创新环境中时，"新闻专业化价值""生存价值"与"社会价值"等多重价值，并存可能会让从业者在商业性和公共性之间产生矛盾与摇摆，这也使得从业者产生内在认知与外在实践之间的错位，继而产生身份认知的不确定性以及自我身份的认知矛盾。这些后续研究将在本书的第 17 章中继续探讨。

当固化的科层压力让位于可协商的专业权威、单调的新闻内容生产转化社会资本互动循环时，用于创新的各种知识流在这个新闻社群成员中开放与流动，呈现出耦合式的互惠结果。因此，我们认为这个自媒体机构在不知不觉中完成了可能在传统新闻社区中无法实现的"互惠性参与式新闻"。

8 互惠式新闻社区：耦合式的"知识流"创新[①]

塔奇曼（2008：190）认为，新闻实践是一种"创造性的、主观性的、解释性的和前理论性的活动"。本章继续运用新闻室观察的研究方法关注互联网媒体机构在运用参与式生产过程中所产生的创新故事，并跳脱媒体创新实务的经验总结或功能性探讨，将创新实践置于互联网媒介域中技术变迁、市场经济与社会文化互动作用的背景下，试图经由案例"小麻雀"勾勒互联网背景下媒体创新变革的具体诉求、表现形式及创新意涵。

8.1 从参与式新闻到互惠式新闻

参与式新闻生产方式一直以来都是传统媒体新闻创新的重要结果之一，例如《华尔街日报》的"读者来信"版块一直保留到现在。公民新闻则是参与式新闻的另一种身份，尽管存在概念上的争议。在公民新闻的生产过程中，参与个体身份的差异性、个体所拥有社会和物质资源以及所处阶层的差异性影响着参与者的介入以及被排斥的程度（胡元辉，2004；Nichols et al., 2006）。

简而言之，无论是读者来信或专栏，还是公民新闻，均基于传统新闻的生产原则，即新闻生产是由原创的新闻报道、编辑把关作为核心组成；

[①] 本章主要内容曾以《从参与到互惠：互联网媒介域新闻创新的路径探索》为题发表在《现代传播（中国传媒大学学报）》2018年第10期。收入本书时进行了修订与重新编辑。

新闻编辑可能会在一个更广泛的、更开放的评价、分析和信源收集系统中将受众选择性地纳入。换言之，这是一种"被动"的、局部的、碎片式的参与性生产机制。但是在互联网空间里，如本书第 5 章所述，积极的参与式生产成为"主角"，媒介机构不再是新闻事件的唯一阐释主体；新闻报道的价值和意义基于互联网社交平台经由公众的集体参与而被不断重塑，新闻职业社区的专业控制和社会大众的开放参与之间形成了强大的张力，组织化新闻生产正在变成协作性新闻"策展"（curation）（陆晔等，2016）。

在参与式新闻生产的研究基础上，Lewis 等（2014）提出了"互惠式新闻"（reciprocal journalism）的概念，他们认为在更大的工作网格中，参与式生产终究会打破原有的权力结构，通过创新性的组织行为间接地实现利益分享，包括信源的资源、双方的信任和持续的社会资本，如此这般，被动式的、碎片性的参与式生产演变成"互惠性的参与式新闻"，这是一种积极的、系统性的、组织性的参与式新闻生产。但 Borger 等（2014）的研究也发现这种"互惠"模式在现实中——主要是指在传统新闻社区中难以真正实现，因为参与者要么被拒之"门外"，要么专业与业余参与者之间并没有建立成熟的、可以促进内容产品质量提升的互动，这既缘于参与者脆弱的主体性，也因为固化的传统新闻生产机制和议程框架。

本书第 5 章已经对互联网媒体平台的新闻生产机制创新进行了详细阐述，并分析这种创新已经在组织内部形成了可以观察到的内生比较优势。本章是第 5 章的续篇，但与之不同的是将研究对象从新闻生产机制转移到新闻机制的创新行动，关注创新实践的微观细节，尤其是创新中各种知识流的形成与互动过程。

具体而言，本章考察的是以下三个问题。

（1）新闻组织的创新特征：创新行动是如何围绕互联网媒介平台达成的，出现了哪些创新方式，参与者之间是如何进行互动的。

（2）创新机制："专业"与"业余"如何共存，有无冲突与调适，包括专业规则和社会资源的各种知识流是如何形成并互动的，这些互动又生成了什么样的"创新环境"。

（3）影响创新的因素：技术、成本以及参与者的主体性等是如何影响创新的；熊彼特认为创新首先是一种企业家的行为，也是一种以知识和技术作为核心媒介的文化行为，如果以此为前提，那么创新发起人、参与个体在创新过程中形成了什么样的自我认知，创新行动是否得到个体的心理认同或文化认同。

8.2 内容原创型自媒体组织的结构性互动

"中国×××"是一家互联网媒体平台，成立于2011年3月，是国内较早专注于"创新人群"的非虚构类故事写作、传播和社交平台，也是较早采用参与式方式生产新闻故事的自媒体。截至2016年12月，该自媒体自称已有数十万名固定成员，在该自媒体各个平台（互联网和平面媒体）发表的新闻故事涉及创业、生活方式、个人规划、生活态度等主题。我们在2014—2016年曾对该自媒体进行了为期两年的新闻室观察研究，通过实地到访、参与工作、深度访谈等方式获得了一手材料。

从创立之初，"中国×××"即以"专业策划编辑+众包"的模式进行新闻故事的生产，经过多年发展，至2016年已经形成了"核心虚拟编辑部"[①]、供应链上游与供应链下游三个结构化的流程。

"核心虚拟编辑部"是内容生产平台，始终由创始人负责，后扩展到由专职的文字和版面编辑负责，其成员经过数年发展也不过3～5人，常年招收新闻学专业的实习生。主要工作是完成"专业的编辑策划+众包"的参与式生产，这包括四个与传统新闻编辑部类似的工作环节。

其一，以"会员制"建立新闻社区，该自媒体的市场定位人群是"创业者"，并按"IDEA"四类划分社区内的会员，这些人群既经过多年发展，已形成庞大的"信源群"，同时也是"读者群"，既是"生产者"同时也是"消费者"："I"指Innovator（创新者），这一类人群可以是全职创业者，也可以在业余时间运营一个小品牌、小产品，甚至酝酿一个小计划，既有突破重围的勇气，也有异想天开的创造力；"D"指Designer（设计师），主要是平面设计师、3D动画设计师、视频剪辑师、网络高手或建筑设计师等；"E"指Expert（专业人士），是指拥有一技之长或者在某个领域深耕多年、拥有丰富经验的人士；"A"指Analyst（分析师），这一类人群与专业人士相比，降低了专业门槛，可以是任何一个行业的从业人员，只要对创新有研究，对新闻报道有兴趣，想和创新人士有沟通和交流，都可以划入这个群体。

[①] "核心虚拟编辑部"的故事曾在第5章中作为组织创业初期的内生比较优势进行详细描述。在本章中，核心虚拟编辑部经过多年发展后已成为组织内部"知识流动"过程中的一个结构化部分。

其二，在新闻社区内搜寻、收集与筛选新闻信息——类似编辑部的选题讨论：分散在各地的会员源源不断地发现新的"准会员"，并将他们的信息传送到核心编辑部，核心编辑部将这样的信息归类整理成可采访的新闻信源，然后公布在共享群组当中让会员们进行"采写众包"。

其三，双向匹配采访与被采访信息：根据采访主题、采访者资历、被采访对象领域特征、采访地域、发表时间等因素对采访者与采访对象进行信息匹配，同时与采访者通过商量确定采访主题、沟通采访基本内容和采访技巧、写作要领等工作细节。

其四，审核和修改稿件、发布新闻故事。

原创内容的"供应链上游"是三个开放式的工作平台。一是"故事公园"，这是一个线下空间，位于上海中心城区的一座老房子里，在这个"故事公园"里，不定期举办多场故事沙龙分享会，分享社区会员们的创意、小心得，办展览，演戏剧。这个线下的场所不仅成为该自媒体唯一的办公场所，也是一个开放空间，作为会员沟通与休闲的地方。二是"区域活动"，例如在2015年2月，该自媒体在广东地区组织了以潮汕方言进行的分享会"听潮"①，其目标是将创新文化和观念导入到潮汕地区，鼓励潮汕地区的年轻人进行创新与自我突破并帮助家乡发展。"听潮活动"的主题是"TIDE"，分别是Teochew（潮汕）、Innovation（创新）、Dream（梦想）、Education（教育）的首字母。三是"网络写作工作坊"，定期开办网络工作坊，让会员们掌握各种采访、写作技能，并用他们习得的采访技巧完成采访和写作。

"供应链下游"由六个多媒体平台构成，主要是完成各种信息的传播。其一是微信公众号，这是所有原创内容的首发平台之一，包括"三明治实验室""三明治问答"和"三明治特稿"等多个栏目的内容首先在微信公众号上发布。其二是SANDBOX（沙盒）实验室，通过微信平台传递创业问题、创业者的经历，或传播个人特色，目标是帮助早期创业者和创新人群传播他们的创业创新项目，共享专业与社会资源。其三是"三明治调查"，由虚拟核心编辑部提出一个普遍性的问题，社区内各会员根据自己的经历做出回答，经过编辑整理后在微信平台首发。其四是"三明治电台"，自2014年7月25日起，该自媒体在"荔枝FM"的电台正式上线，对愿意通过电台的方式分享自己感受和经历的会员进行公开访谈。其五是"问达"平台（于2015年年底停办），某些"知识达人"在这个共享平台

---

① 创始人是潮汕籍人士。

上分享自己的闲置专业资源，并获得一定的收入和报酬。其六是自媒体网站，将上述在微信平台、电台或其他方式首发过的内容再经过编辑、整理和一段时期的运营，最后形成常规的、系统化的呈现。

供应链上流平台着力于解决内容生产前端，通过专业培训和社会活动积累社会资源与专业资本，为内容生产形成了丰富的前端供给；核心虚拟编辑部则以新闻专业流程完成内容的生产、把关与发布；供应链下游则完成传播分流与聚合。这三个结构化的流程使得内部生产与外部资源协同共生为一个能形成各类创新知识，并使得这些知识产生流动的开放式有机体系。

8.3　互惠式新闻社群

持续的知识流使得自媒体建构了一个开放式的、组织化的"信息与资本互惠社群"。在这个自媒体社群中，每位"三明治会员"可以是采访对象也可以是采访者；在SANDBOX栏目中可以作为"专业人士"帮助创业团队和企业，也可以在"问达GO2KOL"中接受普通个人的邀请并进行专业回答。"三明治"个体之间的内容、资源也可以共享，互通有无。

这个新闻社群内部形成了有关创新"知识流"的两层动态循环。

第一层是"知识流内循环"，围绕"圆心"即由这个自媒体最重要的"虚拟编辑部"所建构出的一条专业信息的流通循环，这层循环内有"I-DEA"四类人与创始人（以及少量核心工作人员）。这个新闻社群通过虚拟编辑部完成了信息收集、分流、采访、写作、核实与把关等专业流程后产生"新闻故事"的内容产品。

从参与者的角度看，"创新"既是参与者的主要特征，也是这个社区内最重要的实践体验，且由于创始人的专业经验为这些新闻故事确保了产出品质，因此，与"创新"有关的任何故事都能成为所有参与者最感兴趣和最具意义的信息生产和分享的内容。从创始人的角度看，即使无须组建专业编辑部以及支付高昂的编辑成本也能获得有质量的新闻故事，即能极大地提高新闻生产的效率。在这一层循环中，产生互惠的核心是"信息"，在信息流中，创业故事与专业经验的互通有无，完成了内容生产的专业化过程。

第二层循环，我们称之为"知识流外循环"，因为这是"内循环"向外拓展的延伸品,所有参与者都通过这个"外循环"共享彼此的专业资本、社会资本和人际资本。例如,许多线下活动基本都是通过微信等社交平台进行组织和实施,创新项目也在这个社群中产生与分享,社群里的"组织信息"衍生出更多的社群内或社群外的信息,一个信息之间的联结又不断地延展出其他的触角,从而构建起了一个持续扩张的"新闻社区"。

从参与者的角度看,他们可以通过社群信息共享进行专业化的学习,降低专业信息的搜寻成本,提升自我资本的边际收益,从而增进俱乐部成员之间的"有效黏性"。从创始人的角度看,这个社群既类似于"俱乐部"但又区别于"俱乐部",因为这些成员并非"交了会费了事",而是持续地为俱乐部创造了各种边际收益,并且这种边际收益还"反哺"了该自媒体当前低廉的编辑部预算投入。例如,由成员自行组织的线下活动会向核心编辑缴纳少许的活动宣传经费,还有收费的供应链上游活动也会对该媒体的运营产生资金补贴。在这一层循环中,产生互惠的核心是"社会资本",即各种利益的交换与增值,个体性的专业资本通过循环网络基本完成了溢价的社会化过程。(如图8-1所示)

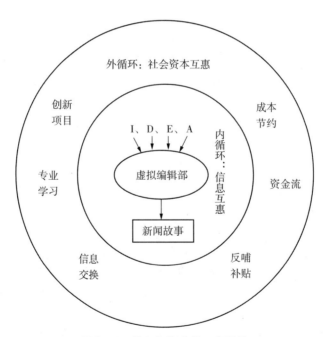

图8-1 信息与资本的互惠网络

8.4 新闻社群的"协商式"合作规则

我们发现,在这个自媒体创业的初期,新闻专业性原则是这个组织最重要的工作原则,但是随着新闻社群的规模变得越来越大、创新项目越来越多,以信息的生产与资源的扩散为主要目的的协商式的合作原则逐渐替代了新闻专业性原则而成为组织内部最核心的工作原则。例如,线上培养和线下交流,成员之间的编辑资本(信源与采访、信息核实与把关)在社会均处于竞争与合作并存的关系——竞争使得更好的故事凸现出来,合作使得故事成为新闻产品,合作还使得各类专业人士的专业知识、社会资本间接地进行相互交换,交换迅速产生价值。

"供应链下游"的多媒体平台是新闻社区的"创新地盘",该自媒体自创办以来持续打造了100多个创新项目,绝大多数来自参与者的主动性创新实践。这些创新实践产生了众多新项目、新产品,更重要的是提升了社区信息流的转换价值以及扩大了创新的溢价空间。

"虚拟编辑部"是新闻社区的核枢纽,也是创始人的重要创新成果。其功能是组织社区内的信息即时沟通,调配资源、审核把关、保证品质。尽管新闻故事的内容来自不同的个体写作,但是在最终呈现的时候,都能以比较一致的面貌和品质发表,且长篇故事、人物访谈、微信栏目的定位差异和不同周期,往往能从不同侧面对一个人物和事件进行解读,形成了时间和内容上的互补。这一系列过程得益于创始人运用其职业能力和专业素养起到的"牵一发而动全身"的作用,可见创始人对新闻的专业认知、对新闻与商业的边界把握等从属于新闻专业经验的"编辑功能"在这里得到了强化,而并非弱化和消解。

但是,我们发现这些专业化的经验并未以制度的形式进行固化[①],而是以一种"去制度化"的方式存在于组织中。通过访谈得知,尽管该创始人处于自媒体管理核心的位置,并凭借个人兴趣、职业偏好、专业能力在社群内享有不可动摇的影响力,但其始终没有在社群内部组建某种类似传统编辑部的组织架构。"他们是主角,我只是底线把关而已"——创始人这样解读他的"工作角色"。或许正因为此,在传统编辑部中通常被制度

---

① 创始人曾向我们坦诚"技术平台的扁平性和便捷性"以及"节约人力成本"也是社群内不成立真实编辑部的原因之一,但不是主要原因。

化的专业要素,例如科层组织结构、编辑的权力和"议程设置"等都被弱化,但又不至于被消解,从而与积极的参与式生产保持一种动态的平衡,同时既为保证内容真实性和新闻产品的质量提供了必要的支撑,又在最大程度上维护了社群里其他业余参与者的创新能量。

如此这般,通过"去制度化","专业把关"与"业余参与"二者平衡共存,各种专业和技术资本得以转化为创新资源——这与 Powers 等(2016)对互联网媒体公司的观察结果如出一辙,专业经验以一种具有说服力的"权威"方式而不是制度性权力存留在这个社群里。

8.5 业余者作为积极、主体性的媒介生产者

不过,与其他同类机构以及与传统媒体机构相比,我们认为该自媒体最显著的差异,也是影响创新的主要因素,是"参与者"或"业余者"成为积极的、具备主体性的媒介生产者。

社会学制度主义认为当人们面对某种情势时,个体与规则之间的相互关系有可能建立在某种实践理性之上。这个理论视角的核心是行动与解释有着紧密的联系,个体对情境进行认知并做出相应的理性反应,个体即以这种实践理性为基础而展开行动,并在可能的情况下对可能的制度模板进行修订以设计出某种行动过程(豪尔等,2003)。

从访谈中得知,大多数撰稿人并非专业媒体从业者出身,他们在日常生活中也没有过多机会可以获得专业的新闻培训、采访他人以及在第三方信息平台上公开发表作品的机会,但是这个自媒体平台让他们得以实现一个"采访梦"与"写作梦",尤其还能获得提升写作能力的专业协助、分享写作的成果和心得,从而发现另一个"新的自己"。

一位会员说:"为什么我提到'中国×××'挺兴奋的,就是因为它是以讲故事的方式传递一种价值观。这也是我一直在思考的一个问题,如何用'story telling'(讲故事)的方式建立关系,包括帮助个人拓展对自我的认知,包括如何打破束缚、重建自我,促进自我的成长,过了30岁之后,我在重建各种关系,包括和父母、朋友、爱人之间的关系,会感觉到真的可以跳出自己的视角……去考虑一个比较中长期的发展。"

一位经常参加"中国×××"线下活动的会员表示,在还没有接触过该自媒体时,她认为只有30多岁的人才会参加这样的组织,"30多岁的

人正在变得衰老和没有生气",但是在参加了很多次活动之后她感觉自己的想法发生了变化:"'中国×××'创造了一种生活方式,它把有趣的普通人集合起来,让我看到这个世界上还有这样一种生活方式,还存在这样的人。虽然自己还没有到 30 岁的年纪,但是我非常认同这种积极寻求改变,也积极捍卫梦想的价值观。"另一位在微信后台留言的网友说:"被'中国×××'的访谈录狠狠地冲击了一把,兴奋过后又堕入迷思,觉得自己很差劲,但仔细梳理过几年来的经历后,我认为至少我朝着自己的理想努力过,经历了从无到有的过程。我播下的这些种子总有一天会发芽,虽然现在还不知道结出的是什么果子。"

8.6 结语:从"参与"到"互惠",到底发生了什么?

基于上述分析,我们发现在"中国×××"的虚拟新闻社区中,参与式新闻生产仍然是基础性的生产机制,但是与以往不同的是,或者说与传统媒体的参与式生产不同的是,通过创新而产生的平等互惠的共生原则替代了约定俗成的新闻专业原则,它弱化了新闻专业化的科层结构,同时鼓励和刺激参与者的主动性介入,从技术和规则意识上提供了一种协商的可能性。

当固化的科层压力让位于可协商的专业权威、单调的新闻内容生产转化为社会资本互动循环时,专业权威与可交换的社会资源就可以在这个新闻社群成员中开放与流动,用于创新的各类知识流得以呈现出耦合式的互惠结果。因此,我们认为这个自媒体在不知不觉中完成了在传统新闻社区中无法实现的"互惠性参与式新闻"。

首先,在该自媒体的各类项目的创新过程中,创始人的专业判断和能力十分关键,业余者的主体性和积极性也同样重要。"业余"与"专业"是平等与自愿的参与,是以信息资源优势互补的方式进行双向的协商与调适,是从参与与互动到渗透与互惠的默契过程,业余不再是一个没有思考力与行动力的主体,也不再是专业的补充和底色,而是成为能与专业对话和平等合作的"他者"。"专业者"和"业余者"之间,或者说所有参与者之间形成了一种彼此依赖、相互信任的实践理性,并使之成为一种默认的"创新文化"。如此行动的后果,正如 Lewis 等(2014)所预言和期待的——在更大的工作网格中实现了相互的间接利益分享，包括信源、信任和持续的社会资本。因此，在这个互联网媒体里，参与者的"实践理性"决定了创新行动的达成。

其次，"虚拟编辑部"的"去制度化"实际也是一种"制度"，或可谓一种"合约选择"。张五常在"合约第三定律"的论述中认为，若可供选择的合约形式的范围越广泛，合约安排的交易费用就越小。该定律的重心是合约选择自由，因为这是减少交易费用、提高生产组织效率、提高资产运用价值之关键（向松祚，2005：215-226）。

尽管该创始人处于自媒体管理核心和专业权威的位置，但是他同时又一再强调自身扮演的"仅仅是底线把关"角色——这种自我"去制度化"的创新机制不仅仅来自创始人的缩减成本的考量，更重要是来自他本人对创新过程的全新"认知"：社群中任何人相互之间都可以建立合作关系，任何事都可以协商解决，甚至包括参与者与该创始人之间的协商。

创始人通过将传统固化的、单一的、强制性的编辑部合约选择权让渡给参与者以做更自由、更广泛的合约选择，从而使得收益立竿见影：合作使得社群内部的专业学习的信息交易成本，继而是专业分工的交易成本明显下降，甚至解决了资金流困境，相比传统新闻社区，这就形成了比较高效的内生比较优势。因此，我们相信自由的合约选择权是组织化生产存续至今的基础性制度设计原则。①

进一步地，参与者的认同感是引发创新深入的关键。Carlson 等（2015）通过话语阐释研究欧洲的互联网创业公司的创新行为时发现，互联网公司的媒体创新，尽管在文化和模式上反传统，但是仍要通过"复制"媒介组织架构以及保留基础性价值取向的方式获得专业合法性。然而，该自媒体显然并没有依赖同样的路径，那么它是如何完成这种合法性认知的呢？

阿马蒂亚·森（2005：404-406）在谈到"后果评价"体系时提出了包含三个维度的框架："情境化的评价""最大化"的框架以及"状态成分的非排斥性"。简而言之，阿马蒂亚·森认为后果评价的出发点一是建立在每个社会情境的立场之上，二是人们倾向于选择能使自己的目标更好地实现的效益最大化选项——这是后果评价体系的核心所在；三是后果事态的特征是潜在相关的，而并非像功利主义所坚持的只有事态中的效用或效率才是评价中唯一值得考虑或是最重要的因素。

---

① 该自媒体即使在 2016 年组建了一个有固定员工的真实编辑部，但仍然保持着自由合约的协商原则和操作方式。

由于创始人的坚持,该自媒体在信息生产过程中的专业化生产一直是开放、透明和公开的,并且通过十分频繁的、平等的即时交流与互动,使得社群内所有成员都能充分共享彼此信息、社会关系等各方面的资源。这种共享首先使所有参与者获得一种"归属感和责任感",并作为一种集体无意识地渗透于内容生产的过程和细节;其次使成员获得正面的自我认知——"发现另一个自我",而这种"自我"正是在其他的社会情境缺失或被压抑的那个部分,由于被释放而得到了"最大化"的心理满足。因此,归属感与责任感、释放的满足感,这些非功利的、具有象征性意义的价值组合在一起,间接地使得创新的行动、规则、机制等获得了合法化的支撑。正是由于这种合法性的支撑,参与者(业余者)才有可能成为主体性的、积极的媒介生产者。

这可能正好成为萨义德(2002:84)所谓"业余性"的一个例证,即"业余性"的意涵是不为利益或奖赏所驱动的,只是为了喜爱和不可抹杀的某些兴趣,而这些喜爱与兴趣在于更远大的景象,通过越过界线和障碍达成某些联系,拒绝被某个专长所束缚,是一种不顾一个行业的限制而喜好众多的观念和价值。

8.7 再讨论:新闻专业性被瓦解还是重构?

新闻室观察为我们提供了一个内生性的考察视角,使我们得以观察创新行动的表征、创新机制以及参与者的自我认知。"创新"不仅是该自媒体新闻内容的主要类型,也是该自媒体存续至今的核心竞争力。

最近10多年来,国内外新闻业界皆认为自身正在遭遇互联网的迅速的、残酷的甚至是替代性的挑战,并将之演化成各种"危机叙事"(李艳红,2013;Chyi,2013),这包括一系列的身份危机、新闻生产权与空间危机,以及新闻生产模式危机等(蔡雯,2010;胡泳,2006;张如良等,2014)。从本文的研究对象来看,这些危机或竞争也可以看作发生在"专业者"与专业者眼中所谓的"业余者"之间的竞争——一方面,"专业"的新闻从业者几乎将所有的互联网自媒体平台视为"业余者",另一方面,业余者正在"入侵"或替代专业者。

反观这个自媒体,除了那位创始人外,几乎所有参与者均为"所谓的业余者",同时,由于参与者来自不同专业领域,参与者之于其他人也可能都是"业余者"。但正是这些"业余他者"的存在，使得这个社群始终充满了好奇、创新和重构。

我们可以想象，在互联网媒体创新空间里，"业余参与"的含义并非简单性地意味着或仅意味着某种居于资本主义体系底端的免费或低廉的劳工形式。相反，其演变成互联网新闻生产过程中职业伦理的关键要素：专业其实仍然无时无刻地存在，并且以核心资本的权威方式存在于生产系统中，但这种存在不是作为"业余"的对立面，而是作为"业余"自愿接纳的透明的陪伴者、同行者，可协商的介入者，以及"互惠者"——这种状态的参与者已然不同于传统媒体中的"业余贡献"，也并非专业化生产分工中所限定的或挑战新闻生产垄断权的对立角色。

上述研究发现和 Powers 等（2016）的研究成果——新闻专业经验是将产业资本转化为创新资源的核心力量，其重要性居于商业和技术之前——异曲同工。在这里，新闻专业经验将个体性的专业资源和社会资本转换成创新资源以及新一轮的社会资本，同样也居于商业资本和技术资本之前。因此，我们更有理由相信，该自媒体的互惠性参与式新闻其实是趋向于建构一种更具包容性的、新型的新闻专业价值，而并非简单地分裂或瓦解。这或将为传统意义上的新闻专业性重构提供积极的外延和可能性。

但是，本案例也带来另外一些启示：当个体生活的优化成为互惠模式的主体性来源时，个体的感性认知是否可以上升为可共享、传播与理解的知识资产？碎片化的生活细节是否可以演化为一种普适性的价值载体？是否会产生能满足公众知情权等政治诉求的新闻产品？对于这种来自公共空间的合理期待与愿景，现实的回应其实也存有矛盾与犹疑。

进一步地，当互联网空间的媒体创新不可避免地向成本与效率进行调适时，组织化的专业分工是其必经过程。个体的复杂性、创造力以及与社会环境对抗、消解与融合的真实过程也许就在专业分工的过程中被简单化了，或被模式化了，身为个体的业余者会不会在专业经验的"陪伴"下变得温驯，接受所谓专业指导所允许之事——那么是否也意味着被"收编"？或者是否意味着以另外一种专业化替代了这一种专业化呢？我们不得不承认这个案例仍然无法解答上述所有疑问。这个案例的规模不够大，信息生产更多地偏向非时政类信息，且该自媒体机构至今未有清晰的盈利模式，创始人一直拒绝资本介入也使得该自媒体处于一种相对固化的非营利状态，等等，这些因素都会使创新的诸多潜在变量失去被观察的可能性。

不约而同地报道一件已引起公众关注，且与公众利益息息相关，并带有公共争议性的社会事件，媒体组织之间实际上是在实践着一种开放式的合作模式，即运用舆论监督和舆论引导的双重功能影响着公共意见的生成与导向，并通过新闻报道追踪构建社会沟通的平台，从而推动公共事件从"冲突"向"解决"的发展，是谓新闻活动参与社会治理的模式。

9 组织间的开放式合作：新闻活动参与社会治理的模式[①]

在新闻的专业化趋势中，公共政治与社会环境中的文化多元化促进了新闻实践的多元化，传统或主流的新闻所信赖与生存的精英式的"多极主义"向"多元文化主义"转变，而这种转变可以追溯至20世纪六七十年代（甘斯，2009：259-263）。多极主义关注多头政治，关注社会自由和个体满足，但也关注在一些社会问题解决过程中，利益集团在市场经济中所扮演的重要角色，将"政治过程"看成某些利益相关人之间的"私人内容"（personal content）；多元文化主义则关注平等和各种不同文化的共存与发展，将政治过程看成可以将"利益共享"（discovery of common goals and shared interests）的承诺公之于众的公共活动。这些政治活动是公民参与讨论与协商的一种平台，也是一种协商政治的体现，并且形成一种"合作与亲近性的公共政治文化"（Glasser et al., 2009），促进公众寻找共同的利益并共享之。

公共政治与社会环境的多极向多元化文化的转变在更大的层面上兼顾了更广泛的社会利益，为公共新闻实践提供了外部公共环境的培育土壤，也为新闻活动参与社会治理提供了尝试机遇。尤其当信息需求呈现出公共政策的指向时，新闻报道所产生的信息压力有可能推动公共政策的实施到位。特别是随着经济与技术的发展，以往仅属于财经类或科技类的专业信息，例如全球气候变化等，越来越受到公众的关注，新闻报道在区域间新兴合作、新兴政策创新、新技术及经贸交易等公共事务过程中也扮演着越

[①] 本章的主要研究发现曾以《公共新闻实践的可行性实证研究》为题发表于《南京社会科学》2011年第10期。收入本书时进行了重新编辑与改写。

来越重要的角色（Moser，2010）。

本章拟探讨媒体的新闻报道如何介入公共性社会问题的解决过程，同时这种介入也是一种动力，促使不同的新闻组织通过开放式合作逐渐参与社会治理，形成了具有中国特色的公共新闻实践。具体而言，本文拟通过追踪2009—2010年各大媒体有关广州番禺区垃圾焚烧厂选址的新闻报道，探讨中国公共新闻实践的可行性路径，并从中理解媒体组织之间、新闻报道与社会公众之间是如何通过良性互动而形成一种公共性社会问题的解决通道的。

9.1 公共新闻实践：与民生新闻的比较

中国公共新闻发展较晚，但亦有不少尝试者。例如江苏卫视《1860新闻眼》在2003年播出之初曾打出了"公共新闻"的旗号，这个节目曾围绕江苏省在全国率先推行的省管干部"公推公选"改革推出连续报道，除了部分直播外，对所有参选者的演说都做了录播，并在每天的节目中摘要播出，同时在观众中展开调查，由观众对其现场表现和演说内容进行评判。相比公共新闻，"民生新闻"在国内更常见，它关注民生状态，报道和反映民生问题，例如广州广播电视台的"G4"新闻报道栏目和广东《新快报》的"阳光社区"新闻专版，专注报道关于广州社区中的新人新事、社区纠纷甚至凡人琐事；但同时亦将社区原生态生活与社会政治和经济背景产生链接，例如在广州举办2010年亚运会期间，有大量关于社区市民如何与"亚运"互动的新闻。有学者认为，"民生新闻"与其强调新闻报道的新生领域，不如谓之一种新的节目方式或一种新型的新闻语言和风格，或是一种新型的新闻价值取向，同时亦是深具中国特色的、新型的新闻传播方式（董天策，2007），因为这些新闻报道让新闻媒体接近普通人的日常生活，从而产生信息互动，进而让新闻报道更"接地气"、更具亲民性。

公共新闻与民生新闻有着比较明显的边界区分。

从西方媒体的实践情境来说，兴起于20世纪60年代的公共新闻源于新闻的发展与社会民主发展的交汇，公共新闻的哲学基础是"协商民主"中的致力于"共同协商"——从实践而言，公共新闻作为一种新闻理念，主要有三个核心目标：第一，报道公民特别关心的问题（更多地关于政策问题而非孤立的政治事件);第二,从公民角度来报道一些问题,使公民参与解决这些问题;第三,公共新闻将自身看成一个提供公众协商、解决公共问题的公共平台(哈斯,2010:36-37)。

从社会影响而言,公共新闻报道能帮助公众重新树立对公共意识的一种期望,培养他们对这些重要的公共问题保持更长时间的关注,并引导公众思考问题背后的原因。公共新闻报道更多关注过程部分而少走极端,并在有关政治争论的报道中更为重视内容而非报道技巧,最终,公共新闻还帮助社会的每一个成员去了解他人,促进人与人之间的相互理解。从达成的社会影响来讲,公共新闻"与传统的新闻记者作为自由社会的'看家狗'(watchdog)的努力是一致的"(蔡雯,2004)。

因此,我们可以看出,公共新闻与"民生新闻"的共同之处是报道主体"以民为主"、报道内容"以民为本";但显著区别在于,前者需要新闻机构立足公共利益,启发并吸引公众参与,使公民能够加入公共讨论,后者则专注报道日常状态下平民百姓的衣食住行及所想所感,要求及时、真实地反映新闻事件的原生态(谭云明,2007),或关注被边缘化的市民和农民,而非社会整体的民众生活状态,因而在整体报道的意识层面上看,民生新闻关注民众物质生活状态甚于其精神生活和政治生活状态(李兰,2010;谭云明,2007)。显然,公共新闻注重社会问题及问题背后的政治经济学逻辑,民生新闻注重社会现象及背后的伦理生活逻辑。

此外,从报道方式来看,民生新闻报道强调结果的客观(objectivity of result),而"公共新闻"则更加重视方法的客观(objectivity of method)。之所以要强调报道方法的客观,是因为公共新闻事件往往涉及多方利益层面,问题形成原因也比较复杂,科学的方法能够保护调查者不受那些下意识的自以为正确的潜在意念的干扰,例如现代计算机辅助调查报道与"公共新闻"之间会存在潜在联系的原因(蔡雯,2004)。

综上所述,公共新闻与民生新闻在"目标"和"方法论"均存在差异:民生新闻报道是进行舆论监督,采用的方法主要是记者实地采访与调查;公共新闻报道的目的是帮助公众理解相关各方的利益差异、形成公共协商、通过协商寻找解决的办法或决策,采用的方法主要是新闻调查、鼓励公民参与,以及借助技术工具和计量方法(内容测量和统计测量)进行事实分析,等等。

9.2 以社会治理为目标的公共新闻

美国公共新闻研究学者哈斯（2010）的分析研究认为，公共新闻的实践过程主要有三个步骤。首先，记者们设置一个所有公民都可以参与并进行对话的平台，让公民的声音不仅得到倾听，而且在其他场合不能或不会被提出、探讨、评价并付诸实践。其次，公共新闻中的"议程设置"与经典新闻报道不同的是，记者既要维护新闻事实独立客观的性质，还要确保公众可以持续地参与公共领域的权利，因此报道的议程设置可以让公众作为积极的合作者参与新闻报道的过程。最后，致力决策，新闻报道通过持续的、有规模的报道引导公众理性协商，特别是在引起各方利益冲突的公共事件，例如环保类社会事件中，新闻报道通过持续地发表这些理性的、协商性的、专业的有效信息，可以减少与分散不满、愤怒情绪的干扰，避免公共意见平台成为"抱怨平台"，从而最终达到为公众提供解决问题方案的目的。

公共新闻中公共协商的目的是"寻找或是提供可能的公共问题的解决途径"，这包括两层含义：其一，"寻找对策"是目的（尽管可能并不能最终获得），新闻监督、意见表达和公共协商都是手段；其二，只有建立在"寻找对策"这一积极目的上，意见表达和公共协商才有可能避免成为发泄负面情绪的平台，而是成为公民辩论和提出政治新方案的一种手段，从而形成一种良性循环的公民协商氛围。

概要来说，从社会治理角度而言，公共新闻实践过程首先根据新闻事件的社会影响和信息来源架构议题，除了体现舆论监督的功能外，还要引导公众参与问题的探讨与解决过程，创造多种短期或长期的协商与解决问题的平台；在报道过程中，记者视自己为公共对话的促进者，而不仅是"专家信息或专业信息"的发布者和传播者（哈斯，2010：4-9），与此同时，公众不仅仅是旁观者和消费者，还是在社会治理过程中广泛参与的负责任的协作者。如此这般，政府、社会、公众、企业及其他相关方最终通过媒体平台达成解决公共问题的目的。

9.3 案例分析："广州番禺垃圾焚烧发电厂建址"的公共新闻报道实践

新华社《半月谈》杂志曾评选2009年中国公民社会十大新闻，其中列第十位的是"广州番禺垃圾焚烧发电厂事件：公民以各种平和方式表达利益诉求"。《半月谈》对该事件点评道："因共同利益诉求松散地联系在一起的非典型、非正式的社会组织，对于集中表达群体利益诉求、规范个体公民诉求表达方式，能够发挥巨大作用。在我国进入社会矛盾凸显期后，公民权益的平和表达、有效维护，是中国公民社会不断发展的一个重要成果。"①

2009年9月21日，《南方日报》首次报道广州番禺区各大社区业主纷纷通过各种途径向有关部门表达反对意见，其核心观点是"垃圾焚烧发电厂不应建在人口稠密的居住区"。至此，全国性报刊、电视台和网络媒体开始聚焦广州番禺区的垃圾焚烧厂选址的新闻。2011年4月12日，广州市政府向公众提出5个新建址方案并广泛听取公众意见，该公共性事件暂告结束。本章截取2009年9月—2011年4月广州和全国各地其他媒体的相关新闻报道，对其内容、体裁和时间进行描述性分析。

对这些新闻报道进行分类梳理，若以公共事件发生与发展的阶段来划分，大致可分为三个阶段：第一阶段，新闻报道通过事实调查参与社会舆论监督；第二阶段，新闻报道成为公众意见表达与反复讨论的平台与渠道；第三阶段，公共决策开始产生并形成政策性建议。

第一阶段是2009年9—11月：地方性社会事件成为公共事件，新闻报道以事实调查为主要内容。

2009年9月23日，时任广州市市容环境卫生局局长吕志毅在接访日对媒体表示，"一旦完成环评，番禺区垃圾焚烧发电厂将动工开建"。据了解，在位于广州番禺区大石镇会江村的垃圾焚烧发电厂选址地点周边分布着海龙湾、丽江花园、祈福新邨、华南碧桂园、广州雅居乐、南国奥园与锦绣香江等多个大型成熟的居住型社区，这些社区选址各自相距几百米或数公里，据不完全统计，共有30多万人居住在此区域。10月12日，一个

---

① 《2009年中国公民社会十大新闻盘点》，https://news.sina.com.cn/c/2009-12-31/155519378016.shtml。

业主创建了名为"垃圾讨论关注"的QQ群，人数很快就到达了的QQ群成员名额的上限（200人）。入群的业主开始纷纷出主意，以扩大此事件的影响力。10月27日，当地数家媒体报告地方政府的选址决策。11月15日，广州市规划局公开表示这个垃圾焚烧厂的选址早在2006年就已被批准，该消息激起了业主们的更大反应。11月21日，央视《新闻调查》栏目分别发表了中央电视台记者的调查报道《垃圾焚烧之惑》，采访当地业主并引用专家意见，公开质疑这个决策的合理性，并提出政府应该充分公开信息以换取民众的信任和支持。几天后，广州本地媒体《羊城晚报》以央视的调查为基础进行了相关报道。①

第二阶段是2009年11—12月：全国性媒体加入新闻报道，公众意见在各家媒体的报道中得以被间接表达与讨论。

地方媒体首先充当了民众意见发表的公共平台，广州本地媒体如《新快报》《南方都市报》《南方人物周刊》《羊城晚报》等的报道加快了这个事件在公共空间中的进展。《新快报》刊发深度调查报道，记者与业主们保持高度联系，比较真实地记录业主们的公开活动。②《南方都市报》刊发数篇评论性文章③，并组建专门的报道小组多角度地跟踪事件的发展。

广州本地媒体的持续性报道吸引了全国性媒体关注此事。11月10日，《人民日报》发表评论《决策不能千里走单骑》④，认为政府若只顾雷厉风行的行政效率而忽略解释、沟通以及必要的修正和纠偏，往往会导致误解并产生纠葛，引来公众的不满甚至反对。人民网舆情监测室对国内135家报纸收集的数据显示，在2009年11月这一个月内，中央级媒体、市场化媒体、地方媒体关于广州市番禺区"垃圾门"的报道篇数分别是当年10月的3倍、9倍和6倍（马李灵珊，2010）。

在此期间，中央电视台《新闻调查》栏目、《人民日报》、北京《中国新闻周刊》和上海《财经》杂志的记者分别来到广州番禺区的多个居住社区进行采访，并走访了另外两个已经建成多年的垃圾焚烧地——大石镇会江村和李坑镇永兴村。其中，《中国新闻周刊》刊发了调查类报道《李坑：我们为你难过》（陈剑杰，2009），在全国范围内引起了轰动；与此同时，中央电视台新闻频道则不止一次播报有关广州番禺区垃圾焚烧厂选址的相关新闻报道。

---

① 《番禺垃圾焚烧厂本周五环评公示》，《羊城晚报》2009年10月27日第A04版。
② 《番禺建垃圾焚烧厂30万业主急红眼》，《新快报》2009年9月24日第A05版。
③ 《番禺垃圾焚烧之争应该形成良性互动》，《南方都市报》2009年10月31日第A02版。
④ 《决策不能千里走单骑》，《人民日报》2009年11月10日第6版。

第三阶段是 2010 年 12 月—2011 年 4 月：相关公共决策得到纠偏，新政策不断出台并开始执行，具体体现在两个方面——作为当下问题解决方案的有关现行决策的整改措施，以及有关垃圾焚烧厂选址的新治理方案的制定。

首先是番禺区建垃圾焚烧厂的"纠偏"方案：2009 年 12 月 20 日，番禺区委书记在与业主的座谈会上再次重申，位于大石镇会江村的垃圾焚烧发电厂项目已正式停建，将于 2011 年再行选址。①

进一步地，对有关"垃圾焚烧"的公共治理方案进行再讨论。

（1）政府决策：据 2010 年 1 月《羊城晚报》报道，广州市人大常委会报告决定"民生大事须报人大决定；对于政府越权做出的行政决定，人大常委会可以依法撤销"；"这些民生大事有城市总体规划、土地利用规划、环境保护、征地拆迁、公共事业、公共服务价格的调整、社会保险基金收支项目，以及正在进行之中的各类基础设施项目，如市政府即将投入的 100 亿元治水项目、每公里造价 3157 万元的 BRT 试验线、公交车 LPG 之争……"；等等。

（2）公众决策：垃圾分类、科学焚烧、再次听证。

据 2010 年 1 月《羊城晚报》报道，从广州社情民意调研研究中心获悉，最新民调显示，广州市民对垃圾处理重要性的共识达到空前高度。逾 9 成广州市民表示，假如自己所居住小区实行垃圾分类，会积极配合，96.4% 的市场认同文明处理垃圾。其实早在 2002 年，广州就开始实施垃圾分类处理，但仅 4 成垃圾得到分类处理，而且大多数广州市民对此还一无所知。2010 年 4 月 27 日，《科学新闻》刊发关注其他国家有关垃圾处理的技术与政策的报道。

2010 年 9 月 5 日，广州各大媒体报道，广州市政府推出《广州市生活垃圾减量化资源化无害化管理办法（征求意见稿）》，面向公众征求意见。其中，标明"逐步推行生活垃圾处理终端阶梯式计量收费""生活垃圾末端处理率、资源回收率、无害化处理率指标纳入政府绩效考评"等多项促使属地政府推广垃圾分类的行政奖罚举措。9 月 21 日，据《京华时报》报道，国家住房和城乡建设部负责人透露，垃圾分类相关产法工作已经启动。10 月，中央电视台《新闻调查》栏目播出有关垃圾焚烧的报道，称"技术创新""国家政策"以及"国际合作"将是解决这个社会问题的重要途径。

---

① 《番禺会江垃圾焚烧项目停止》，《新快报》2009 年 12 月 21 日第 A02 版。

2011年4月1日，广州各大媒体再度报道广州市政府正式在全市范围内实施垃圾分类；4月12日，广州市政府公布了五个垃圾焚烧处理厂新址的选项以供市民参与投票。至此，从2009年10月起持续了一年半的广州番禺区垃圾焚烧发电厂选址公共事件暂告结束。

9.4 组织间的开放式合作：新闻活动参与社会治理的模式

从以上所选取的新闻报道样本来看，新闻报道和新闻事实的进程是同步的。报道的第一阶段，新闻报道仍遵循新闻调查曝光公共事件的各种细节，以达到舆论监督的作用。报道的第二阶段，由于公共事件已经引起社会的极大关注，这种关注使得各方利益相关者通过媒体报道走到一起，共同协商。在所有的新闻媒体中，业主们认为中央电视台及《人民日报》是让业主们最为兴奋的两家，"说出了我们想说的话"，《人民日报》的报道则被业主们理解为"是来自更权威机构的表态"（马李灵珊，2010），这些评价也显示出媒体的行政级别在公众心目中具有不同等级的象征性的传播效果。

报道的第三阶段也是最重要的一个阶段，公共事件的社会治理方案成为报道的重心，全国和地方媒体连续不断的报道，最终在利益层面上调解了本来存在分歧的各方参与者，尤其让地方政府和当事公众这两个事件的主角重新找到新的政策和行为的出发点，包括服从国家的政策法规、建立新型决策机制、推广文明生活方式（公众自觉进行垃圾分类处理）以及相关的垃圾处理技术的研发和推广（包括国际间合作）等。

综合上述研究，本章节总结两个结论。

第一，有关广州番禺区垃圾焚烧建址事件的连续性的新闻报道持续了近一年半，从2009年10月开始报道这一"公共事件（公共冲突）"到2011年4月形成公共决策（包括相关地方政策到国家政策，以及有关公众自身行为的新规范出台），这在国内有关公共事件报道的历史上是少有的。在这期间，媒体实践先后可以分为"新闻监督""公众意见间接表达、讨论与反复表达"以及"决策产生"三个阶段，新闻媒体通过新闻事件的议题架构进行各方的互动，引导决策过程的推进并求得问题的解决，这无疑是一个具有中国本土特征的公共新闻实践的模式。

第二，从这个案例还可以看出，不同层次的媒体对这个公共事件的报道呈现出差异性，主流媒体表现出"监督"和"协商"的兼容性。从各大媒体的新闻报道表现来看，"新闻监督"仍然是其主流使命，尤其是全国性媒体对本地政府或政策的"批评性"，既疏导了当事公众的情绪宣泄，同时积极引导了对事件性质的思考，例如《人民日报》的评论《决策不能"千里走单骑"》《中国新闻周刊》的"李坑新闻调查"（报道突出垃圾焚烧发电厂与周边村民癌症的关系）。与此同时，本地媒体的报道和评论则兼具"批评性"和"建设性"，引导"受众和政府产生对话性质的互动"，《南方都市报》和《新快报》在采访广州市相关职能部门和番禺区政府后，报道其整改措施，致力在政府与公众之间营造"良性互动"（如《南方都市报》的评论《番禺垃圾焚烧之争应该形成良性互动》），从而引导公众舆论和政府决策朝着"民主协商、共商良策"的方向发展，在公共政策、决策者和公众意见之间构建了一个良性互动的信息平台。

从以上的信息流程可以看出，中国公共新闻实践的模式是通过新闻监督的信息干预来启动相关媒体的信息联动和公众层面的信息表达，在形成一定的舆论压力后，促进相关职能部门在公共问题决策机制上的公开化和理性化。

进一步思考中国公共新闻实践的可行性及其环境因素，可以提出以下两点继续讨论。

首先，公共新闻并非由一家媒体组织或几家就可以实践，而是不同区域、不同层次的媒体组织通过开放式的合作达成一种默契。

新闻事实一旦成为公共事件，便可以产生媒体的"搭便车"效应：广东本地媒体保持高度的长期关注，大多数外地媒体趁热打铁追踪此事。由于各自的新闻定位不同，尽管多数媒体只参与寥寥数次报道，但各大媒体不约而同地形成差异互补式的持续报道。从结果而言，这种分工与合作使得垃圾焚烧的公共冲突事件既跳脱意识形态的言论层面又不拘泥于具体执行的微观层面，而是经过新闻报道、公民参与、协商等方式的相互促进，最终找到问题的解决办法，形成了公共新闻实践的"可行性领域"。各种媒体的资源互补性得到有效发挥，全国性媒体发挥舆论引导作用，地方媒体探索技术方案，由此形成了地方媒体和中央媒体的议题联动，这种开放性的合作是最终促使公共议题得到解决的至关重要环节。

这个案例说明，不约而同地报道一件已引起公众关注，且与公众利益息息相关，并带有公共冲突性的公共事件，媒体组织之间实际是在实践着一种开放式的合作模式，即，运用舆论监督和舆论引导的双重功能影响着公共意见的生成与导向,并通过追踪式的新闻报道构建社会沟通的平台,从而推动公共事件从"冲突"向"解决"的发展,这可谓新闻活动参与社会治理的模式。

其次,在广州番禺区垃圾焚烧厂选址的公共事件中,相关部门逐步出台了各项政策,显然也离不开受众的理性表达,例如QQ群、"广场散步"等。这些一度以批评政策或发泄不满为目的的公众在媒体的引导下积极地与地方职能部门进行正面沟通,并对自我行为进行反思。正如2009年12月10日《新民周刊》的评论:"厦门和广州都属于经济相对发达的东部地区,城市化程度高,其中大量受过良好教育的年轻居民是熟练的网络用户,这带来了表达和组织的便利;后者还有活跃和富有批评精神的媒体。这一切营造了一个使人们能够参与讨论公共事务——尤其是与他们的利益切身相关的议题——的氛围。"

以上的分析表明,通过公共新闻引导公众对议题和事件的参与,有助于新的公共政策具备真正的社会基础。因为公众需要参与舆论,要求定位自己的社会属性,扩大知识领域。一个信息传播发达的社会,就是所有的主体在一个媒介化体制普遍化的状态中都成为媒介,成为社会性意义上相互决定的参与者(陈卫星,2003:406)。

在互联网时代,一个重大新闻事件往往可以引发天南海北的网民通过各种移动终端瞬间发出无数条信息,尤其是当网络舆论变得越来越复杂和不可确定时。可以设想的是,随着公共治理意识的加强,媒体作为中介和议题发起人,能起到在政府职能部门、公众、企业和其他社会主体之间建构更有效的信息互动平台的作用,并有可能由此形成多角度、跨时空乃至全球化的信息治理氛围。

第3部分 开放的市场

开篇语：

在一个开放的市场中，中国传媒机构不可避免地面临转型改革，但是相比其他产业，中国传媒业的发展具有显著的独特性，因为其市场化和产业化的演变并非一蹴而就，而是从行政的单一体制向行政—市场"双轨制"渐进推行的。

本书第3部分将重点关注在将传媒业作为一个开放市场中不可缺少的一员时，正式步入市场转型轨道的传媒业经历了哪些创新实践，这些创新为传媒业带来了哪些变化。在回答这些问题的基础上，试图勾勒出中国传媒业作为一个产业的开放式创新的轮廓脉理。

集团化改制是传媒机构在早期市场化转型中的创新性实践,新媒体技术、区域差异及多样性资本分别为传媒集团化改制带来了不少"内向型"的开放创新实践,所带来的产业形态和市场结构的变化为后续的资产证券化运作、媒介融合等深化改革奠定了市场基础。

10 步入开放市场的传媒业:集团化改制的创新实践

自20世纪90年代中期伊始,中国传媒机构进行了一系列的市场化改革,包括两个阶段的创新:一是机构改制,有不少全国性和地方性的传媒机构从事业机构逐渐转变为具备独立法人资格的集团型企业机构;二是企业上市,部分成功改制的传媒企业进行了资产证券化的改革,通过在证券交易所首次公开募股(initial public offering,IPO),从资本市场获得另一股新型发展动力。

本章关注第一个阶段的创新,即集团化改制,重点分析自20世纪90年代初期至2010年的近20年间,中国传媒业如何通过创新方式实施市场化转型改革。

10.1 中国传媒业转型改制的独特性

笔者在本书的第4章中论述过,中国媒体机构的转型改制过程呈现出具有中国特色的"二元属性",即传媒机构首先必须体现党和人民利益的"政治属性",然后才能体现其自负盈亏的"经济属性"。相应地,中国传媒业作为产业,它必须具备"喉舌功能",然后才是"产业功能"。因此,传媒机构的转型改制过程既不同于其他类别的国有企业,更不能类比于国外传媒企业;宏观经济环境、国家发展战略、产业改革政策以及地方区域宣传政策等现实因素都会对传媒业的市场行为及产业化过程产生重要的影响。

新闻出版总署于 2010 年 1 月颁布了《关于进一步推动新闻出版产业发展的指导意见》，首次明确了中国新闻出版业作为国家重点发展的产业来开展全面布局。该报告指出，新闻出版产业将成为中国未来经济发展新的增长点和经济结构调整的着力点。根据这个指导意见，未来新闻出版产业结构、企业市场运营方式等都将进行明显调整，对数字化和网络化出版业、物流业的发展都将施予明显的激励政策，并明确提出鼓励大型新闻出版企业进行兼并重组和资本运营。同时，这个指导意见首次明确了非公有制资本进入传媒产业的领域和方式。

10.2　传媒产品的复合属性

10.2.1　传媒产品的精神生产性

传媒产品是以信息内容为主的一种产品，其精神性属性一直是国内外传媒经济学领域中的重要研究问题，因为传媒产品拥有区别于大多数劳动产品的特性，即拥有不言自明的、具有规范性价值的精神生产性（张辉锋，2005：46）。在约定俗成的共识中，传媒产品首先需要满足宪法规定的知情权和民生发言权；对一个国家或地区而言，传媒还需要提供具备战略性资源的内容产品，在政治、经济、文化等各个社会维度起着至关重要的信息传播及舆论引导的作用，在维护国家和民族主权以及文化主权和文化信息方面都具备重要的战略影响力（周劲，2008：10-13）；除此以外，还要提供各类生活知识和决策信息，同时满足人们休闲娱乐的生活；等等。

随着时代的进步与变迁，马克思主义新闻观对传媒产品的精神性属性进行了新的阐释，认为党领导的报纸和其他媒体是为实现党的纲领而举办的宣传舆论媒介，既是党的工作的组成部分，也是党的领导的具体体现，其基本职责是宣传党的理论、路线、方针、政策，动员党内外一切力量为实现党在一个阶段内的目标而团结奋斗。习近平总书记在《党的新闻舆论工作座谈会上讲话》中指出："坚持党性，新闻舆论工作才有明确的立场和指向；坚持人民性，新闻舆论工作才能获得活力源泉和动力基础；新闻工作要把对党负责和对人民负责统一起来。"

传媒的精神性生产价值因此产生了更高层次的意识形态属性，即在党性和人民性统一的前提下,传媒在增强自身党性意识的基础上自觉地站在党和人民一边,将宣传党的路线方针政策同宣传人民群众的伟大创造统一起来,把塑造优秀典型同教育引导群众统一起来,为人民群众共享发展成果提供更多更好的思想舆论导向和精神文化产品。

10.2.2 传媒产品的公共品价值

经济学家萨缪尔森在其《公共支出的纯粹理论》中指出,公共品是指在消费上具有非竞争性和非排他性的物品和服务。"非竞争性"指的是这个物品并不会因为有人使用而产生损耗,并造成其他人不能消费;"非排他性"指的是所有人都可以享受这个消费品,即使存在"搭便车"的免费者。公共品传统上是由政府直接负责生产和提供的,但也有可能使得政府要承担越来越多的对经济活动的规制、干预和生产功能。相比之下,准公共品也同样具有非竞争性和一定的排他性,不过公众必须通过适当付费后才能使用,例如,有线电视/数字电视频道和高速公路等,这些准公共品的提供则仍由政府主导,但允许私人机构参与建设。

传媒产品的公共价值是显而易见的。长期以来,公众将传媒视为公共领域的传播工具,是公共社会的重要组成部分,传媒机构被视为独立、客观、中立的信息代理人,因此信息产品具备公共品的特征;从使用价值来看,例如,依靠终端设备接收器接收节目信号的无线电视台节目,信号提供者根本无法将免费"搭便车"者排除出去,因而大多数传媒产品不论从其历史演变、社会属性还是从使用工具性来看,均具有非竞争性和非排他性,因此公共品的属性是显而易见的。

但是,传媒产品作为一种具备生产与消费特征的物品,在实践中却不一定完全能由政府主导和提供。有线电视或数字电视,由于技术环节控制的必要性,必须使用配套的机顶盒才能接收信息,另外,传媒作为一个社会机构时还会有技术维护、节目制作、交易和相互竞争等行为,而这些行为显然具有排他性和竞争性;但是若将传媒产品完全按照市场规律作为商品定价,则有可能造成恶性价格竞争或形成市场垄断,从而打击、伤害传媒信息的公共价值属性。

因此,尽管传媒产品具有"公共价值"的天然属性,但若置于开放式的市场经济社会中,传媒机构也势必发挥部分的排他性和竞争性才能维持其信息产品的持续产出。同时,由于信息产品的高消费性,其也势必会在某些消费领域出现纯粹私人性质的、按市场经济规律定价和竞争的内容商品以及相应的其他衍生类信息商品。

从传媒产品的发展来看，当我们论及传媒产品作为一种信息类产品时，它具有区分于其他劳动生产品的规范意义的价值理性，即在公共领域中的精神性生产和公共价值的天然属性；不过，当传媒产品置于劳动生产与交换的市场经济社会中，其工具理性也十分发达，即具有高消费性和高竞争性的商品属性，且随着社会经济主体的多样化和互联网移动技术的高速发展，更加多元化的传媒信息类商品从传统的、经典的内容产品中衍生出来。

10.2.3　传媒产品的三种使用价值

精神生产性和公共价值是传媒产品最重要的具有规范性价值的天然属性，但是除此之外，传媒产品还具有三种使用价值。

首先，受众对传媒产品还存在多种"信息需求"，因为传媒产品历来都是受众获取信息和娱乐的最重要的工具之一。消费者使用和消费传媒产品，除了获得对于社会事件和公共事务的看法和观点信息外，还希望传媒能够提供与自身生活相关的经济、民生、法律和娱乐的服务类信息，这就使得传媒首先具备了作为消费品使用价值的"受众使用价值"，并激发传媒机构在内容产品中开拓多样化的信息服务功能而满足受众的各类信息需求，从而扩大自己的发行量或收视率。当这些发行量和收视率变得可持续时，传媒机构因而获得了一定的市场份额。这意味着，在开放的市场环境中，传媒产品还具备可交换、可被使用的商品属性，即具有消费性价值，媒体因此从"意见传媒"向"信息传媒"进行转变。

其次，当传媒机构凭借发行量或收视率占有了一定的市场份额之后，众多商品发现其消费者同时也是传媒产品的消费者，因而向传媒机构购买版面或频道时间，在传媒内容产品传播的同时搭载其商品广告信息，"媒体经济模式"因此而产生：传媒机构通常通过向广告客户出售版面或频道时间（也称"二次售卖模式"）等无形资产为自身获取生产者利润。这样的经营行为既可为广告客户创建商品与消费者之间的链接，又可使传媒机构自身获得经济利益。这是传媒产品在满足受众使用价值之外的第二种使用价值。

此外，传媒内容产品的边际生产成本极低，因为在不迫使生产者产生额外生产成本的前提下，用户对信息和娱乐产品的消费并不会减少其可以得到的产品数量；信息产品还具有很高的"生产—复制成本率"，即生产成本高，但复制成本相当低，特别是信息数码技术的发展大大降低了复制成本——这种极低的边际生产成本就可为传媒机构创造出比其他产业更高的创新租金，也因此赋予传媒机构第三种使用价值，即可以通过自身不断地创新而获得持续的、高效率的市场扩张。

普通消费端、商业信息用户端以及生产端为传媒产品奠定了可消费、二次售卖以及创新租金的使用价值。在现实生活中，传媒机构作为一个独立存在的社会单位，报纸、杂志、电视、广播、影视、网站等由于技术特性不同而各自具有不同的运作模式，但是其内容产品的制造与流通都必须使用人力、物力、技术设备、产品流水线等各种生产性成本，而这三种使用价值都可以持续地用来支付这些生产成本，并有可能使传媒机构获得额外经济收益。

不过，使用价值也具有外部性。例如，商业广告信息是广告主提供的主观性的宣传信息，有可能存在夸大或扭曲，也有可能对冲内容产品的客观性，甚至伤害消费者的社会福利，而传媒的内容产品均必须遵循新闻事实的客观性原则，一旦违反这个原则可能会令传媒机构面临来自公众的信任危机；与此同时，尽管创新租金很高，但随之而来的相应的产权（即版权）维护的成本也很高，等等。这些外部性的存在引发了传媒规制和版权制度的介入（见本书第 4 章）。

10.3 传媒业的集团化改制

传媒产品的复合属性决定了传媒业的产业发展是多形态、多体制并存的。传媒产品制造业又称为内容制造业，涵盖所有以知识性内容为加工对象的制造性企业和相应的产业集群，为受众提供可以作为精神消费的各类传媒产品，包括采编业、印刷业、录音制作、影视业和光盘加工业等等。

10.3.1 推动集团化改制的产业政策

1985 年 4 月，经由国务院批转的《国家统计局关于第三产业的统计报告》，第一次将广播电视事业列为第三产业。1993 年，中共中央、国务院发布的《关于加速发展第三产业的决定》，正式将"报刊经营管理"列入第三产业。2001 年，中国证监会在其发布的新版《上市公司行业分类指引》中,将传播与文化产业明确定为 13 个基本产业门类之一,将传媒业与文化产业合并为一类尽管有可能存在一定歧义,但也意味着传媒业产业首次有了官方的明确界定。2002 年,中国共产党第十六次代表大会召开之际,国家传媒行政管理部门首次明确指出,新闻出版业是一个很大的文化产业,除了其搭载内容属于文化意识形态范畴外,其他生产链条都属于产业范围,是新经济的主要组成部分。

2003 年 12 月,国务院发布《文化体制改革试点中支持文化产业发展的规定》与《文化体制改革试点中经营性文化事业单位转制为企业的规定》,提出党报、党刊、电台、电视台等重要新闻传媒经营部分剥离转制为企业,在确保国家绝对控股的前提下,允许吸收社会资本;国有发行集团、转制为企业的科技类报刊和出版单位,在原国有投资主体控股的前提下,允许吸收国内其他社会资本投资;广播电视传输网络公司在广电系统国有资本控股的前提下,经批准可吸收国有资本和民营资本。

2005 年 4 月,国务院发布《关于非公有资本进入文化产业的若干决定》,允许非公有制资本进入出版物印刷、可录类光盘生产等文化行业和领域,还可参股出版物印刷、发行,新闻出版单位的广告、发行,广播电台和电视台的音乐、科技、体育、娱乐方面的节目制作,电影制作与发行放映,可以建设和经营有线电视接入网,参与有线电视接收端数字化改造。2012 年 6 月,新闻出版总署发布《关于支持民间资本参与出版经营活动的实施细则》,鼓励国有出版传媒企业吸收民间资本,鼓励民间资本申请国家文化产业发展专项资金,降低传媒业的准入门槛,为传媒业融资民间资本创造条件。

新闻出版总署 2010 年 1 月出台的"一号文件"《关于进一步推动新闻出版产业发展的指导意见》,明确了中国新闻出版业作为国家重点发展的产业开展全面布局。该报告指出,新闻出版产业"作为科技含量高、资源消耗低、环境污染少、涉及领域广、产业链条长、投入少、产出大、发展潜力好的朝阳产业,已成为国民经济的重要组成部分,成为经济发展新的增长点和经济结构调整的着力点"。

10.3.2 作为产业门类的中国传媒业

从世界各国传媒产业的发展情况来看,传媒产业应该包括传媒产业群,即传媒产品的生产、加工、制作与销售的机构;传媒产业链,即横向或/和纵向关联关系的传媒产品流通与服务等环节的组合。传媒制造业是传媒产业的基础产业，但并非价值最高的产业；传媒流通业和传媒服务业已成为世界传媒业附加值增长最快的产业，也是适应全球经济转型的主流。传媒制造业是为各传媒部分提供设备、设计、设施、技术装备和相关产品的机构，它是从事传媒设备、设施和产品生产活动的部门的总称，包括传媒工具（材料）制造业、传媒设施制造业和传媒产品制造业。

从产品特质来区分，中国传媒产业可划分为"核心层""相关层"和"外围层"：核心层以新闻内容作为其主要生产内容，包括传统的新闻产品，例如印刷媒介产品（报纸、期刊和图书）和电子媒介产品（广播、电视、音像制品和电子出版物）；相关层是与核心层产品关联度较高的上下游产品，例如印刷设备、胶卷胶片、纸张、有线电视和广告业等；外围层与核心层无直接关联，但两者产品形式相似，例如互联网产品（网络视频、手机报、IPTV）、企业公关公司、商业视频节目等。

10.3.3 中国传媒业的集团化改制

从传媒产业的整体发展情况来看，2003—2004年，国家相关主管部门相继出台多项政策，分别向报刊社、出版社、广电媒体提出事业单位与企业单位分开的改革意见，至此，中国传媒产业从政府到行业都在全面推动传媒产业机构由事业单位向企业单位的转型。在2004年以前，中国传统媒体机构大多为国有事业单位性质，还没有多少真正意义上的传媒企业或传媒公司；2004年之后具有企业组织特征的传媒机构陆续出现。因此，2004年是中国传媒业发展的一个关键年（崔保国等，2005）。

中国传媒业不同于西方传媒产业，后者的制度选择主要由市场来决定，而中国传媒产业具有显著的中国特色，即初期为摸着石头过河，从实践中摸索与总结经验，再在同行中进行复制。这成了中国传媒制度改革的主要路径，即从处于边缘的、非核心的机构或部门开始进行制度改革，因为这相对于核心主体来说，成本低、风险小、对现有体制的冲击也小（朱春阳等，2009；黄蓉，2008；周劲，2008；向志强等，2008；张梅珍等，2008；梁智勇，2009）。具体而言，中国传媒业从20世纪90年代初期展开的集团制改革主要方式有三类。

一是在政策指导下的大型传媒机构的集团化改制，这是中国传媒集团形成的主要推动力和主要发展模式。例如，广州日报报业集团、深圳报业集团、南方报业传媒集团、羊城晚报报业集团等均采用这种模式。以南方报业传媒集团为例，其集团的核心报纸是中共广东省委机关报《南方日报》和周报《南方周末》,以及都市类综合报纸《南方都市报》和财经类日报《21世纪经济报道》,其在20世纪90年代中期开始集团化改制,报社成立管委会,以管委会的形式管理报社内所有的新闻传媒产品,1998年完成集团化改制并于当年5月正式成立南方日报报业集团,2005年更名为南方报业传媒集团。截至2011年10月,南方报业传媒集团旗下有12报、8刊、5网、1出版社,形成了一个跨媒体、跨区域、多元资本运作的传媒集团格局。① 又例如,2005年4月18日,《中国保险报》整体转企改制,成为我国首家整体实行股份制的新闻机构。

二是资金或资本的开放式创新(包括纳入非公有制资本)推动增量改革。自1998年起,出现以市场经营为动机的多元资本或跨地区合作。1998年,羊城晚报社与广东侨鑫集团合作创办了中国第一张全彩印刷报纸《新快报》,这亦是中国传媒业首次纳入非公有制资本的合作。2003年,南方报业传媒集团与光明日报报业集团联手打造《新京报》并进入北京报业市场,成为跨地区合作的典型案例。2011年8月,南方报业传媒集团与腾讯公司联手打造广东城市生活门户网站"腾讯·大粤网"(gd.qq.com)。北方联合出版传媒(集团)股份有限公司于2010年与天津出版集团、内蒙古新华发行集团合作,还与上海盛大文学、北京金星国际教育集团合作。

三是开始出现以新媒体技术为发端的"媒体融合"创新改革。从传统产业的特点来看,传统媒体主要是通过经营广告和出版版权获利,产业链相对简单,垄断程度高;传统的电信业、出版业和广播电视之间存在着明显的产业边界特征。而现代电信业则涉及硬件提供商、内容供应商、网络运营商等横向一体化合作的诸多环节,并且随着广电网、电信网和互联网三网的日渐融合,其内容、终端和产业三者的融合也将同步进行,这三大产业部门拥有共同的技术基础,可以共享传输平台,都将为消费者提供更多更好的数字化产品,例如手机报、电子书、视频、IPTV等等。

以中央电视台的新媒体业务发展为例,2006年4月,经国家广播电视总局批准,中央电视台成立中国首家具有"全业务资质"的新媒体机构

---

① 南方报业传媒集团拥有的"12报"——《南方日报》《南方周末》《南方都市报》《21世纪经济报道》《南方农村报》《南都周刊》《风尚周报》《理财周报》以及与光明日报报业集团合办的《新京报》、与西江日报社合办的《西江日报》、与云南出版集团合办的《云南信息报》、2011年9月加盟的《梅州日报》,"8刊"——《南方月刊》、《城市画报》、《名牌》杂志、《南方人物周刊》、《21世纪商业评论》、《商旅周刊》、《南方第一消费》、《鞋包世界》,5个网站——南方网、南方报业网、奥一网、凯迪网、大粤网,1家出版社——南方日报出版社。见南方报业传媒集团官方网站(http://nf.nfdaily.cn/qywh/)。

——全资子公司"央视国际网络有限公司",其经营许可权包括开展以PC、手机、IP电视为接收终端的自办点播、自办频道等九项业务。此外,中央电视台还成立了国际移动传媒有限公司,经营业务是车载电视;成立了中央数字电视传媒有限公司,经营业务是数字电视。

总体来看,行政主导的集团化改革仍是中国传媒业的主流趋势,而外来资本的进入、跨地区合作、新媒体技术的介入则促进了传媒机构的增量发展。

10.4 集团化改制带来的产业形态变化

自2009年以来,传媒机构的集团化改制对产业形态带来了一系列的变化,这其中包括传媒企业进入整体改制期、广播电视系统"制播分离"、地方媒体机构的兼并重组、新媒体平台全面商业化及企业开始以发行债券作为融资渠道等等。

(1) 传媒企业机构进行了更为全面的企业改制。以广州日报社为代表,该报社根据新闻出版总署的"转制改企"要求,于2009年进行了自身最大规模的一次改革,将符合要求的综合类报纸《广州日报》,以及文化、生活、娱乐、资讯类报刊《老人报》《舞台与银幕》《岭南少年报》《广州早报》《新现代画报》等进行了采编与经营的分离,并将符合政策要求且整体经营状况良好的全部传媒类经营性资产划拨到上市公司粤传媒股票(代码002181),分别由广州日报报业经营有限公司、广州大洋传媒有限公司和广州日报新媒体有限公司具体经营。2010年8月,广州日报社将采编与经营"两分开",并将广州日报社及其下属企业所控制的42亿元报刊经营业务资产整体注入粤传媒,成为第一家传媒类主营业务整体上市的传媒企业。[①] 但根据采编与经营"两分开"的相关政策,《广州日报》及系列报的采编业务和人员不得进入上市公司,并承诺将授权粤传媒无限期独家经营相关报纸、杂志的经营业务,广州日报社自身不再直接从事、亦不授权任何第三方间接从事《广州日报》的任何经营业务。

经过这次全面改制,广州日报社及其下属企业与上市公司之间的广告代理和制作方面的关联交易额大幅降低,但也新增加一部分关联交易。例

---

① 《历经十载 借壳上市路将修成正果 广州日报42亿资产注入粤传媒》,《青年报》2010年8月16日第5版。

如，采编与经营"两分开"后，上市公司将与广州日报社签订关联交易协议，并向其支付相关费用；信息时报社保留在广州日报社，其发行业务将委托广州报刊发行公司负责。

（2）广播电视业进行了制播分离的改革。2009 年，上海文广新闻传媒集团在全国电视机构中率先整体实施"制播分离"的改革，同年 10 月 21 日，由上海文广新闻传媒集团分拆而成的上海广播电视台、上海东方传媒（集团）有限公司揭牌。① 这标志着全国广电系统制播分离试点拉开帷幕。自 2009 年 1 月起，湖南卫视对旗下 10 个频道重新调整定位，并以主推原创综艺节目的湖南娱乐为"创新节目孵化器"；2010 年，湖南卫视实施"制播分离"，其将经营性资产、业务和团队逐渐装入子公司芒果传媒，同年 6 月 28 日，湖南广电总台和芒果传媒同日挂牌。②

（3）地方省级媒体的跨区域和跨行业的兼并重组频现。例如，辽宁北方联合出版传媒集团，作为中央文化体制改革试点单位，于 2010 年与天津出版传媒集团、内蒙古新华发行集团成功实现跨地区大规模全面合作和强强联合；与民营出版策划人合资建立上海万榕书业公司，取得湖南蓝猫动漫传媒有限公司绝对控股权；同时还与上海盛大文学合作，并与国内最大的民营教辅书业公司北京金星国际教育集团合资建立以教育服务为主营业务的新公司；北方联合出版传媒集团在资本市场打造"中国出版传媒第一股"之后，以突出出版主业为方向，自 2007 年以来已与 20 多个国家的知名出版公司实现合作，成功实现了从过去单一引进到规模型出口的重大转变，并于 2009 年被商务部授予中国文化产品重点出口企业。从 2010 年开始，北方联合出版传媒集团与台湾著名图书用品公司合作，迅速拓展了大陆简体字版图书在台湾市场以及东南亚市场的销售。③

（4）新媒体平台全面商业化。2010 年 6 月，国务院新闻办公室提出，要将人民网、新华网、央视网三家中央新闻网站和北京千龙网、上海东方网、天津北方网、湖南华声在线、山东大众网、浙江在线和四川新闻网七家地方新闻网站改制为商业模式运营，全部改为股份制，并鼓励官方新闻网站在 A 股上市。"确保控股权"和"引入国有战略投资者"是人民网和新华网等十大新闻网站的改制重点。此前，时任中宣部副部长、国务院新闻办副主任蔡名照指出，转制是"引进国有战略投资者，在确保主办单位

---

① 《上海文广集团改制　实施广播电视制播分离》，《成都商报》2009 年 10 月 22 日第 10 版。
② 《湖南广播电视台暨芒果传媒正式挂牌》，《中国新闻出版报》2010 年 6 月 29 日第 1 版。
③ 《北方联合传媒外延式扩张打造"百亿"旗舰》，《中国新闻出版报》，2010 年 8 月 18 日第 1 版。

控股的前提下,组建股份公司,条件成熟时在国内上市"①。

(5)以发行债券扩大融资渠道。2012年5月,广东南方报业传媒集团有限公司发行了第一期中期票据,期限为5年期,发行金额为人民币3.5亿元,本期中期票据由光大银行主承销。这是南方报业传媒集团首次通过发行中期票据来募集资金,这将使南方报业传媒集团逐步摆脱以往主要依靠行政融资的局面。②

10.5 集团改制后的传媒市场结构发展

中国数字出版业发展迅速。据新闻出版总署公布的信息,2009年我国数字出版总产出已达799.4亿元,总体经济规模首次超过图书出版,从2006年的200多亿,增长到2009年的接近800亿,因而2009年被称为"中国数字出版元年"。2004年7月18日,全国第一家手机报"中国妇女报彩信版"开通。2006年4月14日,解放日报报业集团在全球范围内首次推出电子报,试行无纸化阅读。2009年1月7日,工业和信息化部发放3张第三代移动通信(3G)牌照,其中中国移动获得TD-SCDMA技术制式的3G业务经营许可,中国联通和中国电信分别获得WCDMA技术制式和CDMA2000技术制式的3G业务经营许可,2009年因此也被称为"3G元年"。在2010年8月30日—9月3日举办的第十七届北京国际图书博览会中,5天会期内共签约版权项目2397项,较上年增长近20%,引进与输出之比达1∶1.46,创下历届之最。③

前面提到,2004年是中国传媒业发展的一个关键年。本章根据2004—2011年的《中国传媒蓝皮书——中国传媒产业发展报告》,整理出集团化改制启动后传媒业作为一个产业发展的市场规模(见表10-1)。

---

① 《新闻网站上市要过盈利关》,《广州日报》2010年06月10日第AⅡ6版。
② 《南方报业发行第一期票据3.5亿元》,《南方日报》2012年5月25日第A15版。
③ 《体制改革为"走出去"注入新活力》,《中国新闻出版报》2010年9月9日第1-2版。

表10-1 中国传媒产值与市场份额变化（2004—2010年）

单位：万元

项目	2004年	2005年	2006年	2007年	2008年	2009年	2010年
报纸广告和发行收入	383.8 (18.20%)	426.8 (17.21%)	537 (16.45%)	536.8 (14.32%)	571.1 (13.3%)	617.36 (12.6%)	706.9 (12.2%)
期刊广告和发行收入	121.8 (5.78%)	149.4 (6.01%)	144.6 (4.43%)	159 (4.24%)	198.1 (5%)	196.67 (4.0%)	200.4 (3.5%)
音像制品出版收入	27.25 (1.05%)	30 (1.21%)	36.2 (1.11%)	31.5 (8.41%)	30.24 (1%)	17.37 (0.4%)	16.3 (0.3%)
图书销售收入	486.02 (18.78%)	493.2 (19.89%)	504.3 (15.44%)	512.62 (13.68%)	548.52 (13.01%)	557.24 (11.4%)	612.9 (10.6%)
广播广告收入	32.9 (1.21%)	38.9 (1.57%)	59 (1.81%)	62.8 (1.68%)	68.34 (1%)	71.87 (1.5%)	96.3 (1.7%)
电视广告和有线电视收入	475.8 (16.87%)	592.2 (23.88%)	585.3 (17.92%)	738.2 (19.70%)	835.8 (20%)	893.6 (18.2%)	1045.5 (18.0%)
电影产业收入	36 (1.39%)	48 (1.93%)	57.3 (1.76%)	67.3 (1.80%)	84.33 (2%)	106.65 (2.2%)	157.2 (2.7%)
广告公司收入	282 (19.85%)	307.7 (12.41%)	315.7 (9.67%)	344 (9.18%)	389 (9%)	426 (8.7%)	470 (8.1%)
网络广告和游戏	45.7 (1.77%)	89 (3.59%)	137.9 (4.22%)	242.5 (6.47%)	364.4 (9%)	477 (9.7%)	648.6 (11.2%)
移动增值业务	217 (8.39%)	305 (12.30%)	888 (27.20%)	1053 (28.10%)	1131 (27%)	1544.2 (31.5%)	1853.0 (31.9%)
总计（同比增长）	2108.27	2480.2 (17.64%)	3265.3 (31.65%)	3747.72 (14.78%)	4220.83 (12.62%)	4907.96 (16.3%)	5808 (17.8%)

数据来源：2004—2011年历年《传媒蓝皮书：中国传媒产业发展报告》（崔保国主编，社会科学文献出版社出版）。

特别说明，有两个项目未放入表10-1内统计。一是出版物印刷业的工业产值，从新闻出版总署的统计信息得知，中国印刷业的工业产值不可忽视，2007年、2008年、2009年的工业销售产值分别为828.86亿元、976.9亿元和1127.76亿元，年增长率在10%~15.44%，产值分别与当年电视业产值（含广告和有线电视收入）相当。二是图书出版业①的实际产值，从有关数据获知，2004—2007年的图书出版实际产值有可能都超过千亿，占据市场最大份额，约占传媒产业总产值的1/3。

从图10-1中可看出，第一，传媒业经过集团化改制等市场化转型之后，传媒产品的范围经济得到明显体现，报纸、图书、电视媒体、网络媒体和移动媒体分别占有比较稳定的市场份额。第二，近年来传统媒体市场份额下降趋势比较明显，但各自仍占据10%~20%的份额，其中报纸的下降势头最为明显，图书次之，电视媒体则在2006—2010年保持一定的稳定。第三，新媒体的上升趋势更为明显，其中移动媒体的增值服务上升最快，在2009—2010年成为市场份额最多的行业，而在这两年里，报纸和图书的下降趋势更明显，市场份额分别占不到15%。

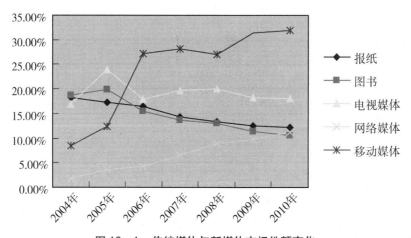

图10-1　传统媒体与新媒体市场份额变化

由此可见，在渐进性制度演变之下的中国传媒业的初期市场化转型有如下特征（向志强等，2008；张梅珍等，2008；梁智勇，2009；龚彦方，2012）。

（1）集团化改制是中国传媒机构在政府和政策主导下的早期市场化转型行为，既体现着传统媒体时代的路径依赖，也体现在利用诸多市场和技

---

① 此数据并未包括二渠道等销售收入的总和，系根据新闻出版总署的统计数据估测得出；2008—2011年图书销售收入数据则未计入二渠道等销售收入。

术因素的"内向型"的开放性创新特点。改制后成立的传媒企业的规模化和专业化程度均有所提升，并极大地拓展了传媒产品范围经济和产业效率，体现了外生性的制度优势。从2004年至今，中国传媒业先后迎来了其市场化转型实施期以及高峰期，企业改制和资本运作成为中国传媒企业市场化转型的主要方式；有线电视网络、3G多媒体技术以及旅游业等新兴经济体亦融入了传媒产业，政策与制度的变迁与信息技术、金融操作等联系在一起；新媒体在2008年以来发展迅速，同时传统媒体（例如报纸和图书销售）呈现明显的下滑趋势，不过，传统媒体总体上仍占据最多的市场份额。

（2）从开放性的市场环境来看，这种集团化规模的形成过程多为行政命令之下的各种业务"搭积木"式的重组，在地方除了省级媒体的转型改制在行动和效率上具有明显优势外，其他区域媒体的转型还存在发展不均衡、行业条块分割的困境。

（3）以现代企业治理来看，媒体组织还并未形成相应的现代企业治理结构，人才结构仍然以采编系统为主，在经营与技术等增量改革方面缺少相应的专业人才；传媒企业的经营活动仍存在着"政企不分"的现象，财产所有权和法人之间的权责界限不分，导致经营者利益与新闻机构的经济效益之间的关系比较模糊。例如，有些传媒集团子公司虽然采取公司化运营体制，但没有董事会等决策机构，公司主要负责人仍采取内部委派制，且沿袭原有的事业机构模式，并没有制订以市场规律为设计基准的激励机制，因此出现了类似"内部人控制"等在其他国有企业中存在的治理难题。

本章分析了中国传媒产品区别于其他商品的独特性，即兼具精神生产性、公共价值、高消费性以及使用价值的复合属性，并对传媒业作为一个开放性市场中的产业门类的演化历史做了简要分析。然后在此基础上分析了传媒机构在市场化转型过程中的创新性实践，重点关注集团化改制以及改制所带来的产业形态和市场结构的变化。其中，新媒体技术、区域差异及多样性资本分别为传媒集团化改制带来了不少"内向型"的开放创新实践，并为后续的资产证券化运作、媒介融合等深化改革奠定了市场基础。

通过新三板市场挂牌融资、间接上市（RTO）和直接上市（IPO）三种方式，集团化改制后的中国传媒组织基本上完成了"现代企业"的华丽转身，进入了中国产业融合发展的快车道。

11 传媒业资产证券化的创新实践

企业通过证券交易所首次公开向投资者发行股票或以其他间接方式成为上市公司，在中国企业界早已不是新闻，但对中国传媒业来说却是不折不扣的新事物——传媒业的资本运作在中国企业界还算不上主流，2006年10月，新华传媒作为"图书出版发行第一股"在上交所正式挂牌。随着传媒企业不断进行集团化改制等各类创新实践，传媒业的市场化转型进程从2012年开始步入了"上市"的高峰期，各类传媒上市公司逐步低调地出现在公众的视野中。[①]

11.1 传媒资产证券化的宏观背景：政策与产业

新闻出版总署2010年1月颁布的《关于进一步推动新闻出版产业发展的指导意见》[②]，明确了中国新闻出版业作为国家重点发展的产业展开全面布局，"转制"与"开放"将成为中国传媒产业化政策的主要关键词。从那以后，传媒企业开始大规模进行股份制改革和资产证券化等市场化运营。2010年5月17日，国务院新闻办公室召开"全国重点新闻网站转企改制"试点工作座谈会，确定十家中央及省级重点新闻网站进行转企改制和股份制改造试点，这十家网站分别为：人民网、新华网、央视网、北京千龙网、上海东方网、天津北方网、湖南华声在线、山东大众网、浙

---

① 本章部分研究内容曾以《中国传媒公司上市融资利弊分析》为题发表在《中国报业》2015年第13期。收入本书时进行了增删和重新编辑。

② 见2010年1月1日新闻出版总署发布的《关于进一步推动新闻出版产业发展的指导意见》。

江在线以及四川新闻网。该座谈会同时鼓励官方新闻网站在 A 股上市。"确保控股权"和"引入国有战略投资者"是人民网和新华网等十大新闻网站的改制重点。此前，时任中共中央宣传部副部长、国务院新闻办副主任蔡名照曾指出，转制是"引进国有战略投资者，在确保主办单位控股的前提下，组建股份公司，条件成熟时在国内上市"[①]。2010 年 6 月 20 日，人民网股份有限公司正式挂牌，迈出了新闻网站转企改制和走向资本市场的第一步。[②]

与此同时，传媒业还进行了产业扩张，2012 年 2 月，中共中央办公厅、国务院办公厅发布《国家"十二五"时期文化改革发展规划纲要》，提出要实施一批重大项目，推进文化产业结构调整，发展壮大出版发行、影视制作、印刷、广告、演艺、娱乐、会展等传统文化产业，加快发展文化创意、数字出版、移动多媒体、动漫游戏等新兴文化产业。同年 3 月，国家发改委发布《关于 2012 年深化经济体制改革重点工作的意见》，提出要深化文化体制改革，继续推动经营性文化单位转企改制特别是非时政类报刊出版单位的改革，扩大三网融合试点范围。

在这些政策背景下，2012 年 4 月 27 日，人民网于上海证券交易所上市交易（股票代码 603000），发行完成后总股本为 2.76 亿股。人民网开盘当天全面大涨 73.6%，并因盘中涨幅过大及换手率过高而被实施了两次临时停牌措施，以当天收盘价计算，人民网总市值已达到 95.97 亿元。自此，与其他产业一样，资产证券化逐渐成为大多数传媒机构进行市场融资、扩大经营规模的重要手段。传媒机构的市场化转型从事业单位的改制迈向了现代企业治理的高阶之路。2014 年 8 月，中央全面深化改革领导小组审议通过了《关于推动传统媒体和新兴媒体融合发展的指导意见》，主要推动传统媒体和新兴媒体在内容、渠道、平台、经营、管理等方面的深度融合。

11.2 传媒公司资产证券化的类型

从传媒企业进行资产证券化的途径（或交易场所）来看，有"新三板"市场挂牌融资、间接上市和直接上市三种方式。

全国中小企业股份转让系统（俗称"新三板"）是全国性的、主要适

---

① 《新闻网站上市要过盈利关》，《广州日报》2010 年 06 月 10 日第 AII6 版。
② 《新闻网站改制上市》，《网络传播》2010 年第 12 期。

用于非上市股份有限公司的股权交易平台,服务对象是中小微型企业。较之主板市场有明显不同,"新三板"市场的准入门槛大大降低,对于挂牌企业没有明确的财务指标要求,着重考察公司治理和持续经营能力,属于"孵化板性质",因此,那些还达不到主板、创业板、中小板上市要求的企业,均可以通过"新三板"进入资本市场融资。[①]"新三板"市场已经建设成全国统一的场外交易市场,同时亦成为我国多层次资本市场建设中的重要环节。

反向收购(reverse take-over,RTO),是指企业通过入股某上市公司的方式进行间接的资产证券化,俗称"借壳上市"。反向收购的过程相比直接上市来讲,时间成本和融资成本相对较低,但过程比较烦琐,尤其借壳上市之后的企业的主营业务变得更加复杂。例如,成功借壳上市的传媒企业不仅包含媒体业务、广告代理商、报章印刷,还有可能包含壳公司的投递业、酒店业、房地产业,甚至还有煤矿业等等,这些业务拓展了传媒企业的跨界经营,但也因此会带来比较高的内部交易成本和管理成本。

企业直接通过上海证券交易所或深圳证券交易所首次公开向投资者发行股票的方式,称为"首次公开募股"(initial public offerings,IPO)。一般来说,有限责任公司在申请 IPO 之前,应先变更为股份有限公司,上市的基本流程必须经历综合评估、规范重组、正式启动三个阶段。IPO 新股定价过程分为两部分:首先是通过合理的估值模型估计上市公司的理论价值;其次是通过选择合适的发行方式——或在上海证券交易所挂牌交易(俗称"主板"市场),或在深圳证券交易所挂牌交易(俗称"创业板"),最终确定每股单价。相比"新三板"上市和反向收购上市,直接上市的融资时间长、融资成本比较高,对企业的经营规模和盈利能力要求也比较高。

11.2.1 传媒企业的"新三板"市场挂牌融资

传媒企业中较早采取这种资产证券化方式的是广州日报报业集团,2001 年借壳登陆三板市场,当时称"粤传媒",后来在 2007 年成为第一家从三板转主板上市的企业,曾经被视为三板公司"转板"的破冰之举。

2015 年是中国传媒机构在"新三板"挂牌的火热之年。2015 年 6 月 17 日,辽宁日报新媒体集团在"新三板"挂牌上市,这是全国首家经中

---

① 《全国统一场外交易市场正式破局》,《金融时报》2013 年 1 月 17 日第 7 版。

宣部批准在"新三板"挂牌的省级党报新媒体公司，简称"北国传媒"（股票代码832647）。同时，辽宁日报新闻客户端也正式上线。据悉，该项工作也是辽宁省委文化体制改革专项小组制定的2015年文化体制改革和发展工作重点内容之一。①

2015年10月23日，天津北方网新媒体集团股份有限公司在"新三板"挂牌，成为天津首家上市的国有文化企业，简称"北方传媒"（股票代码833612）。据媒体报道，资产重组后的天津北方网新媒体集团股份有限公司控股股东为天津广播电视台，其他股东包括天津广播电视网络有限公司和今晚报社等。天津北方网新媒体集团全资控股天津网络广播电视台有限公司、天津广电默博丰科技有限公司、天津前沿移动文化传播有限公司、天津易诺思广告有限公司、天津北方网点连锁管理有限公司，集团成员单位还包括天津北方移动传媒有限公司，负责经营天津中广传播有限公司，总资产达到1.3亿元。②

2014年4月—2016年4月，短短两年间，在"新三板"挂牌的传媒企业就有10家，其中7家为新闻类网站。

11.2.2　通过反向收购实现间接上市

中国传媒企业的"反向收购"一般分为三个步骤：第一步，拟准备进行资产证券化的传媒机构一般会选择一家非传媒类的、经济状况不太好的上市企业，俗称"壳"（这些企业一般指"ST"股，即境内上市公司经营连续两年亏损，被警示存在退市风险的股票），通过向其注入传媒资产或以现金置换其大量股份成为第一大股东；第二步，通过大量资产重组或兼并对该上市企业进行比较全面的整改，同时向证监会申请更名为传媒企业的名称；第三步，向证监会重新申请开盘交易，或转换至其他证券交易系统上市，至此，传媒机构就正式成为一家上市企业。

由广州日报报业集团控股的粤传媒的上市之路可以作为"借壳上市"经典个案进行分析。③ 1999年10月，经营状况不佳的清远建北集团（1992年12月成立，1993年4月在NET④系统上市）停牌整顿。次年11

---

① 《辽宁日报新媒体集团在新三板上市》，《人民日报》2015年6月18日第20版。
② 《津城文化企业加速拥抱资本市场》，《天津日报》2015年10月13日第2版。
③ 根据九州阳光传媒股份有限公司的官方网站（http://www.gdcncm.com/main/2011042001454/Page/20111215232553993/default.asp）的内容进行整理。
④ 中国证券交易系统有限公司的全国电子交易系统。

月,广州日报报业集团的子公司广州大洋实业有限公司受让建北集团公司36.79%的股权,成为建北集团公司的第一大股东;广州大洋实业公司将其印刷业务相关资产、广州大洋文化95%的股权以及《广州日报》招聘广告10年的独家代理权和部分现金注入,以置换建北集团公司原有的应收款和投资资产。

2001—2003年,建北集团公司不断进行公司法人治理结构的改革与完善,2003年公司经营业务营业额过亿,利润达上千万元。2003年12月,建北集团公司通过了中宣部和新闻出版总署的联合考核,取得后者颁发的〔2003〕1463号文,获准上市。2005年,公司更名为"九州阳光传媒股份有限公司",证券简称"粤传媒"。2005年7月,证监会受理该公司的上市申请;同年10月,经广东省国资委同意,大洋实业持有粤传媒39.93%的股份。2007年11月,粤传媒在深圳证券交易所上市,成为传媒行业中首家获得中宣部和新闻出版总署的批准在主板上市的报业传媒公司。

此外,还有不少地方媒体也通过同类方式间接成为上市企业。例如,2002年3月,陕西广电网络公司受让正处于停牌交易状态的黄河机电(股票代码600831)5675.6217万股(占总股本的51%),后经中国证券会批准,黄河机电科技股份有限公司在上海证券交易所摘掉了已戴了四年的"ST"帽子,同时将股票更名为"广电网络";2010年12月,浙报集团通过浙报控股将下属报刊传媒类经营性资产整体注入当时已暂停交易并进行重组的白猫股份(股票代码600633),实现浙报集团报刊传媒类业务的整体借壳上市,此次收购完成后,白猫股份的总股本为4.3亿股,浙报控股占有白猫股份64.62%的股权而成为其控股股东。

其他的RTO案例:2006年9月,新华传媒(股票代码600825)受让上市公司上海华联超市股份有限公司的股份,成为第一大股东;1999年7月,成都博瑞投资控股集团有限公司通过受让正在四川电器股份有限公司的股份(2000万国家股)成为公司第一大股东;赛迪传媒(股票代码000504)在海南国际房地产发展有限公司基础上改组;华闻传媒(股票代码000793)前身是海南石化煤气公司;中信国安(股票代码000839)前身是国安实业发展公司。

11.2.3 通过公开募股直接上市

有少数传媒企业选择直接上市。例如,1994年,上海市广播电视局下属的东方明珠股份有限公司(股票代码600832)上市,成为中国第一家媒体股份有限公司；由北京青年报控股的北青传媒有限公司（股票代码01000）在2004年12月成为首家在香港联合交易所上市的内地传媒公司，招股价为18.95港元，融资额超过了10亿元人民币；四川新华发行集团和四川日报报业集团等参股的新华文轩（股票代码00811）也在2007年登陆港股市场；2015年5月19日，引力传媒（603598）在上海证券交易所上市，引力传媒股份有限公司是为客户提供媒介代理服务以及数据策略与咨询、植入广告、互联网公关、品牌管理等专项广告服务的客户服务型广告公司。

2012年，人民网的上市开启了新闻网站的IPO之路。同年4月27日，人民网于上海证券交易所上市交易（股票代码603000），发行完成后总股本为2.76亿股，其中本次A股公开发行6910.57万股，发行价格为20元/股，发行后每股净资产为7.22元，全面摊薄后每股基本收益为0.43元，对应的发行后市盈率为46.13倍。募集资金总额为13.82亿元，净募资额为13.4亿元。这家新闻网站由人民日报社控股，登记的机构股东包括中国三大电信公司（中国移动、中国联通和中国电信）。人民网开盘当天全天大涨73.6%，并因盘中涨幅过大、换手率过高而被实施了两次临时停牌措施，以当天收盘价计算，人民网总市值已达到95.97亿元。

采取IPO直接上市的传媒公司，从经营业务的类型来看，大体有四类（前三类公司多为国有控股企业）。

第一类，具备特许经营牌照的"垄断通道型"传媒上市公司，以歌华有线、电广传媒、东方明珠、广电网络、中信国安等公司为代表。例如，歌华有线主要从事有线电视网、宽带网服务，其主要收入来源包括用户节目消费收入、数字电视节目套餐、独立付费频道、点播收入、节目频道收入分成等。东方明珠的有线电视网络覆盖华东地区，是全国性有线电视网络运营公司。

第二类，主营业务多为出版业、发行和广告业，多为全国或地方的平面媒体集团，例如，浙报集团、北青传媒、新华文轩等。

第三类，主营业务多为互联网信息服务和广告业，上市公司多为全国性媒体主办的新闻网站，如新华网、人民网、中青在线等；也有地方政府主办的综合类网站，如北京市的千龙网、上海市的东方网、四川的川网传媒等。

第四类，主营业务为广告以及相关的业务经营，上市公司则以股份制企业为主，例如，分众传媒、航美传媒、引力传媒、华视传媒等户外媒体。

通过"新三板市场"挂牌融资、间接上市和直接上市三种方式，集团化改制后的中国传媒组织基本上完成了"现代企业"的华丽转身，进入了中国产业融合发展的快车道。

11.3 资产证券化作为市场化转型路径的利弊分析

对于中国传媒企业来讲，进行资产证券化改革具有显著利好。例如，能使传媒成为企业机构的专业品牌并提升其在投资界的市场认可度，还有利于传媒机构的内部治理改革，进行现代化公司制的转型，提升市场化经营能力，并为未来的规模化发展获得持续的公开融资。但是现实情况并不顺利。

在三种交易市场进行资产证券化操作对于传媒机构来讲均有一定的难度。相比于间接上市，直接上市的申请时间较长，交易所对企业资产规模和企业经营能力的要求也要高得多，因此，在主板直接上市的传媒企业相对较少。

尽管 RTO 的融资方式提升了传媒企业资产证券化的效率，但是留下了一些"后遗症"，即"壳公司"遗留的经营业务使得公司的经营边界变得模糊不清，或与公司的核心业务的相关性比较低，这样会导致内部管理成本比较高，资产运营效率降低。例如，博瑞传播有限公司的业务包括了其前身四川电器股份有限公司的业务，因此上市后公司业务涉及高科技产品开发和国内贸易、电子商务等。粤传媒的销售业务则包括原清远建北集团所涉及的建筑材料及设备、金属材料、机电产品、汽车（除小轿车外）、汽车零部件、皮革制品、五金交电、纺织品、计算机硬件和软件，甚至还有矿产品、日用百货和化工原料等。

新三板与主板和创业板有一个明显差异，即无特殊财务要求，成立两年即可申请，因此新三板被认为是一个"类注册制"的市场。但是，新三板的局限性也是比较明显的，主要体现在两个方面：一是在制度设计上是"不以交易为主要目的"，因此一直有"交易不够活跃，流动性不足"的缺陷。有数据显示，截至 2014 年 12 月底，新三板挂牌公司共有 1400 多家，但融资总额仅为 116 亿元，虽然相比以前其融资规模增长很快，但是大量新三板企业"挂了牌"却"未融到资"。二是有一个"难言之隐"，企业选择在新三板挂牌，主要原因除了融资，更是为了"转板"，即能从新三板转到"主板"或"创业板"市场;但是由于主板和创业板对财务和盈利的高标准要求,在实际操作中,新三板企业想要转板依然很难。有观点认为,如果通过调整制度设计让新三板活跃起来,则有可能加重投机风险,对新三板市场的稳定运行不利;但是如果维持新三版不活跃的交易状态,其融资功能便难以发挥,这是新三板面临的一大尴尬状况。[①]

在传媒板块,流动性则更是滞阻。2014—2016 年,共有 10 家传媒企业在新三板挂牌,其中 7 家是新闻网站,3 家是广告类企业,但只有东方网和利隆媒全企业产生了数万元的交易量,其他企业仍未有交易。

11.4 上市之后传媒公司的经营状况分析

中国传媒机构的组织特点亦是从事业单位向企业集团改革,但在现实中两种体制并存的现象较为普遍。在一些由传统媒体改组为上市公司的传媒企业中,其控股机构仍是由事业机构组成的传媒事业单位,上市公司作为其下属分支机构而存在,其资本运作过程遵循着新闻媒体的编辑内容与广告、印刷、发行等经营性资产分拆上市的模式,这符合现代中国传媒业的政治宣传与市场盈利的二元功能,既能支持传媒的市场经济运作,又不会影响党和人民对新闻采编和内容制作的控制。

中国传媒企业的股份制改革并不能像其他行业的上市公司那样一步到位地完成现代企业公司治理结构与机制,而是在企业的经营功能与传媒的政治功能之间建立一个"缓冲区",这个缓冲区既可能使得传媒进行经济运作,又不会影响党和人民对新闻的控制。从现实观察得知,在这个缓冲区内,各地方党政部门仍对其内容产品和经营方式具有相当范围内的管辖权和监督权,因而出现政府主导市场的现象。从针对股权结构的数据分析来看,在大多数上市的传媒企业中,国有资本处于绝对控股的状态,即控股在 50% 以上,有的甚至高达 70%,且最近 5 年在这方面有深化的趋势,只有少数企业,如博瑞传播的国有资本处于相对控股的地位。由政府主导的市场化过程在初期可以为企业带来市场交易成本减少的福利,特别是企业可以获得某些特许经营牌照,使得行政垄断迅速转化为市场收益,其经营能力和盈利能力有了明显的提升。

---

① 《新三板挂牌企业下月将超 2100 家——爆发式增长背后隐藏三大尴尬》,《今日早报》12 月 15 日第 A017 版。

不过，证券界评价中国传媒产业的上市规模总量仍为"中小企业"，传播文化行业流通市值仅占市场总流通的1%，适合机构投资者长线投资的选择并不多。截至2009年年底，若不计停牌企业，上市的12只传媒股中，以个股总股本而言，华闻传媒最多，共有13.6亿股（2008年年初股价10元左右），其余则只有数亿股；股价则以新华传媒最高，股价为40元左右，个股的总股本2.6亿股。

有研究对2012年在上海证券交易所挂牌上市（主板）的34家传媒企业进行实证分析，其结果表明，文化传媒产业上市公司的整体效率不高。文化传媒产业上市公司中只有3家公司达到了综合技术效率的最优水平，3家公司综合技术效率在0.9以上，居较优水平，而其余28家传媒类上市公司的综合技术效率都处于较低水平。纯技术效率方面，有1/3的上市公司达到了最优水平。规模效率方面，仅有3家上市公司的投入项和产出项之间达到了最佳状态。例如，博瑞传播2006年公司总资产8.43亿元、净资产约4.80亿元，实现净利润9137.77万元。博瑞传播也因此被《福布斯》杂志评为"2006年度亚洲最优秀的中小企业"（彼时中国有29家企业上榜）。截至2006年年底，粤传媒净资产7.66亿元，2006年营业收入3.41亿元，利润总额8403万元。因此，规模效率的低下使得文化传媒产业上市公司的综合技术效率也处于较低水平（王家庭等，2009；许立新等，2014；胡志渊等，2009；唐小伟，2013）。

本章选取2010—2014年在主板上市的19家媒体企业[①]，对其资产负债率和经营资产的结构进行分析，总结传媒企业的经营特点。从资产负债率的数据来看，2010—2014年，媒体上市公司的负债率有逐年下降的趋势；在19家上市公司中，2014年大部分上市公司的负债率均不超过50%，这说明其资产经营状况处于适当或良好的状态，但是仍有博瑞传播等几家企业负债率高于60%。

本章还从中挑选了7家传媒上市公司，逐一分析其经营资产结构（图11-1至图11-7）。我们也发现出版、广告和发行仍然是传媒企业的主要收入来源，甚至在新闻网站企业中也是如此，例如人民网，广告和宣传业务历年来一直是其主要收入来源。新兴业务的营业额尽管有上升的趋势，但仍然占据较小的份额，例如博瑞传播和浙报传媒中有少量的"网游业务"、人民网的"信息服务"。

---

① 19家上市传媒企业分别是：皖新传媒、长江传媒、凤凰传媒、新华传媒、博瑞传媒、歌华有线、光线传媒、出版传媒、中南传媒、吉视传媒、浙报传媒、粤传媒、中文传媒、人民网、电广传媒、广电网络、湖北广电、中视传媒、江苏传媒。

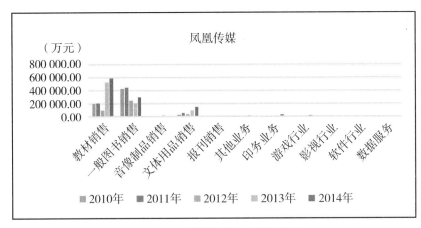

图 11-1 凤凰传媒经营结构分析

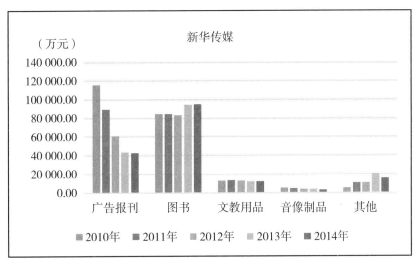

图 11-2 新华传媒经营结构分析

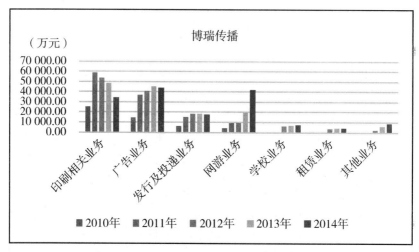

图11-3　博瑞传播经营结构分析

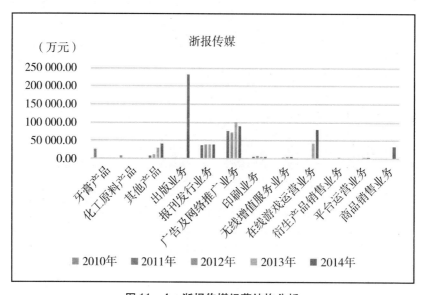

图11-4　浙报传媒经营结构分析

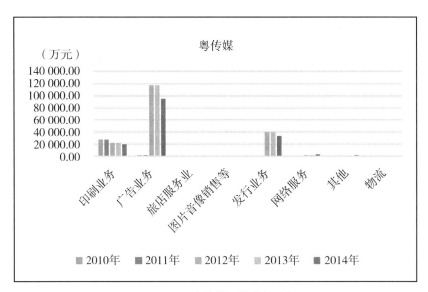

图 11-5 粤传媒经营结构分析

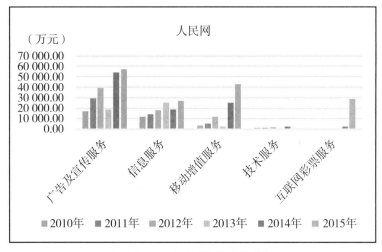

图 11-6 人民网经营结构分析

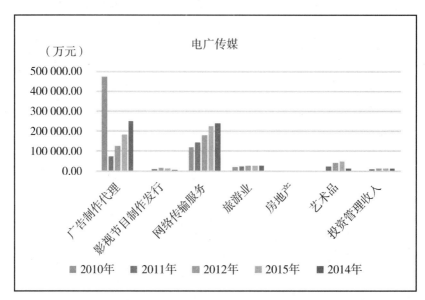

图 11-7 电广传媒经营结构分析

11.5 传媒上市公司的发展瓶颈

传媒机构从事业单位改制成为国有企业,而后经历资产证券化过程成为上市公司,其间经历20余年的发展,但是其依然保持传统的经营模式,即高度依赖广告收入和相关的传统媒体经济模式。

从图11-1至图11-7可知,大多数传媒企业50%以上的运营收入依然来自广告,即使是有相关性的经营资产,但盈利能力有限,整体经营缺乏可持续性的经济增长点。即使曾被国内外投资者寄予厚望的新闻网站,与腾讯、搜狐等商业网站相比,其盈利模式仍然单一,且高度依赖广告、出版和发行等传统业务。2011年,人民网全年营业收入和广告收入分别是2.11亿元人民币和1.3亿元人民币,后者占总收入的50%以上;相比之下,腾讯网同年全年的营业收入为130.8亿元人民币,网络广告业务收入是7.9亿元,仅占总收入的6%。

也有不少传媒机构向相关领域扩展其经营业务。例如,广州日报报业集团在2012年完成重大资产重组,2013年,收购中国户外LED大屏新媒体市场的领军企业香榭丽传媒①，将广告业务平台延伸至全国范围和户外领域，并推出打通户外、平面和数字边界的 ADshow 移动互联网广告平台；战略入股国内多屏程序化购买引领者悠易互通，合资成立悠广通广告公司，进入数字营销领域；投资孵化新媒体业务，通过自建游戏平台2181.com 和彩票平台云彩彩票，参股游戏研发公司，进军游戏、彩票等在线互动娱乐领域；自建广州日报电商、广州日报报业商城等电商平台；参股飞飞商城，拓展电商领域业务。2014 年，广州日报传媒股份有限公司（粤传媒）广告收入 9.4 亿元，物流收入 1800 万元，新媒体以及游戏代理、数据挖掘收入 4000 万元。② 至此基本完成从平面媒体向综合型媒体的跨越。

此外，作为现代企业机构，传媒机构的现代化企业治理能力比较弱，还不足以适应市场化竞争。在传媒企业内部，仍存在着中国事业单位向企业转型过程中"政企不分"的本质特征，表现在管理权与经营权仍无严格的边界控制、管理者权益与经营者权益边界模糊。例如，经营权不能转让和交易，剩余利益索取权同样也不可以转让或交易，因而企业内部缺乏有效的激励机制。这使得企业在转型过程中，市场经营的"人才缺位"现象十分明显，因而面对市场的瞬息万变不能形成良好的创新和能动机制。

2009 年，粤传媒出现业务收入下滑以及前所未有的亏损局面，在公司财务报告期内，公司当年营业利润为 -8779.78 万元，归属公司股东的净利润为 -9335.88 万元。出现亏损的主要原因是作为公司主业的印刷业务、书报刊销售以及广告代理业务均有不同程度的衰退。2010 年 4 月，广东省证监局派出检查组对广东九州阳光传媒股份有限公司进行了现场检查，结果发现，公司存在内控制度不到位、会计核算不够规范、公司治理不够完善、信息披露管理工作欠完善四大问题。直到 2012 年 6 月 19 日，粤传媒才完成重大资产重组，成为经营性资产整体上市的报业集团。在收购香榭丽传媒公司期间，后者虚增利润，并向粤传媒前任高管行贿致粤传媒被立案调查，上市公司业绩低迷。③

更有甚者，企业内部相对产权的模糊边界（包括"权利"和"义务"）又为"内部人控制"提供了机会。传媒经营容易出现短期或非理性

---

① 《粤传媒拟 4.5 亿收购香榭丽传媒》，《每日经济新闻》2013 年 10 月 28 日第 12 版。
② 资料及数据来自 2014 年广东广州日报传媒股份有限公司年报。
③ 《广东广州日报传媒股份有限公司关于收到中国证券监督管理委员会〈行政处罚书〉的公告》，见 szse.en/disclosure/listed/bulletinDetail/index.html？91d76cbe－5d57－45db－bf69－40c360c9c650。

行为，例如关联交易、转移资产（包括利润和成本）、恶性举债等。管理者往往缺乏动力去关注传媒的长期发展，以确保国有资产的保值与增值；相反，他们往往会利用手中的权力，放任某些经营者进行新闻敲诈和新闻寻租行为，甚至同流合污。例如，上海第一财经报业有限公司北京分社原产经部主任傅某，被指控在报道长春龙家堡机场建设质量问题时受贿 3 万元，2010 年 6 月被北京市第二中级人民法院以受贿罪判处有期徒刑 3 年。2014 年 9 月 25 日，上海市公安局在广东等地公安机关的配合下，抓获涉嫌敲诈犯罪的《21 世纪经济报道》发行人沈某、总经理陈某、主编刘某及相关经营人员等 5 名犯罪嫌疑人。这起由上海警方破获的案件，被定性为"以舆论监督为幌子、通过有偿新闻非法获取巨额利益的特大新闻敲诈案件"，《21 世纪经济报道》附属的 21 世纪新闻网随后被关停。

　　从中国市场经济发展过程来看，技术与资本正推动着各类传统产业进行深化改革与转型，这种趋势不可阻挡。最近 20 多年来，中国传媒产业经历了机构改制与资产证券化两个阶段的市场化转型，一方面实现了长足的发展，一方面也面临着一定的困境，未来的方向还有待探索。

实证估算结果显示了某种矛盾的现实情况：中国的传媒业上市公司存在显著的市场势力；在考虑基于技术进步而进行内部创新时，企业呈现了比较显著的规模经济效益；但是在考虑企业之间的生产差异率时，传媒产业上市公司显著地规模不经济。这些矛盾的存在也许揭示着某种未来发展的趋势。

12 转型改制中传媒组织的市场势力与创新能力研究[①]

20 世纪末，中国传媒机构发起了集团化改制的进程。第 10 章对集团化改制的各种创新形式、发展过程进行了描述性分析，研究发现新媒体技术、区域差异及多样性资本分别为传媒集团化改制带来了不少"内向型"的开放创新实践，所引发的产业形态和市场结构的变化为后续的资产证券化运作、媒介融合等深化改革奠定了市场基础。第 11 章详细辨析了集团化改制后的中国传媒机构如何通过新三板市场挂牌融资、间接上市和直接上市三种方式基本完成了"现代企业"的华丽转身，走上了中国产业融合发展的快车道，同时也面临着不少企业化管理所必须面临的挑战与困境。

本章将聚焦两个具有验证性的研究问题：其一，已经成功改制并进入资本市场的传媒上市公司是否具备了竞争优势；其二，传媒产业的发展是否达到了产业政策的预期目标。本章拟运用产业经济学的经典研究范式对中国传媒上市公司的发展状态进行量化分析。

12.1 问题的提出

纵观中国传媒业自 1978 年以来的发展历程，经历了承包责任制、集团化改制、外来资本兼并与重组等文化体制整体改制的渐进过程，并形成

[①] 本章主要内容曾以《中国传媒产业的市场势力与规模经济——基于 NEIO 范式的实证研究》发表在《产经评论》2012 年第 4 期。收入本书时进行了增删和重新编写。

了市场竞争与行政垄断并存的多元发展环境。

中国传媒产业相比其他产业，既有共性的市场运作特征和模式，又有其特殊性：中央和地方政府主导下的传媒机构通过集团化改制和兼并重组等，使其经济规模迅速增长，形成了具有垄断地位的市场结构。从2004—2011年中国传媒产业的发展历程来看，由国有资本组成或控股的传统媒体（报纸、杂志、电视、图书出版业、电影等）仍占据52%～70%的市场份额，新兴产业如广告业、网络游戏和移动增值业务占据30%～48%的市场份额。[①]

在前述章节中，通过对上市公司进行经营状况的微观分析，可以发现目前上市公司以经营性业务为主，基本具备市场经营特征和现代公司治理制度，且能代表中国传媒产业发展现状以及未来改制方向。经营领域包括平面媒体的广告、发行、印刷，有线电视、数字电视的结网，影视媒体的广告以及网络传媒、户外传媒广告等。

不少研究成果运用产业经济学中规模经济的理论和模型对传媒产业进行实证分析，从现实状况来看，传媒产业是一个比较倾向于规模化经营的产业，它是劳动密集型产业，亦属于资金密集型产业，有两类组织有可能获得规模经济效益，甚至还有范围经济效益。一类是单一传媒机构，如报社、电台、电视台等，这些组织可以获得规模经济，包括生产规模经济与经营规模经济。以一家报社为例，其业务可分成生产和经营两部分，从新闻业务而言，报社通过购买大型印刷设备和办公自动化网络系统来提高生产效率，例如，广东两家省级报社早在21世纪初就购入了大型印刷设备，可以同时进行30个版面的彩色印刷，每小时印刷量为15万～20万份；报纸产出量的扩大，会摊薄劳动投入成本，例如房屋租金和人工费用以及厂房设备耗损等固定成本等；产出量的扩大会使原材料如新闻纸等的采购规模扩大，从而增加企业组织的讨价还价能力、节约合同时间和降低购买总成本。另一类是传媒集团，如报业集团、出版集团、跨媒体集团等。集团化组建既有规模经济的动因，亦有范围经济的动因，包括知识与经验的共享、新闻内容的分享和新闻载体的共融。相比单一出版机构，不同地区的出版机构进行横向合作组成出版集团后，有可能形成一定的规模经济。例如一个单品种出版物，由于出版社和发行单位联合，借助了发行单位的发行网络和发行系统，采取了较好的市场营销策略，使得出版物的市场需求量持续增长，出版物的单位成本大幅度下降，其结果显然是实现了规模

---

① 根据2004—2011年历年《传媒蓝皮书——中国传媒产业发展报告》（崔保国主编，社会科学文献出版社出版）整理出相关的传媒产业产值与市场结构数据。

经济。

具体而言，本章的研究问题包括：一，完成改制并已上市的传媒公司是否如产业政策布局所预计的具备规模效应；二，处于市场改制进程中的中国传媒产业是否具备了一定的市场势力。本章拟采用新经验产业组织分析范式（new empirical industry organization，NEIO）的实证模式来测算业已在国内证券市场上市的中国传媒企业的市场势力和规模经济，以此对中国传媒产业的重要产业特征进行描述性分析。

12.2 国内外对传媒产业的实证量化研究

传媒产业经济学自20世纪80年代以来发展逐渐成熟，我国的传媒产业研究从20世纪90年代初以来逐渐兴起，大多数研究采取描述性分析或文本定性分析，对目前中国传媒经营现状进行现象梳理和分析。

有少数定量实证研究对中国传媒产业进行了比较详细的分析，例如运用因子分析和聚类分析对我国传媒产业区域非均衡发展进行了定量研究和分析，该研究有比较丰富的数据来源，并将数据进行标准化处理。该研究根据2007年我国31个省、自治区、直辖市的相关数据分析得出传媒产业发展与区域经济发展之间具有较强的相关性，总体而言，东部沿海地区和内陆地区的传媒产业发展有显著的不同，但是这种差距不同于制造业所呈现的较为明显的东、中、西依次降低的特点，而是呈现更多的收敛性特征。例如，经济发达的广东、浙江等沿海地区的传媒业发展市场化程度较高；但是，同属于东部沿海地区的福建、天津的传媒业发展却明显滞后于广东和浙江等；而内陆地区，例如湖南和四川，其传媒产业发展速度之快反而比较明显，并且在某些行业分支领域达到领先水平，例如湖南的电视娱乐业（向志强等，2008；谭云明等，2009）。

还有学者对上市传媒公司经营绩效及资本运营特点进行了定量的实证分析，主要是采用评价多输入、多输出决策单元的非参数方法——数据包络分析（data envelop analyis，DEA）的研究方法检验我国传媒上市公司经营绩效，得出的结论是多家上市传媒公司处于规模收益递减状态（刘玉丽，2006）。

一般来讲，国外传媒经济学研究主要是集中在解构媒介公司如何配置资源以创造信息和娱乐来满足受众、广告主和其他社会机构的需求，这是因为在国外，传媒产业有着较为成熟和完整的产权体系、市场结构体系以及相应配套的生产链条和衍生产业。以市场结构为例，传媒产业具备各种竞争态势，例如在美国，图书出版业包括数万家公司，几乎无准入门槛，虽然仍有少数规模大的出版集团，但市场竞争程度接近于完全竞争市场；不过，在技术和行政规制成本相对高的广播电视网络领域，行业经营则接近于寡头垄断状态（亚历山大等，2008：3 - 46）。

以报纸行业为例，报纸的产出包括新闻信息数量、发行量与广告数量三个维度，同时报纸的定价也包含两个维度，一是面向读者的订阅价格，二是面向广告商的广告价格，对应地形成发行收入和广告收入两种开源形式的收入。因此，针对以报纸为代表的传媒产业的实证分析必须把传媒产业产出的多维度性纳入考量之中。美国经济学者 Rosse（1970）用一个三维的向量来代表报纸的产出：发行量、登载的广告数量、登载的新闻和其他非广告性的信息数量。其中，广告与新闻数量分别由栏目面积来衡量。由于成本方面的数据难以获得，Rosse 最早提出了一个仅仅使用产出和价格数据来估计报纸行业的成本函数。通过广告和产出的数据可以得到广告和发行量的需求函数，其中广告的需求量受到广告价格、发行量、报纸质量的影响，而发行量受到订阅价格、广告数量、新闻数量、报纸质量和家庭数量及收入的影响——以这两个需求函数可以推算出边际收益函数，并且根据 $MR = MC$ 的准则得到边际成本的估计值。Rosse 同时估计了广告、发行量和新闻三个维度的边际成本并且提出了检验统计量来判断报纸产业是否存在规模经济的假说。通过分析 1958—1964 年 59 家美国中西部地区报社的数据，Rosse 发现广告与新闻的生产存在着规模经济效应，而发行量这一维度的规模经济特征并不明显。此外，广告对于广告价格的需求价格弹性大于 1，而发行量对于订阅价格的需求价格弹性小于 1，表明报纸对读者的市场势力要大于对广告商的市场势力。

沿袭 Rosse 对报纸行业产出多维性的分析方法，Thompson（1989）进一步强调了广告市场与新闻市场之间相互依赖的关系，他认为报纸的市场定位不同会对广告费产生影响。如果一份报纸定位于高收入群体，受到高收入群体人数的限制，它的发行量必然相对较小，但奢侈产品的广告主也更愿意在此类报纸上投放广告，因此它的广告费率较高。如果报纸通过过分迎合普通大众品位的报道来提高发行量的话，又会使客户群中高收入群体大量流失，导致奢侈品广告主投放广告的意愿降低，从而使广告费率降低。因此，报纸通常面临着追求发行量与吸引高端客户群之间的权衡，追求利润最大化的报社在产品市场竞争中也会充分考虑到这一点，从而找准自己的市场定位。通过使用英国和爱尔兰报纸行业的数据，Thompson 在实证研究中发现了发行量与高端客户群体比例的负向关系，以及广告费率与高端客户群体的比例的正向关系。Thompson 根据相关弹性的大小进一步发现，提高读者品位特别是高端客户群体所占比例会导致报纸发行量的下降，但也可以提高广告费率，综合考虑以上两种效应而言，提升市场定位的行为会导致报纸的利润下降。

Dertouzos 等（1990）着重考察了报纸行业的市场集中趋势是否由规模经济所造成，并且市场集中度的上升是否造成了报社在新闻和广告市场上市场势力的增加。与 Rosse 的分析方法类似，Dertouzos 等认为报社的利润为广告收入与发行量收入之和减去成本。广告需求量取决于广告价格、发行量等因素，而发行量取决于发行价格、广告数量、新闻数量等因素，成本则取决于广告数量、新闻数量与发行量等因素。理性的报社通过选择最优的广告数量、新闻数量与发行量来实现利润最大化。通过一阶条件就可以得到关于广告和订阅市场的两个需求函数与关于广告、发行量和新闻的三个边际成本函数。通过使用 129 家报社的数据，Dertouzos 等估计了由五个方程组成的联立方程组。最终的结果表明，在成本方面，报业的生产存在着显著的规模经济，然而连锁报业集团并不比独立的报纸生产更富有效率；在需求方面，处于邻近地理市场上的报纸在发行市场会面临着竞争，但广播电台看起来并不会影响报纸广告和发行量的需求。

Chaudhri（1998）通过建立数理模型来分析报纸行业产品空间的二维属性（the duality in product space），它主要解决了在发行市场和广告市场不同的市场结构下，追求利润最大化的报社企业如何在两个市场上定价的问题。如果一家报社在两个市场上同时作为垄断企业，他的最优定价策略会导致报纸的订阅价格低于边际成本。也就是说，报社会对读者提供补贴来诱使他们读报，以此来扩大报纸的发行量，而在发行市场上造成的亏损则通过广告市场上的收入来弥补。然而当报社在发行市场上是垄断者而在广告市场上进行完全竞争时，最优的发行价格要高于边际成本。Chaudhri 使用澳大利亚报纸产业的例子证明了这一点。

Argentesi 等（2007）基于双边市场理论估算意大利四家最大的全国性报纸的市场势力，并以此检验这四家报纸在发行市场和广告市场上是否进行了合谋行为。为了简化分析，他们假定读者的需求独立于广告数量。他们在研究中并未使用传统的联立方程组的估计方法，而是首先借鉴 Berry 等（1995）以及 Nevo（2000）的方法：使用嵌套的 logit 模型（nested logit model）来估计发行市场和广告市场上的市场需求曲线，由此计算出每个市场上的需求弹性；然后根据报社在两个市场上进行寡头竞争和默契合谋的行为假设来推导出不同的价格加成公式，再把需求参数代入价格加成公式来计算出价格加成的比例；最后把实际观察到的价格成本加成比例与不同行为假设下的理论预测的加成比例进行比较。研究结果表明，四大报纸在发行价格上存在合谋，然而广告却接近于竞争性水平。

Chandra（2009）强调了精准广告（targeted advertising）的重要性。该研究使用美国报纸邮政编码层面的数据，结果表明，与没有受到竞争或者是较少竞争的报纸相比，那些面临更激烈竞争的报纸通常会设定一个更低的发行价格与更高的广告价格。因此，在一个竞争更激烈的市场中，报纸更有可能根据读者所处的方位与人口特征进行市场细分，从而使订阅者的特征属性具备更大可能的同质性，即精准性更高；相应地，广告主为这些精准性更高的媒介投放广告的意愿则更高。这个结果表明，精准广告可以为广告主的传媒公司带来更大的收益。

国外研究充分论证了传媒组织的市场份额与规模经济有着一定的关联，其一，广告与新闻的生产存在着规模经济效应，然而连锁报业集团并不比独立的报纸生产更有效率。其二，一般来讲，报纸对读者的市场势力明显要大于对广告商的市场势力，即在定价策略上，读者比起广告商显然处于议价的劣势地位，因此传媒组织之间存在价格合谋的现象；不过，研究也发现如果一家报社在两个市场上同时作为垄断企业，其最优定价策略会导致报纸的订阅价格低于边际成本，即报社利用对读者的补贴来诱使他们读报，以此来扩大报纸的发行量，并通过广告市场上的收入来弥补过高的发行成本，但是，当报社在发行市场上是垄断者而在广告市场上进行完全竞争时，最优的发行价格则高于边际成本，即具有更明显的市场势力。其三，在需求上，发行量与高端客户群体比例呈负向关系，与此同时，广告费率与高端客户群体比例呈正向关系，处于邻近地理市场上的报纸在发行市场会面临着竞争，但广播电台看起来并不会影响报纸广告和发行量的需求。

12.3 新经验产业组织分析范式下的市场势力与规模经济

新经验产业组织分析范式（new empirical industry organization，NEIO）是目前学术界在经济和商业范围内有关竞争性行为与绩效的分析中常用的一种实证研究范式。基于 NEIO 理论与模型设计的思路，我们可以看到研究的视角正在从传统经典的产业的"结构—行为—绩效"关系（SCP 范式）转向企业行为，即市场势力的研究，也就是说，"市场势力"与其被认为是一种产业现象，不如说是一种"企业现象"——市场势力的形成意味着厂商具备直接参与影响其他市场参与者或者诸如价格、推广促销等市场变量的能力。因此，企业的市场势力取决于企业自己的某些决策性行为：例如，估算的推测弹性、企业的市场份额、品牌的影响力、营销的策略、企业资本拥有量、成本核算以及自身的财务结构等等。

NEIO 的这种思维路径转向，引导研究方法也从传统的基于 SCP 的正规寡占模型正在从产业部分和跨部门向企业截面数据和时间序列数据转向，并成为近年来产业经济学经验研究的主要趋势。当然，更重要的是，新经验产业组织分析范式实证测度市场势力问题，其目的是调整规模经济和技术进步对企业的影响（陈甬军等，2009）。因此，在其实证研究中，市场势力和规模经济往往被同时估算。

一般来讲，规模经济和产品差异化是形成市场控制力的两个主要因素，规模经济是从企业内部看成本与产量的关系，市场势力是从企业外部看生产要素与市场控制力的关系，二者关系密切（杨晓玲，2005）。当企业的规模优势必须以技术和产品的优势为先导，并与技术和产品优势形成有机统一时，才有可能形成市场势力的必要条件。此外，市场势力还需要通过增加生产要素、提供生产条件和效率以及通过市场的一切手段来体现控制市场的能力，一般来讲，市场势力经济的"临界点"体现在企业达到对某一区域市场的垄断地位。在给定需求弹性与市场份额的条件下，规模经济特征越显著，市场势力越大。

有关市场势力的测度涉及两个核心因素：需求弹性与猜测弹性。卡布罗（2002：142）认为，需求弹性比市场份额更能合理地反映企业是否具有垄断性的市场势力。不同的市场定义可能会导致迥异的市场份额，例如，中国传媒产品，由于基于不同的区域经济或行政主管部门的产业策略倾向，传媒产品的市场份额产生差异并非完全来自市场竞争的力量。因此，我们若需要估算某种市场势力或垄断势力（即持续保持售价高出成本能力的大小），从其市场份额上估算可能会造成偏差，而利用需求弹性可能会更易得到结论：如果需求的价格弹性越小，垄断者制定的价格与成本上升的差额就越大，垄断的市场势力就越大；反之，需求的价格弹性越大，市场产品之间越具有竞争性，价格标高的程度越低，垄断的可能性就越小。

在现实个案中，判断企业是否具备垄断性的市场势力的指标亦逐渐从对市场份额的简单估算转为对市场定价能力或需求弹性的估算。例如，20世纪90年代末期，微软公司和美国司法部之间的官司提供了有关垄断和垄断势力的一个有意义的案例。从彼时市场集中度来看，全球有80%的个人电脑都在使用微软的"视窗系统"，毫无疑问微软具备垄断的市场份额。但微软却认为由于存着其他竞争者、潜在进入者以及微软操作系统本身的销售比例和盗版，微软并不能制订垄断价格，其实际价格确实低于使其垄断利润达到最大的价格，因此得出结论：尽管微软在市场份额上近乎垄断，同时也利用自身的市场份额涉嫌操控其在其他领域的主导地位，但"视窗系统"作为一种耐用品并不具备市场垄断势力。

由此可知，卡布罗总结出关于垄断与垄断势力之间的关系——两者并非有必然的关系，或者说，垄断性的市场势力是持续保持售价高出成本的能力，垄断势力的程度大小可能更与企业的需求弹性成反比。因此，用需求弹性替代市场份额来定义垄断势力似乎更为合理，即垄断势力的大小与企业的需求弹性呈反比。

此外，企业的市场势力还与其企业的规模效益相关联，即通过测算企业的市场集中度的变化来确定它是否处于"最优规模"。一般来讲，确定一个企业的规模是否达到最优规模可以通过三种方式：直接比较不同规模企业的实际成本，或比较投资收益率，或根据技术信息比较规模企业可能发生的成本。利用这三种方式都可能获得理想的统计数据。

但是，企业的规模并非静态生成的，而是有可能根据市场的变化而呈动态变化，因此将产业中的企业按规模分类，然后计算各个时期每类企业的产出份额，根据市场份额的变化而估算企业的规模经营。如果某一类企业的份额下降了，那这类企业则相对无效率，并且份额下降越快，效率越低；但是，反之并不必然，份额上升越快的企业其规模不一定越有效率（施蒂格勒，2006：87-123）。这一法则使得规模企业的规模效应测度始终处于动态变化之中。这也许更符合现实，对企业的规模经济的判断理应建立在对比其他竞争者的生存能力强弱变化的基础之上。

12.4 中国传媒业的市场势力实证分析

12.4.1 实证模型分析

本章的实证研究对象是自 1992 年以来，传媒机构进行集团化改制等经营运作模式改革的中国传媒企业。这些企业主要是指以往以事业单位为运营机构的图片出版业、报刊业、广播电视业及其他新闻出版机构，以及这些行业的关联产业，包括生产、物流、发行、广告等行业。

Appelbaum（1982）的经验研究目前被广泛运用于测量企业的市场势力与规模经济之间的关系，且大多使用的是产业层面的加总数据。但从实证分析来看，这个模型可能有两个不足之处：一是假定产业内企业面对的需求和成本条件相同，因此估计出来的价格成本加成只能反映出行业的平均水平从而掩盖了企业差异，以及同一产业中各企业的产品差异；二是假设"规模报酬不变"，从而忽略了企业的动态竞争过程。施蒂格勒（2006：120 - 121）指出，即使在同一产业内，如果企业使用的资源种类不同，各企业规模较难以同等比例增长；规模与报酬不变意味着企业长期处于均衡状态——这显然是不真实的，企业如果发现其规模造成成本劣势，则必将通过改变企业规模而进行调整，直到另一个均衡状态产生。

本文使用 Klette（1999）的方法来估计传媒业的市场势力和规模经济。该模型放松了传统实证产业组织研究中关于"规模报酬不变"的假设，规模报酬的估计与价格 - 边际成本比例的估计紧密相关，对规模报酬的高估也就对应着对边际成本的低估，由此导致价格 - 边际成本比例的严重高估。因此在估计价格 - 边际成本比例时，必须同时估计规模报酬弹性才能得到市场势力的一致估计。

此外，该模型采用企业微观层面的数据，并以模型的构建来捕捉企业之间的永久性的生产率差异，这较之产业层面的数据更能精确地反映出市场势力的大小。Appelbaum 的实证研究使用的是行业层面的汇总数据，使用汇总数据的一个缺点就在于只能反映产业间的市场势力大小而无法揭示出产业内市场势力的大小。通常而言，市场势力在产业内的差异要比产业间的差异要大一些。[①] 使用公司层面的数据则可消除由于数据汇总而遮盖住企业之间市场势力差异的问题。

本文的基本计量模型设定如下：

$$\hat{q}_{it} = a_i + \gamma_t + \mu \hat{x}_{it}^V + \eta \hat{x}_{it}^K + v_{it}$$

a_i 反映了企业 i 相对于参照企业的横向生产率差异，γ_t 反映了企业在 t 年相对于参照企业在不同年份的纵向生产率差异，而 u_{it} 则是随机扰动项；同时，定义 $v_{it} = u_{it} + (\mu_{it} - \mu)\hat{x}_{it}^V + (\eta_{it} - \eta)\hat{x}_{it}^K$ 为截距中的随机变量部分。其中，Klette 把生产的规模弹性定义为：

$$\bar{\eta}_{it} = \sum_{j \in M} \bar{\alpha}_{it}^j$$

另，资本的产出弹性可记作：

$$\bar{\alpha}_{it}^K = \bar{\eta}_{it} - \mu_{it} \sum_{j \neq K} \bar{s}_{it}^j$$

本文在此截面效应和时间效应设定的不同组合方式一共估计了四个模型，模型一和模型二估计的方程是：

$$\hat{q}_{it} = a_i + \mu \hat{x}_{it}^V + \eta \hat{x}_{it}^K + v_{it}$$

模型三和模型四估计的方程是：

$$\hat{q}_{it} = \gamma_t + \mu \hat{x}_{it}^V + \eta \hat{x}_{it}^K + v_{it}$$

12.4.2 估算变量及数据样本分析

本文实证的数据取样均来自中国传媒上市公司。根据《上市公司行业分类指引》，传媒产业是涵盖出版业（图书、报纸、杂志、资料和软件出版业）、音像业（声乐和影像制品业）、广播电影电视业、艺术业、信息传播业和互联网等众多领域的行业。对这些上市公司进行经营状况的分析，可以发现目前上市公司业务以经营性业务为主，基本具备市场经营特征和现代公司治理制度，且能代表中国传媒产业发展现状以及未来改制方向，经营领域以平面媒体的广告、发行、印刷，有线电视、数字电视的结网和影视媒体的广告以及网络传媒、户外传媒的渠道为主。这些上市传媒公司主要分为三类（闵素芹等，2009）。

第一类为原传媒集团直接融资上市。这些公司被认为有深厚的政府或行业背景，资本雄厚，属于垄断行业，如歌华有线、东方明珠、中视传媒、广电传媒等等。

[①] 例如，微软公司在软件产业的市场势力要大于一般的软件公司的市场势力。

第二类为结合原有的传统媒体资源,联合行业外资本共同经营平面媒体,或"借壳上市"。此类公司由于资本出入的门槛较低,合作资本难以长期注入,相较于上述类别,其资本不太雄厚。

第三类为在原有的主营业务之外另行组建的合资型的传媒公司。这种类型的公司,其主要收入仍然来自原有的主营业务,传媒领域的营业额只占公司总收入的小部分,如华闻传播。

本研究选取了1998—2009年15家在中国证券市场上市的传媒企业,基本上涵盖了上市时间在一年以上的传媒类上市公司。由于不同的公司上市时间并不相同,并且有些传媒公司是通过"借壳"的方式实现上市的,本研究在数据搜集时充分考虑到各公司经营传媒业务的时间以及各传媒企业经营产品的差异性,15家上市公司中数据期最长的是1998—2009年这12年的数据,最短的也包括了2008年和2009年两年的数据。因此,本研究构建了一个非平衡的面板数据(见表12-1)。

表12-1 样本包含的上市公司

股票代码	公司名称	主营业务	数据年度
600088	中视传媒	影视、广告、旅游	2000—2009
000917	电广传媒	广告、影视、网络传输、旅游、房地产	1999—2009
600832	东方明珠	文化娱乐休闲、媒体广告、传输通讯、对外投资	1998—2009
000693	聚友网络	酒店视讯服务、信息及网络工程、网络器材销售	1998—2009
600831	广电网络	有线电视网络	2007—2009
600037	歌华有线	广播电视网络的开发和建设	2001—2009
002238	天威视讯	有线电视网络的规划建设、经营管理、维护	2008—2009
000839	中信国安	有线电视网、卫星通信网的投资建设	1998—2009
600880	博瑞传播	印刷、广告、发行及投递、网游	2000—2009
000504	赛迪传媒	传媒+存储业务	2000—2009
000793	华闻传媒	传播与文化产业、燃气生产和供应业、能源材料和机械电子设备批发业	1998—2009
002181	粤传媒	印刷、广告、书报刊销售业务、旅店服务	2007—2009
600825	新华传媒	图书、音像制品、文教用品、广告报刊	2006—2009
600551	时代出版	图书出版、印刷	2002—2009
601999	出版传媒	图书、音像制品、文教用品、广告报刊	2007—2009

借鉴陈甫军等（2009）的实证方法，本研究采用上市公司的财务报表数据进行计算①，同时将各家上市传媒企业的投入要素分为三类：劳动投入、原料能源、资本投入。变量选取方式是基于现有上市公司年报数据和变量经济意义折中的结果，能够基本表达理论模型各个变量的含义（见表12-2）

表12-2 变量说明

变量	变量意义	计算方法	数据来源
劳动投入	劳动投入表示企业在当期为职工支付的各项报酬，包括工资、奖金、补贴及社会保障医疗支出	劳动投入一项采用上市公司年报现金流量表中"支付给职工以及为职工支付的现金"一栏	来自国泰安CSMAR中国上市公司财务报表数据库，现金流量表中"支付给职工以及为职工支付的现金"字段
原料能源	包括从外部购得的各种投入要素，对传媒产业而言，主要为原材料和能源投入	外部投入一项采用上市公司年报现金流量表中"购买商品、接受劳务支付的现金"	来自国泰安CSMAR中国上市公司财务报表数据库，现金流量表中"购买商品、接受劳务支付的现金"字段
资本投入	包括资本的消耗以及资本存量的时间价值。资本的消耗包括折旧和减值，资本的时间价值为将该资本投入其他项目可以获得的投资回报	资本投入的数据由两部分构成：第一部分是资本当年的折旧值；第二部分是资本成本，资本成本=公司的总资产×五年期长期贷款基准利率	资本折旧来自国泰安CSMAR中国上市公司财务报表数据库，现金流量表中"固定资产折旧、油气资产折耗、生产性生物资产折旧"字段；公司总资产来自国泰安CSMAR中国上市公司财务报表数据库，资本负债表"资产总计"字段；贷款基准利率来自中国人民银行网站统计数据

---

① 现金流量表数据涉及的会计调整空间较小，现金流入和流出需要有原始凭证作为依据，因此其数据真实性较高。

续表 12-2

变量	变量意义	计算方法	数据来源
产出	产出为企业投入各项要素最终获得的产品价值	在计量过程中,对于产出,我们采用"营业收入"	来自国泰安 CSMAR 中国上市公司财务报表数据库,利润表中"营业收入"字段

同时,本研究还按年度计算了传媒业上市公司营业收入的均值和标准差(表 12-3),从中可以看到,随着我国经济的增长,传媒上市公司的营业收入也在不断地增长,反映了传媒上市公司的不断发展与壮大。但同时也可以看到,营业收入的标准差也随着收入的均值不断放大,反映了传媒上市公司的规模差距也越来越大。

表 12-3 按年度计算的传媒上市公司营业收入的描述性统计量

年份	均值/万元	标准差	公司数量/个
1998	3.49	2.17	4
1999	3.42	1.88	5
2000	3.35	2.42	8
2001	3.66	1.87	9
2002	4.50	2.87	10
2003	5.89	4.54	10
2004	7.09	5.71	10
2005	8.02	6.55	10
2006	10.36	7.88	11
2007	11.12	8.39	14
2008	13.92	9.99	15
2009	14.65	10.61	15

12.4.3 实证估算结果分析

本研究使用 Eviews 6.0 软件来计量回归的结果(见表 12-4)。从估计的结果来看,不同模型所有变量的系数都在 1% 的水平上显著,调整的 R-squared 也都在 70% 以上,因而模型的拟合程度非常高。

表12-4 中国传媒上市公司的市场势力溢价和规模弹性估计

变量	模型一	模型二	模型三	模型四
μ 市场势力溢价	0.999753***	1.118557***	1.237204***	1.203998***
市场势力溢价率	0.091871	0.079872	0.084415	0.076026
η 规模弹性	0.845264***	0.988298***	1.108120***	1.080698***
规模弹性估计值	0.082932	0.059939	0.046093	0.045216
α 公司间差异变化	-0.120578***	-0.116116***	-0.106180***	-0.107243***
	0.033219	0.058512	0.035796	0.035770
R-squared	0.876114	0.702909	0.848682	0.819844
调整的 R-squared	0.856870	0.702916	0.830124	0.816756
截面效应设定	fixed	random	none	none
时间效应设定	none	none	fixed	random
obs	120	120	120	120
企业数	15	15	15	15
时间跨度（年）	12	12	12	12
J-统计量	1.712556	3.162213	0.908998	2.925900

（注：*表示在10%的水平上显著，**表示在5%的水平上显著，***表示在1%的水平上显著）

从模型的估计系数来看，后面三个模型所估计的市场势力溢价的系数显著并且大于1；尽管第一个模型估计的市场势力溢价小于1，但Wald检验的结果也无法拒绝该系数大于1的原假设，这表明市场势力溢价大于1的结果也较为稳健，中国的传媒业上市公司存在很显著的市场势力。

而对于规模弹性的估计值，不同的模型却给出了不同的结果。尽管估计的系数都很显著，但前两个模型的系数却小于1，并且Wald检验的结果也表明第一个模型所估计的规模弹性要显著地小于1，与后面两个模型估计的结果完全相反。出现这种情况与本研究的建模思路有关。规模弹性 η 和企业之间的生产率差异 a_i 都是反映企业生产效率的参数，区别在于，规模弹性 η 是从企业的生产函数 $F(x)$ 中的要素投入弹性来反映生产效率，而生产率差异 a_i 是从希克斯中性的技术进步假定中的 A_{it} 来反映的，这两者之间存在着一定的共线性。在估计只包含截面效应的模型一和模型二时，生产率差异 a_i 的估计会"分离"一部分规模弹性的影响，从而造成规模弹性系数的估计值较低。而在估计只包含时间效应的模型三和模型四时，企业间效率差异这一项被年度的技术进步率所取代，因此就不会产生上述的问题。

综上所述，本研究运用 NEIO 模型对处于市场体制转型阶段的中国传媒业进行实证研究，并将研究的重点放在保持产品差异的前提下对其市场势力和规模经济进行估算和分析。估算结果显示，中国的传媒业上市公司存在显著的市场势力；在考虑企业之间生产差异率时，传媒产业上市公司显著地规模不经济；但是，在考虑基于技术进步而进行内部创新时，企业则呈现了比较显著的规模经济效益。

12.5 讨论：如何运用中国传媒产业的"特殊性"达成有效竞争？

模型估算结果表明，中国的传媒业上市公司存在很显著的市场势力，但从中国传媒上市公司的集团化成立背景来看，行政命令或政策导向的原因占有主导地位，因而这种市场势力溢价可能并未直接或完全意味着上市公司的市场垄断力量的存在或垄断地位的形成，而是兼而包含了行政垄断或政策垄断的原因。

计量结果显示，中国传媒上市公司在显现显著的市场势力的同时，在考虑企业生产差异率时显著地规模不经济，这从理论上讲是矛盾的，但从现实分析来看则正符合实际情况。

从对中国传媒产业形态和企业行为的现状来看，造成规模不经济的因素可能有四类：政策性因素、企业管理因素、企业交易制度（破产和兼并重组）以及资本积累方式。其中，本章认为政策性因素仍然是其最重要的原因。

从制度演变过程来看，中国传媒产业政策对于不同的传媒产品，其政策推进的作用是不同的，因而如前文所述，造成了传媒企业之间产品明显的差异性；同时，主管部门和地方政府的"条块分割"特点亦加剧了这种产品的差异性。不过，基于技术进步的企业创新改制所带来的技术进步对中国传媒业的规模经济是呈正面作用的。

中国传媒产业的形成确有其特殊性的存在，即行政干预以各种财政补贴、转移支付及特许经营权等，形成了一定规模的行政性垄断或行政性控制，这些因素势必也会帮助传媒业在一定时期内形成市场结构性垄断。

一方面，这些行政性干预也引发了各种争议，除了会造成竞争的不公平外，还会形成"市场父爱主义"。另一方面，中国传媒企业的发展还处于由计划经济向市场经济转型、改制时期，还未形成有效的市场要素，包括人才、技术和流程等方面还不太具备竞争能力。倘若这些传媒组织利用其行政垄断地位积极改进自身生产技术、提供新产品、完善生产体系，它们的行为和绩效就是良好的，是谓"有效竞争"（杨晓玲，2005）。

在现实中，技术性壁垒、生产要素壁垒具备天生的脆弱性，常常因差异化的产品而被削弱，而中国传媒产品的行政属性无法被根除。因此，中国传媒组织可以部分地利用行政垄断，例如某些优惠政策和待遇，对自身技术特点进行优化改进，从而节约一定的改制成本并提高组织绩效。

中国企业改革是一种渐进式改革，通过加快增量改革的步伐，推动中国传媒业的市场化转制过程，是一条必然而且可行的路径。

互联网新媒体的经济模式可以概括为由三类基础性模式融合而成的、创新性的"混合经济",且已然出现媒体融合演变过程中的新兴市场关系和新企业雏形。但是否已形成可持续盈利的、继而为新兴产业链的生成而做基础的经营模式,还需进一步观察与探讨。

13 互联网媒体创新的混合经济模式

互联网媒介域的媒体创新在技术与资本的合力之下出现了高度的灵活性和生命力,尽管目前尚未形成规模效应,但众多来自互联网科技公司、自媒体机构以及其他如微信公众号、App 等移动终端的媒体创新实践业已引起资本和消费市场的高度关注。

在今天诸多国内外研究文献中,有关媒体创新或新闻创新的定义还比较模糊,但媒体创新实践的多样性已不可忽视,创新可以是一种过程、产品、个体行为、商业模式或组织文化,它包括但不限于我们所熟悉的"新闻创新"。为区别于第 11、12 章中论述的职业媒体,本章的"媒体创新"是指互联网领域中具备"媒体属性"的创新实践,主要包括互联网科技公司、自媒体和移动平台中的各种创新性的媒体实践。

互联网场域中的内容生产更接近于自由市场经济,市场经济的工具理性有可能替代专业价值成为媒体创新的重要驱动力。本章拟从互联网新媒体平台的经营模式尝试探讨两个研究问题:其一,在互联网媒介域中,出现了哪些创新型的市场关系/经济模式,有何特征与发展问题;其二,在这些新型市场关系中出现了哪些新型消费模式。

本章选取新闻类、财经类自媒体中影响力以及行内评价最高的 13 家有代表性的新媒体平台,包括 36 氪、钛媒体、金融八卦女、华尔街见闻、巴九灵、Papi 酱、二更、"一条"视频、短视频 IP 毒角 SHOW、真实故事计划、新世相、留学生日报、十点读书,梳理与分析其发展历程、投融资情况以及产品的经营模式,以获得对互联网媒体平台的经营模式的描述性研究。[1]

---

[1] 所选取的研究素材时间段为 2015—2018 年。

研究发现，当下互联网新媒体的经济模式可概括为由三类基础性模式融合而成的、创新性的"混合经济"，这三种基础性模式是：以投—融资模式为主的"泡沫经济模式"；以内容变现为主的"媒体经济模式"；通过共享互联网社群资源创造利益的"社群经济模式"。

13.1 泡沫经济模式：稳定的资金流与过度溢价的资产

2015年被称为新媒体投融资的元年，据不完全统计，该年共有42起融资事件，超过了2012—2014年的总和。至此，资本开始强势进入自媒体，2016年，融资事件达125起，同比增长197.6%，有近10家新媒体机构单笔融资金额过亿元。2017年至2018年则达到了投融资的高峰，数家互联网媒体在一年内完成多轮千万元级融资。

在财经类新媒体中，成立于2012年的"36氪"传媒于2017年12月完成3亿元人民币的A轮融资，仅五个月后，就获得A+轮融资。"巴九灵"于2017年1月份宣布获得估值20亿元人民币的A轮融资，同年九月底，君联资本单独对其进行A+轮投资。在文化类自媒体中，"十点读书"于2017年年初获得估值4亿6000万元人民币的A轮融资，年底即获得A+轮融资。成立于2015年的"新世相"在完成A轮融资八个月后，便对外宣布获得了亿元人民币级别的B轮融资。

相比之下，短视频类新媒体平台更受资本的青睐。成立于2014年的"一条"视频，在2017年9月完成金额超过4000万美元的C轮融资，仅四个月后便拿到了估值5亿美元的C+轮融资。"二更视频"在一年内相继完成了1.5亿元人民币、1亿元人民币和1.2亿元人民币的Pre−B轮、B轮及B+轮融资。

然而在这个时期，互联网产品及机构的一系列资产（尤其是虚拟资本）的价格膨胀，在一个连续过程中大幅度上涨，使其资产价格（市场价格）超过了实际价值，继而也引发了潜发风险。

一方面，互联网投资成为一种潮流，投机型资本过快集中于此，在不熟悉行业、未充分了解长期盈利模式的情况下，盲目追求热点，造成融资项目供过于求，间接提高了产品及机构的资产价格。另一方面，通过媒体频繁报道、业内传播形成市场预期，资产具有过度的、异常的评价收益，导致价格与价值进一步脱节。

以罗辑思维创始人罗振宇撤资"Papi 酱"视频团队一事为例，2016年3月，凭借自制系列短视频走红的短视频主播"Papi 酱"获得由真格基金、罗辑思维、光源资本和星图资本联合注资的 1200 万元人民币融资。4月 22 日，在罗振宇筹办的广告拍卖会上，"Papi 酱"视频贴片广告以 2200 万元人民币的成交价创下单条广告的市场价格纪录。然而同年 11 月，罗振宇就选择了原价撤资。据多家媒体报道，罗辑思维此前的合作是出于短期内收割"流量红利"的考量，"Papi 酱"视频播放量从 8 月起开始低于均值，打赏数量也有所下降，资本撤资的深层原因是质疑其生命周期短暂，不能在日趋激烈的市场竞争中持续生产优质内容，实现稳定变现。

投机性资本高调入场，待市场遇冷后火速撤离，这一发展轨迹同样适用于以"Papi 酱"为代表的围绕个人 IP 创作短视频的自媒体身上。在媒体炒作"Papi 酱"融资事件后，"X 分钟带你看完电影"系列原创者谷阿莫获得了 3000 万元人民币的天使轮融资、美食作者曼达策划的视频节目《曼食慢语》完成数千万元人民币的 Pre–A 轮融资，但两者均止步于一轮融资。

此外，资本将"流量"作为量化新媒体融资价值的重要指标，易导致投资机构忽视平台的可持续发展，选择的项目或不符合主流价值观，或涉嫌抄袭等侵权行为，最终遭到政策及舆论的反噬。2017 年 6 月，因涉嫌违反《即时通信工具公众信息服务发展管理暂行规定》，以娱乐八卦类为主的 25 个微信公众大号被永久关闭。在被封禁的账号中，"关爱八卦成长协会"于 2015 年获得估值 1 亿元人民币的 A 轮融资；"毒舌电影"于 2016 年 7 月完成估值 3 亿元人民币的 A 轮融资；"金融八卦女"于 2017 年 4 月获得 1100 万元人民币的融资。以测评科技类产品起家的新媒体"差评"，在完成由腾讯 TOPIC 基金领投的 3000 万元人民币融资后，因被舆论谴责经常"洗稿"、抄袭，主动退还相关投资，腾讯也因此而备受质疑。

13.2 媒体经济模式：内容变现面临三重困境

媒体经济模式又指版权内容变现模式。在互联网时代，媒体的内容变现主要有以下四种渠道：广告、版权付费、知识付费、IP（intellectual property，知识产权）变现。广告是通过生产优质内容来吸引流量，并将这部分群体的"注意力"售卖给广告商,实现商业利益的转化。版权付费即数字内容付费,通常以"付费墙"的形式出现,分为"硬"付费墙和"软"付费墙两种类型,前者指用户在未付费的前提下完全看不到"墙内"的内容,后者指用户仍能阅读部分内容。知识付费是将知识打造成产品或服务,以此创造利润。IP变现是通过出售个人或产品的品牌资源,并利用品牌的影响力发展衍生产品,来创造多种收入来源。

以财经类新媒体为例,目前主要有三种内容供给商:泛财经新闻信息提供商、金融信息提供商、IP版权提供商。

泛财经新闻信息提供商围绕一般消费者提供财经类新闻信息服务,注重信息的趣味性和浅层应用性。例如,"金融八卦女"聚焦金融圈内热点事件与人物,通过爆料圈内八卦获得关注。"功夫财经"则以趣味视频的形式解释与分析财经现象,范围覆盖金融、商业、创业等领域,并邀请财经专家及业内人士录制脱口秀视频节目《功夫财经》《财经奇咖说》,以辩论的方式剖析财经热点事件。

金融信息提供商服务于金融专业领域投资者,通过快速提供最新的金融类专业信息服务以及相关数据库服务等方式获得具有高度黏性的专业消费者。例如,"雪球"为投资者提供涵盖A股、港股、基金、美股的实时行情、新闻资讯、投资策略、交易服务等信息;"华尔街见闻""实时"推送金融信息和商业资讯;"蓝鲸财经"围绕基金、银行、保险、互联网金融等资本较活跃的领域生产财经深度报道。2017年,还延伸出金融专业领域的垂直细分市场,如聚焦于大宗商品领域的"扑克投资家"、聚焦新三板市场的"读懂新三板"等,不过这些垂直市场还比较单薄,相关的财经新媒体较少。

IP版权提供商生产个性化的原创内容产品,典型代表是"巴九灵"旗下的自媒体公众号矩阵——"吴晓波频道""冯仑风马牛""秦朔朋友圈",分别搭建吴晓波、冯仑和秦朔的个人影响力品牌,提供的内容具有鲜明的个人特色。

目前,广告及营销仍是大部分财经新媒体平台的主要收入来源。除了传统的文案营销外,财经类新媒体在丰富媒体资源的基础上,探索了包括直播营销、短视频广告在内的多种营销形式,提供线上硬广告、线上软广告、线下活动、整合营销等多种精细化服务。例如,"金融八卦女"建立了以微电影、动画短片、新媒体节目为主的视听内容业务矩阵,承制与推广微电影和动画短片等视频内容,还通过内容营销来引导用户进行金融产品交易。

在当前知识服务热度骤升的背景下，受高净值人群、高付费意愿的驱动，部分财经自媒体平台开始布局原创精选资讯、商业分析类付费业务。以"华尔街见闻"和"36氪"为例，两者均提供付费类财经资讯、研报、行业洞察报告、早期项目报道等商业分析报告，还通过出版电子书《见闻阅读》《36氪每日商业精选》，将平台生产的原创优质内容进行IP变现。

通过邀请财经KOL（舆论意见领袖）入驻平台，开设定制化内容、音频付费栏目这种知识付费模式也成为财经类新媒体内容付费的新路径。部分平台面向普通互联网用户，提供泛财经类知识服务。例如，"36氪"旗下的"开氪"栏目邀请投资人、创业者、媒体人、公司高管开设包括投资、创业、品牌营销等多方面的付费订阅专栏。"功夫财经"旗下的功夫课堂主要是针对投资领域的基础知识普及，为零基础投资用户提供投资操作指南。也有平台面向创业投资、金融领域的从业人士，提供类似"量化投资24小时""A股盘中突发"等专业财商类课程。

除了与财经类新媒体建立合作外，也有头部财经媒体人选择"自立门户"——搭建具有商业价值的个人品牌IP。通过对原创内容产品进行版权化延伸，例如付费课程、书籍、线下座谈会等方式，实现内容的二次变现，并围绕人格化品牌创作并输出衍生产品，开拓多元收入渠道。以"吴晓波频道"为例，在内容版权方面，推出付费音频产品《每天听见吴晓波》、泛财经领域视频"大头频道"、高端线下付费培训"大头思想食堂"，出版热销书籍《腾讯传》等。在衍生产品方面，利用"吴晓波"个人品牌的影响力，推出自有品牌"吴酒"、与亚朵酒店合作创立"亚朵·吴"酒店等。

对于媒体而言，内容变现一直是主要的创收方式。与过去的大众传播不同，在移动互联网时代，"个体"的价值与需求重新被挖掘，"内容"的内涵也更加丰富。除了图文影像外，为个体提供增值服务逐渐演化为内容的一部分。不过，伴随内容产品形态的丰富、变现渠道的拓宽、信息监管的加强，部分财经类新媒体在内容变现道路上进行艰难探索，同时也暴露出该模式现阶段存在的三个挑战：内容生产受限、同质化竞争以及版权争议。

内容生产受限，导致平台面临整改甚至下架的风险。2017年5月，新版《互联网新闻信息服务管理规定》将各类新媒体纳入管理范畴。在互联网新闻信息服务和视听节目服务"双资质"的驱动下，媒体新闻服务（包括政治、经济、军事、外交等社会公共事务的报道、评论，以及有关社会突发事件的报道、评论）的界限更加清晰，互联网新媒体的内容生产面临着严格的监督和管控。这会对尚未获得互联网信息服务许可证，但以提供原创新闻资讯为主的财经类媒体造成不小的冲击。2019年3月4日，上海市网信办对"华尔街见闻"网站与应用程序未取得资质就登载新闻信息的行为做出处罚并令其展开全面整改。目前，除"华尔街见闻"外，"36氪""蓝鲸财经""钛媒体"等多家财经类新媒体均未纳入"双资质"许可范围。

内容竞争高度同质化，导致IP变现困难。财经类新媒体提供的优质内容多具有知识信息的特征，且受众的定位比较相似，易导致同质化竞争。以知识付费为例，不少平台开设的投资理财类课程倾向于技能性的培训，在内容上有所雷同。此外，由于知识信息在一定时间内具有固定性和专业性，易被热门的知识生产者垄断，继而产生头部效应。对定位于财经知识分享的个人IP而言，需具备强大的专业素养，才能持续生产高质量内容，沉淀用户口碑，实现稳定变现。经过激烈的竞争后，财经类新媒体将面临如何孵化新IP、如何持续提供独创性内容与服务并将其精准匹配到用户个体等问题。

内容制作频发版权争议问题，一方面，我国《著作权法》将"时事新闻"定义为"事实消息"，排除在法律保护的范围之外，但是业界尚未对"时事新闻"与基于事实进行再创作、具有独创性的新闻报道做出明确的界定。另一方面，"洗稿"不等同于直接抄袭，而是在保留文章核心内容及观点的基础上，通过颠倒语序、更换词句等方式进行改写，在法律上难以被认定为侵权。线上版权保护缺失，降低了第三方的抄袭成本，直接对"付费墙"模式带来冲击。对财经类新媒体而言，其既面临"墙内"原创内容被洗稿、抄袭的风险，也有可能在援引"事实"的过程中引发侵权争议，遭到舆论谴责而流失高黏性用户。

13.3 社群经济模式：平台专业性成为核心纽带

互联网社群经济类似"俱乐部经济"，具备"规模经济"和"范围经济"的基础性特征，是通过半开放式或全开放式的互联网社群来共享资源、创造利益的经济模式。社群成员的互动可视为社会资本的"市场化外延"过程，即身份资本通过社群的特殊性而垄断资源，例如信息技术、机构属性、知识性信息等等，在金融交易、创投业务、电商、交友等获得

"溢价"的过程。

当下融资金额排名前十的财经类新媒体均参与了互联网社群的运营，这在其他领域比较少见。比较其中不同社群的经营模式，可将其简单分为以下四类：会员制、服务创投业务、引导用户电商消费和强化用户情感联结。

会员制社群根据不同的收费标准提供相应的增值服务，这是目前财经类新媒体中常见的社群运作模式。例如，"华尔街见闻"为金卡会员提供深度研报、专家观点、热点直播、线下投资分享会等知识服务，并在此基础上为收费更高的铂金会员筹办专项路演、投研讨论等活动；"钛媒体"专业版为VIP会员提供市场数据、研报、课件、好书推荐等线上资源；"吴晓波频道"成立的企投会面向企业家和投资家，组织论坛、学习课、思享会、海外游学等活动，成员在获得垄断性知识产品的同时，通过线下交流拥有投融资资源对接的机会，实现身份资本的溢价。

在创投业务、数据变现的基础上搭建起投资者和创业者的社交平台，是财经类新媒体特有的社群运作模式。面向投资者，"钛媒体"以数据业务为基础，形成技术高管社群ITValue、股权投资社交平台"潜在投资家"和"T-EDGE前沿创新领袖"等多个社群组织。"36氪"旗下的"鲸准"作为投融资对接平台，已入驻上万家认证投资机构。面向创业者，"36氪"还上线了"氪空间"，通过共享办公空间与社区服务，搭建以联合办公为载体、社群为纽带的中小企业社交平台，为创业公司提供增值服务。

利用社群运营引导用户进行电商消费，是指平台围绕社群成员的需求，结合自身定位，提供特色商品的增值服务。例如，科技财经类信息服务商"钛媒体"通过运营线上内容电商"钛空舱"，组织线下"科技生活节""科技音乐节"等活动，引导科技爱好者在自建电商平台消费；专注于"泛财经、泛商业"领域的"吴晓波频道"围绕中产阶级人群的生活、社交和认知需求，于2016年1月上线官方商城"美好的店"，并通过内容营销把受众导流到电商平台；"华尔街见闻"旗下栏目"红绿Life"针对金融行业的男性推荐产品与活动。

以强化用户情感联结为主的社群，并没有明确的垂直商业模式，而是通过用户生成内容（user-generated content，UGC）、围绕用户需求举办线下活动、邀请用户自发管理社群等方式强化核心用户黏性，鼓励用户在互动、交流、协作的过程中对平台建立起情感信任。

UGC是一种互联网环境下新兴的"网络信息资源创作与组织模式"，其本质核心也是一种社群模式。在该模式中，关键因素是"用户被赋予"

自主生产内容、发布信息的权利。以"雪球"为例,在"金融+社交"的 UGC 模式下,用户不仅能消费内容,而且还能参与话题讨论、分享投资策略,并在生产内容的过程中加强对平台的归属感,进一步促进社群的发展。2018 年 7 月,"雪球"获得蚂蚁金服近 1 亿美元的 D 轮融资,未来将通过用户在平台交易股票或基金产品,为证券、保险、基金公司提供连接端口等方式寻求商业化落地。"金融八卦女"则聚焦泛金融圈高端人群的线下社交平台,筹办"华尔街单身会"、线下粉丝见面会、亲子互动、"世界狂欢排队"等活动。"吴晓波频道"在全国 81 个城市成立书友会,每个城市均由自发组织的管理者维系社群关系,并根据书友的诉求发起以读书为主的线下活动,维持社群的活跃度。

"社群"是一种理性选择的过程与结果,对个体具有内在的重要性,即因为社群对形成个人的认同具有决定性的影响,个人的认同部分由其社群归属感构成。在社群中,个人权利的前提是他属于某个社群的成员资格。这也是互联网作为一个"网络经济圈"形成"羊群效应"的重要原因。不过,在新媒体平台的这种社群模式中,除了个体归属性的社会资本需求外,平台的专业性更是其核心纽带,这也是如何保持俱乐部的"黏性"的最根本的资本要素。

1997 年,欧盟委员会发布的"绿皮书"首次提出电信、广播电视和出版业三大产业融合不仅是技术性问题,还涉及服务类型、商业模式以及社会运作的系统性的高阶融合,也因此创造出新工作岗位和新的消费市场,从而形成创新性的市场关系。专业化与横向合作,设备、分销渠道和应用程序变得越来越多样化和专业化,以及更多的可交互的操作性的企业型机构或平台陆续出现,从而形成一些新企业、新机构和新平台。将媒体市场细分为或多或少的专业水平组件,例如内容、传输、服务、软件和终端设备,其结果是"新兴产业"的出现——快速的信息处理机构、交易成本显著下降的交易平台,以及开放式的技术共享交互枢纽。

互联网新媒体所呈现出的这些混合经济模式,已然出现上述产业演变过程中涉及的新兴市场关系和新机构雏形。但是否已形成可持续盈利的、继而为新兴产业链的生成打下基础的经营模式,还需进一步观察与探讨。

第 4 部分 开放式创新中的难题

开篇语：

　　熊彼特的创新理论强调，创新是以行动者为核心的内在过程，由此而产生的经济发展也是来自组织内部自身创造性的一种变动。

　　本书第 4 部分聚焦创新中"人"的难题，这些难题展示了在不同的开放式创新场景中，组织中的行动者理性与创新行动之间发生了不可避免的复杂互动与博弈，值得引起更深入的追问与反思。

在面对外部竞争和版权保护的压力时,媒体机构依然选择依赖传统的"媒体经济模式",与此同时,媒体机构所处的高度同质化的社会合作网络等等,均成为创新认知与说服过程中直接或间接的阻力,并最终抑制或抵制了新闻收费作为一种创新模式在组织间的扩散。作为新闻机构的经营创新模式,新闻收费显然还未能令新闻从业者感知到创新激励。

14 为何不收费:媒体创新扩散中的主体性困境

14.1 问题的提出

近年来,在数字化转型和市场化转型并行驱动之下,以"付费墙"作为盈利创新手段的新闻付费应运而生,并被视作传统媒体的重生机会。西方报业的内容付费实践已有 20 余年的历史,美国在 2015 年即有 70% 以上的平面媒体采用收费模式。国内媒体中,财新传媒于 2013 年最早采取内容收费模式;2018 年,《南方周末》设立了计量式软性"付费墙";2017 年 5 月,《三联生活周刊》推出了"中读",定位为知识服务和社交阅读平台。这些新闻付费产品均为本机构获得了可观的经济收益。①

但是,新闻付费实践并非如人们想象得那么顺利。2015 年,英国《太阳报》宣布终结为期两年的"付费墙"实践;2013 年,《潇湘晨报》开始对数字内容进行收费,不过持续不到几年就终止了;国内大部分媒体至今没有采用"付费墙"模式,而仍沿用传统的发行+广告的"媒体经济模式"(胡泳等,2018)。因此,本文的研究缘起是想探讨新闻付费作为一种媒体创新机制为何没有在媒体组织间得到扩散。

以往有关内容付费的研究较多聚焦于知识付费的类型、用户付费意

---

① 2019 年年末,国际期刊联盟发布的《2019 全球数字订阅报告》称,财新传媒拥有 30 万订阅读者,全世界排第 15 名,见《财新入围〈2019 全球数字订阅报告〉榜单 15 强》(https://www.caixin.com/2019-12-23/101497066.html)。2021 年 3 月,南方报业公布数据显示,《南方周末》的内容付费工程在 2020 年营收超过 1.44 亿元,见《首次公开!南方周末账本》(http://static.nfapp.southcn.com/content/201908/09/c2508333.html?group_id=1)及《2020 年南方报业传媒集团营收 29.41 亿,传统广告营收不降反增》(https://app.lanjinger.com/d/154685)。

愿、机构管理等切入点，"新闻付费"被看成媒体组织决策者在利用技术资源与市场资本而进行经营创新的策略选择。但实践表明，"新闻付费"并不能简而化之为某种媒体经济模式的创新，而是对以往新闻经验和生产模式的倒逼式改革；某些组织采取"付费模式"也不能仅归因于决策者的策略选择，还理应关注组织成员的意愿，因为决策者的策略决断和策略执行均不可能独立于组织内部成员的共识，后者的主体性认知与态度往往成为创新成功与否的关键性要素。因此，本章另辟蹊径，拟运用创新扩散中"认知"与"说服"机制为新闻付费的创新受阻提供实然性阐释。具体而言，聚焦于作为一种媒体创新策略的新闻付费，通过探讨创新策略"不扩散"的原因来试图描述新闻创新过程中组织内部的主体性困境，并尝试探讨究竟是哪些因素导致了这些困境。

14.2 创新扩散中的认知与说服

罗杰斯（Everett M. Rogers）认为，创新被采纳是"充分利用创新作为最佳行动方案"的决定，而拒绝采纳则是不被说服的决定，罗杰斯将扩散定义为"一项创新在一个社会系统的成员之间通过特定渠道传播的过程"（Sahin，2006）。结合研究目的，本章的理论分析聚焦扩散理论中"认知"与"说服"的规律性特征。

罗杰斯（2006）与卡布罗（2002：281）均发现，具备扩散潜力的创新行为在人群中的扩散呈现S形的轨迹，即早期增长速度较慢，但达到临界点就会进入发展起飞阶段。个体接受创新的决策过程分为五个阶段：认知、说服、决策、实施与确认。其中，认知与说服是决策的前提，当潜在的组织内成员主观感觉创新相比所取代的事物价值越大、创新与过去的经验和现存的价值观冲突越小、试错成本越低，并可以通过试验可以观察结果时，那么创新的说服力就越高，也就越容易被潜在组织和成员所接受。

在扩散的不同阶段，促使扩散的驱动力强度是不同的：其一，当技术创新刚刚出现的时候，采用者较少，先采纳者面对不确定的市场需求，虽然产业集群内同行间的竞争较小，潜在采纳该技术的企业数量多，扩散的驱动力大，但风险也较大，因此实际采纳该项技术创新的企业较少，扩散速度较慢；其二，随着越来越多的企业采纳技术创新，集群内其他企业在利益驱动下跟进模仿，使得技术创新扩散速度加快，采纳创新技术的企业数量增多；其三，随着集群内竞争加剧，利润空间越来越小，该技术创新对企业的吸引力逐渐减弱，创新的边际收益趋缓甚至下降，扩散的驱动力减小，扩散速度降低（陈旭，2005）。

实证研究还发现，传播网络的异质性与创新扩散存在一定的关系。例如，处于弱网络传播链中的人或组织比处于强网络传播链中的人更易接受创新信息，这就引出了人际网络的同质性与异质性对创新扩散的差异化讨论。越是处于不同类型的传播网络中，创新行为越容易得到扩散，同质性的网络则相反。这是因为在异质性的传播网络中，信息处于不对称的状态中，组织之间的差别较大，创新的试错成本也不尽相同，那么成本低的组织可能会率先采纳创新行动。但在同质性传播网络中，信息的类似与重叠的程度则比较高，反而不利于创新扩散。

综上所述，创新扩散的本质是创新信息通过扩散进行说服之后被采纳的过程，只有观察到足够高的创新激励时，组织的主体性才有可能被说服，继而采纳创新，否则创新将会受到抵制。创新的激励指向是被说服的客体条件，但从组织内部而言，创新是否能被说服，与组织主体之于外部压力环境下的理性选择也高度关联。其间，传播网络链的异质性则对于说服方式起到正面作用；反之，同质化的传播网络不利于创新扩散。简而言之，创新激励、组织之于外部压力的选择策略以及网络的异质化程度是影响创新扩散的三个重要维度。

14.3　新闻付费：互联网信息产品的价格策略

互联网时代的数字信息产品不存在边际生产成本，以互联网建立传播与销售渠道的成本也接近为零，同时，各产品主体高度自由竞争，不用分担和补偿隐性成本。从理论上讲，对于在互联网建立销售渠道的数字产品，当其免费供应时企业即能实现利润最大化，因此，大多数企业的数字定价最初都会采取免费的定价策略。2006年，《连线》杂志首次提出了免费经济学（free economics），并称免费是未来经济的基本模式。

但是，在现实中完全免费几乎不可能实现，因为所有数字化产品均存在一定的固定投入，还有人才、技术与设备更新的边际投入。在现实中，企业一般采用三类实际的"免费定价"模式——"交叉补贴模式""三方市场模式"以及"免费增值模式"。近十来年，随着互联网的发展，免费增值模式成了主流。Addison（2004）曾提出在一定程度上，免费模式下的盈利主要通过注意力和声誉的变现；换句话说，免费只是开始，基于供过于求的过剩思维，企业还需将注意力和时间作为稀缺资源，培养用户的兴趣，让用户为其付出大量的时间，从而为企业获得盈利渠道。近年来，基于移动互联网形成的社区可以让有着共同兴趣爱好和追求的人聚集在一起，形成社群，为内容提供者和用户提供了有效的接触渠道，这些都推动了"内容付费"的发展。王栋晗等（2019）、赵杨等（2018）、Lopes等（2006）的研究都指出，内容的独特性价值和同伴付费态度对用户付费意愿的影响作用更大，社会需要、社群影响、知识提供者拥有的社会资本数量、个体对内容价值感知等变量均与用户信任度的高低成正比，而付费意愿的降低主要是由于想要省钱的心理和免费获取网络信息的消费习惯。

"付费墙"指纸质媒体供应方对在线数字内容设置的阅读准入机制。Utter（2011）指出，现有媒体大多使用三种付费模式：一是计量式付费（Metered Sites），以《纽约时报》为代表，读者在限定时间内可以免费阅读一定数量的报道，超时就需要支付订阅费用，这种模式也可以让用户在正式订阅之前进行阅读体验，因而更容易获得读者的认可；二是混合式付费，以《达拉斯晨报》为例，以内容类型区分为免费或付费；三是剥离式付费，以《波士顿环球报》代表，包括完全免费和收费两个不同的媒体平台（网站）（孙志刚等，2013；Li et al.，2014）。

研究结论显示，相比大型报业机构，本地化特色明显、缺少同类竞争的社区小报实施"付费墙"是可行的，并且能够获得成功，但在实践中不能采取太过激进的方式推行。例如，宾夕法尼亚州的《兰卡斯特新纪元报》。但是研究表明，大多数读者并不打算付费，最终也没有付费。还有研究认为"付费墙"会导致不平等，公众会下调对报纸的价值认知、减少访问网站、并可能利用规则漏洞获得付费内容（Chiou et al.，2013；迟强，2016；辜晓进，2016；郜书锴，2014）。

研究文献还显示，学界对于媒体采用"付费墙"与否持有不同态度。一部分学者对"付费墙"展现出乐观积极的态度，认为其能降低报纸运营和出版的成本，并使得媒体不再过分依靠广告；但也有不少人认为"付费墙"难以帮助媒体进行数字化转型，因为会减少用户的访问量，进而降低媒体在线广告的收入，尤其同时存在免费模式，那么采取收费的媒体会面临自身读者流失加剧、利好竞争对手的情况；此外，还有学者提出"付费墙"会造成付费用户和免费用户之间信息权的不平等。国内有学者对三家已经采用原创新闻付费的媒体和两家珠三角地区的综合性城市报纸进行调研后指出，国内纸媒在融合转型中施行新闻付费有三大困境，包括高质量新闻短缺；技术被手机运营商、社交媒体以及移动支付系统等平台垄断，影响用户阅读体验；版权保护不力，新闻维权诉讼成本高、赔偿收益低（刘鹏，2015；朱鸿军等，2019）。

14.4 新闻信息的复合客体性：公共性与商业性

近年来，随着纸媒数字化的转型，关于新闻信息的客体特性问题的讨论亦再度重启。首先，新闻信息产品具有鲜明的意识形态属性，满足政治价值和公共价值的需求。其次，当下传媒机构普遍采取"二次售卖"的媒介经济模式，意味着媒体机构首先利用新闻信息内容吸引受众，然后将受众的注意力售卖给广告商以此获得真正的经营利益。在这种常规模式中，受众往往可以用很低的价格（以低于印刷成本的发行价格）甚至免费获得内容，因此新闻信息在受众常识中类似公共物品或准公共物品（龚彦方，2011；葛岩等，2010；马锋，2006）。

如前文所述，从新闻信息生产而言，传媒产品包括两类生产成本：一类是原创成本，主要包括新闻采编和技术投入；另一类是人才、技术与设备更新的边际投入。如果继续采取免费策略，那么数字化产品的可复制性就使得逐利者只需付出低廉的成本便可获得巨大收益，从而使传媒产品的"原创所有权"迅速失效，极大地损害了原创者的利益，久而久之原创类信息大量减少直至为零，也正因如此，互联网空间中的"版权"就显得愈发重要。

现有研究已经表明，技术的进步可以使传媒内容的版权直接获得变现能力，而不必通过广告的二次售卖。例如，有线电视信号的数字传输可以通过加密的方式保证只有付费订阅的用户才能享用到视听内容；同样地，媒体机构也可以将网页设置成仅对付费会员开放，从而可以直接支付编辑部的原创成本并获得边际收益。因此，互联网时代的新闻信息产品依然保有鲜明的意识形态属性以彰显其政治价值和公共价值，不过，作为新闻从业者的劳动成果，技术进步与经济利益的迫切性也使得新闻信息的商业客体特性越来越明显（肖赞军，2006；方林佑等，2005）。

14.5 新闻从业者的角色认知

新闻信息的这种复合特性不可避免地成为影响及形塑新闻从业者主体性的重要因素。有学者将我国记者的职业角色划分为宣传者、参与者、盈利者和观察者,并对各种职业角色及其特征进行了详细区分。中国记者的角色认知经历了从20世纪初为民立言的文人论政传统、新中国成立后的"宣传者",到20世纪80年代后的"传播者"的变化(陈阳,2016;陈力丹等,2008;陶建杰等,2014;路俊卫,2014)。最近十数年来,在新闻工作者的认知中,"营利者"和"观察者"的角色的重要程度上升至与"宣传者"和"参与者"同等重要的程度。

中国互联网的发展和互联网使用依赖在是导致记者角色认知变迁的因素之一。在传统媒体普遍转型的背景下,国内媒体从业者更看重报道事实、观察和解释事件等"信息功能",更加偏向于中立客观的报道事实。媒体从业者在采写活动中更重视发挥"迅速地为大众提供新的信息"和"帮助人民了解党和政府的政策"的双重辅助性作用,舆论监督、设置议程等传统功能不断与专业性和营利性进行调适,记者的角色认知的主流正由传统的宣传教化转变为现代的信息监督(张志安等,2014;周裕琼,2008)。

综上所述,新闻信息的客体特质处于双重状态中,呈现出从客观性到商业性转换的过程,但也保留着公共性的鲜明特质。从新闻从业者主体性的演变过程来看,与新闻信息的客体性的变化相应,"经营者""宣传者"以及"监督者"不断交叠在新闻业的发展变迁过程中。

14.6 新闻从业者关于"新闻付费"的矛盾认知

中国媒体的新闻付费实践不仅关乎媒体机构经营和信息生产方式的转型,同时也与新闻从业者在当下互联网场域中之于信息内容的主体性观念认知不可分隔。根据这些特质,本章的核心问题是探究新闻从业者之于新闻付费的主体性认知,将从两个方面展开:①新闻从业者如何看待传媒产品的复合客体属性；②新闻从业者如何评价新闻付费对于新闻业发展的影响。

研究采用调查问卷和深度访谈两种方法。① 调查问卷的问题包括三个方面：①"付费意愿"（免费心理的测量）②；②从业者之于传媒产品客体特征的认知；③从传媒机构经济收益和版权收益方面评价新闻付费之于新闻业发展的影响③。深度访谈则在参与问卷调查的填报者中的部分志愿者中进行，访谈问题与问卷调查保持一致。

14.6.1　媒体从业者如何看待传媒信息产品的复合客体特性

在问卷调查中，15.38%的调查对象认为在线新闻是商品，28.63%的调查对象认为在线新闻是公共品，55.98%的调查对象认为在线新闻兼具商品和公共品特性。68.8%的调查对象认为经济新闻适合收费。在后续的访谈中，受访者分别从受众使用意愿、内容价值、新闻公共性理念以及财经媒体内部架构四方面阐述了经济新闻最适合进行收费的理由。大多数受访者认为，时政类新闻应该还是保持必须免费的公共物品属性，因为关乎公共福祉，而财经媒体的目标受众有着较高的使用意愿，所以经济新闻比其他类型的新闻更适合进行收费。

56.84%的调查对象同意"收费的内容比免费的内容质量要高"；与之对应的是媒体从业者的自我在线新闻付费意愿较高，其中，分别有23.08%、44.44%的媒体从业者选择"按单篇付费"以及"按月度收费"，45.73%的调查对象选择年费价格区间在300元以下的收费标准。④

---

①　问卷调查，在2021年3月至5月分别采用分层抽样和滚雪球方式向媒体机构从业者发放问卷，一共回收问卷252份，有效问卷234份，回收率为92.86%。接受调查的媒体从业者，从事媒体行业年限集中在1～3年，月收入集中在5000～10000元。在进行问卷调查的同时公开招募访谈者，基于样本的典型性和多样性的考量，最终选择10名涵盖不同性别、学历、职业年限和媒介机构类型的受访者，通过微信和电话完成在线访谈，访谈内容整理后约4.5万字。
②　分别借鉴王栋晗等（2019）以及Lin等（2013）的方案。
③　由于无相关的研究文献作为直接参考，问卷的第二、第三方面的问题根据研究文献进行设计。
④　调查问卷中的"300元"参照了目前国内采用新闻内容付费的三家媒体的平均值：财新传媒、《南方周末》和《三联生活周刊》的主要收费模式是按月度和按年度收费。财新传媒、《南方周末》和《三联生活周刊》的订阅年费分别是498元、188元和388元。

14.6.2 新闻付费将对新闻业产生何种影响

与上述付费意愿相矛盾的是，媒体从业者有关互联网场域中新闻信息"免费心理"测度的总体均值为2.75，基本处于中间状态，这意味着调查者中至少有一半以上的人认为新闻信息还是应该"免费"。

在63.25%的调查对象认为付费会提升内容产品的质量同时，仍有51.71%的调查对象认为"付费墙"的实施会导致原有读者流向免费内容提供商，61.11%的调查对象会担心读者数量变少。61.11%的调查对象认为未来媒体行业收入应该同时依靠广告和在线内容收费，但超过一半的调查对象（52.56%）认为新闻收费标准不会提高，或不能确定媒体机构整体的经营收入；几乎相同比例的调查对象（51.29%）认为不会提升或不确定能否提升媒体工作者的个体收入。

43.16%的调查对象认为从新闻版权保护的角度来讲，新闻付费面临的最大困境是维权成本高于侵权成本。68.8%的调查对象称亲身经历过作品版权被侵害的情况。80%的受访者认为当下版权侵害"很严重"或"比较严重"，该项分数总体均值仅为1.78，说明媒体从业者认为目前新闻作品版权问题很明显，与此对应的是，对相关制度或政策效果的评价分数均值仅为1.87。

综上所述，调查结果表明，当下媒体从业者对新闻付费持有"复杂而矛盾"的群体性主观态度：一方面，媒体从业者认可新闻产品的商品特性以及市场转型的必然性，并具有"新闻付费"的消费主观意愿，也认可付费新闻的质量高于免费新闻的质量；但另一方面，仍然有近一半的媒体从业者认为新闻信息"应该免费"，付费也不能适用于经济类新闻外的新闻内容；同时，大多数受访者普遍认为时政类新闻仍然属于不必付费的公共物品。此外，作为盈利模式的创新，大多数媒体从业者对于"新闻付费对内容质量的提升能变现为理想的物质报酬"的说法并不持有乐观的态度，对于媒体机构实践"付费墙"缺少专业信心，担心"付费墙"会使原有读者流失。

14.7 创新扩散的主体性困境：媒体机构的路径依赖

本节将通过深度访谈进一步探讨新闻从业者对于新闻付费的矛盾认知

形成的缘由。从媒体生产机制、经营模式与社会合作三个内部视角阐释创新扩散中主体性困境产生的深层次原因，访谈结果显示这三个方面均普遍存在路径依赖的现状——正是这些路径依赖使得新闻付费这种创新难以在组织内部得到真正的认可与执行。

14.7.1　经营机制的路径依赖："营利者泛化"

通过访谈发现，媒介机构内部的采编与经营边界变得越来越模糊，媒体从业者自然将"营利者"融入自身定位，化身为媒体与地方政府、企业打交道的中介，工作中心也不仅是生产新闻信息内容，而是协助报社经营，媒体机构目前存在"营利者泛化"的现象。访谈者 I："刚入行那几年很排斥这点，内心很挣扎，觉得记者怎么可能参加经营？但是现在媒体机构盈利很难，我已经完全不讨厌了；当然也不可能完全混合，还是保留一定的底线的。"访谈者 C："现在都要支持经营，记者都跑不掉的，我投身记者媒体行业之前，就已经做好心理准备了。基本上每个单位的这种经营业务都跟员工的工资挂钩。也不能说是自愿，谁没个新闻理想的，我当然去想写大一些的稿件，但是这种经营业务如果跑不好的话，会吃不饱饭。"访谈者 A："我们广播电视台以前是有广告部的，现在没有了，跟新媒体融合在一起，会做一些策划活动，然后还有一些广告收入。"访谈者 B："现在很多媒体在转型，不可能光靠写稿子吃饭，也是要开源节流的。有些媒体做有关城市规划的 IP 项目，不光做数据的收集，还做新一线城市的榜单，这样既可以靠内容产业赚钱，也可以靠数据赚钱。"

地方政府的形象宣传与广告成为大多数传统媒体除商业广告外的稳定收入来源。访谈者 D："像我们内陆省份的新闻机构，大部分时间都是发政府机构的通稿。部分也有自行采编的任务，例如民生新闻。不过，自行采编的新闻报道只占三分之一的量，其余的三分之二是各种各样的宣传。"

从访谈中得知，在当前媒体从业者的收入组成部分中，除了稿费等工资收入外，还包括类似"车马费"等灰色收入。访谈者 J："车马费是很正常的，但我觉得这不会影响我的报道，该怎么写还是怎么写。即使没有车马费，还是一样得写，还不能写负面的。"学界将车马费界定为"媒体寻租"，不少研究从媒介素养和职业道德角度批评"记者收取车马费"会影响自身中立的立场，进而降低报道的客观性。但业界更多将此视为常态，并在很多媒体中成为"心照不宣"的"业内潜规则"：以此弥补正常收入的不足。访谈者 H："我知道有少数媒体不准记者收取车马费，它们的记者们底薪是比其他媒体的要高,它们试图用这种方式填补车马费那部分损失的收入。但是整体来看,这些记者的待遇在同行里还是属于中等水平。如果不能收车马费,仅靠(新闻付费的)稿费能不能拿到跟以前差不多的工资,我觉得不好说。"

14.7.2 内容生产机制的路径依赖:以流量替代发行量

作为互联网的信息传播的主要本质,"流量为王"策略倍受欢迎,并在媒体内部形成制度化约束。访谈者 D:"我们是按文章的平台点击量去计算工作成绩的。"访谈者 B:"平台数据的分析变得越来越重要,例如这篇文章的流量数据,这是一种很典型的互联网思维,虽然我觉得文章的影响力没有办法用流量来衡量,但是它对于其他人来说却是个非常直观的指标,所以我还是要去分析和记录这些流量变化,并观察什么样的文章会成为某个热点。"对于新闻媒体来说,"强调速度,放弃深度"成为了某种当下的最优选择,"以流量替代发行量"成为主导性思维。访谈者 F:"我们现在正在偏向更下沉的市场空间,可能觉得媒体机构需要更多的受众,增加了更具公共性的议题的关注度,这样的稿件流量很大。但是原来有一些专业性比较强的,例如产业新闻的稿子,流量上不去,我们就会慢慢减少。"访谈者 L:"要策划能引起公众关注的话题,最好找针锋相对的双方展开论战,这样的新闻策划比新闻报道或深度报道更能引起关注,有了流量才能有广告客户。"访谈者 E:"过去依赖发行量找广告,现在依赖流量变现。"

与此同时,内容生产机制和绩效激励的路径依赖也比较普遍。访谈者 E:"即使媒体转型为企业化的公司或机构,但是内部运作依然是'小作坊式',记者们单兵作战的习惯依然是主要方式。"访谈者 A:"如果所在媒体要改革,对内容进行收费。我们肯定是单独去规划这种内容付费部门,可能对整个新闻采写水平要求会更高。"访谈者 G:"不少新媒体平台尝试做新闻类的'内容收费'。从目前来看会增加不少工作量,但 KPI 核算没变,所以这些多余的工作量也没有计算到个人收入里去。"

14.7.3 社会合作的路径依赖:高度同质化

访谈显示,社会合作网络存在高度同质化。访谈者 D:"我们(地方媒体的新媒体平台)首先是做好'复印机',因为每年都要完成不少为政府机构、事业单位或高校等做宣传类任务的工作，内容基本上都是一模一样的，甚至标点符号都是相同的。一个城市上百家媒体一篇通稿下来，发表的时候只是改一下机构名字就行了。"

此外，企业公关宣传部很多时候也会为媒体提供通稿。访谈者 G："我们还是会尽力做到客观公正，但我从结果导向上来讲，并不是记者想要变成利益集团代言，但是企业口风都很严，大家都是跟公关打交道，不可避免地就会变成他们的（代言人）。"访谈者 I："现在内部线人在产经新闻里面，我觉得出现得越来越少，现在愿意挖内部新闻的人越来越少，很多也是一些没有那么重要的内容，比如说人事变动的消息会比较多一点。"

社会网络的同质化导致新闻内容的同质化，继而削弱了新闻信息的"排他性"，继而减弱甚至丧失的报道竞争性，使得新闻信息通常不具备定价权，类似免费的公共产品；但是从另一方面来讲，同质化的社会合作网络降低了外部环境的压力，驱使组织在"共享通稿"的过程中获得了至少达到平均水平的收益规模。访谈者 C："我之前写过一个稿子，一个系列报道，里面涉及了大概四五个人物。如果说稿子发出来的话，首先该系统会翻天覆地，其次这几个人都会丢掉工作。所以领导认为不适合发，可能影响太大了。"因此，新闻从业者们一方面抱怨同质化降低了内容质量，并不得不与各类经济机构博弈，一方面又维持着这种模式的稳定性。

14.8 结语

根据调查与访谈可以粗略得知当下媒体从业者对新闻付费抱有"复杂而矛盾"的群体性主观态度，这说明新闻付费的创新扩散正遭遇潜在接受者的认知困扰，主要呈现为两类主体性困境。

其一，新闻付费是一种基于信息商品质量的市场交易行为，收益只能从商品公开交易中获得，但从当下的机构生产与经营模式来看，新闻信息属性既包含了准公共品和商品，也变相成为某些潜规则中用来利益互换的"私人物品"的多重属性。因此，一方面新闻从业者们深知新闻付费模式有可能带来更高质量的新闻内容；另一方面在面临外部竞争压力时，媒介机构仍然选择依赖与利用新闻信息的多重属性的复杂交易而获得的广告和潜规则的双重收益。因此面对新闻付费的创新模式，新闻从业者陷入了自我激励的主体性困境。此外，外部环境的影响尤其是版权保护状况堪忧，导致在线新闻内容大多被迫成为免费公共品，新闻收费的产权基础也就无从谈起，这也加剧削弱了新闻从业者的自我激励感知。

其二，以流量替代发行量，本质仍然是传统"媒体经济"模式，即"二次售卖"模式，新闻从业者不必直接面对受众，利润来源于"广告部"。而新闻付费模式显然与之不同，因为它将高质量内容直接出售给公众，并接受公众的质量监督，公众/用户与新闻业之间呈现了商品消费过程中普遍性的"契约关系"（王学成，2007；龚彦方，2011），即当用户认为新闻媒体提供符合需要的新闻产品时，他们才愿意支付超出编辑部成本的预算实施购买。由此可见，在将新闻信息的收益与公众发生钩联的过程中，新闻从业者们在直接的"契约关系"还是间接的"二次售卖关系"之间犹豫不决，陷入了内容产品作为消费商品的主体性困境。

如前文理论所分析的，创新激励、组织之于外部压力的选择策略以及网络的异质化程度是影响创新扩散的三个重要维度。以新闻收费作为创新模式来看，这种模式显然未能令新闻从业者感知到创新激励，在面临外部竞争和版权保护的压力时，媒体机构依然选择依赖传统的"媒体经济模式"，与此同时，媒体机构所处的高度同质化的社会合作网络等因素均成为创新认知与说服过程中直接或间接的阻力，并最终抑制或抵制了新闻收费作为一种创新模式在组织间的扩散。

依据创新扩散呈现 S 形的理论模型，早期创新由于采用者较少而处于扩散较慢的状态，我们因此相信新闻付费在中国当下的媒体组织间还处于创新扩散的早期阶段。不过，S 曲线的下半部将有多长？或者说，早期阶段何时结束继而进入创新采用的高潮期？很大程度上这取决于当下媒体组织的路径依赖何时能被打破，或要依凭打破的成本高低而定。

从实然性角度而言，新闻软文可以看成新闻从业者吸纳了外部商业规则或商业资源而为己身/部门获利的某种"内向型开放创新"的成果。以行动者理性的理论视角剖析，"新闻软文"屡禁不止的本质是当遭遇商业资本时，新闻常规被异化为组织成员的权变工具，技术环境与制度环境相互博弈并导致新闻编辑部产生组织结构断裂的科层困境。

15 裂变的新闻编辑部："新闻软文"的组织博弈及科层困境[①]

15.1 长存于新闻编辑部里的"新闻软文"

从现实来看，新闻记者经常被认为处于职业伦理与道德困局的"尴尬场域"中：一方面要忍受施加在身上的政治和经济的束缚，这让他们处于不稳定和不舒服的境地；另一方面，曾被称之为"无冕之王"的象征性权力正在遭受来自市场资本和公关顾问们的挑战（尚帕涅，2017）。这种职业困局的压力中心，使得以执行新闻常规为职责和使命的新闻编辑部似乎面临瓦解的风险。

"新闻软文"是媒体机构备受批评但依然野蛮生长的一种新闻文本。最近数年来，新闻业界因此触犯法律的事件并不鲜见（周俊，刘晓阳，徐仲超 & 梁鑫，2017；刘亚娟 & 展江，2018）。但在多数情况下，"新闻软文"仍然隐晦地共存于新闻编辑部却是不争的事实。据《中国新闻实用大辞典》，"新闻软文"属于"广告式新闻"，本质是"有偿新闻"，具有一般性的新闻要素，但在新闻报道中塞进广告内容，是通过模糊处理新闻与广告，以新闻报道形式传播商品与企业信息的文章，或者以报道的形式发布广告主所需要的信息。现有研究成果揭示，"新闻软文"在国内外媒体机构中属于媒体机构的组织行为或记者的个体行为，商业主体、公关公司与媒体机构之间的利益关系能巧妙地游离或周旋于各类新闻常规和新闻伦

[①] 本章主要内容曾以《新闻软文的组织博弈及科层困境》为题发表于《新闻与传播研究》2021年第6期，收入本书时进行了增删。

理之间，当组织间的寻租利益远大于惩罚成本，并且不超越法律边界的前提下，利益相关方主动或被动地参与这种财富再分配的不规范行为（梁君等，2009；陈超，2002；王博，2008；Kovacic, et al., 2011；Golan et al., 2013；Brown et al., 2005）。

上述研究从宏观和外部视角聚焦媒体组织和个体的双重失范，勾勒了"新闻软文"的实施规律和特征，以及对职业场域造成的伦理伤害和社会影响，并从政治经济学视角为相关监督制度的设计提供研究参照。但是仍然不能解释为何"新闻软文"即使如此失范却还在编辑部内"长存不灭"的现实悖论，也缺少新闻编辑部人员如何看待这些失范行为的内部视角，尤其未触及这些失范行为给新闻编辑部的组织化行动及新闻常规的路径依赖带来了怎样的未企及后果。

切萨布鲁夫在2006年提出"开放式创新"理论观点，即组织有意识地运用知识的流入和流出以提升各种创新效率。"知识流入"指吸纳外部环境中各类知识利于内部创新，"知识流出"指组织中的部分知识外溢使得其他人同时受益，即扩大创新的外部使用市场。

从实然性角度而言，新闻软文也可以看成新闻从业者吸纳了外部商业规则或商业资源而为已身/部门获利的某种"内向型开放创新"的成果。因此，本章从组织内部视角出发，通过构建三个实然性的研究目标对新闻软文提供一个创新性的研究阐释。

（1）关注专业媒体组织①的"新闻软文"，并将其作为一种"非正式规则"，通过观察它与新闻常规之间的"角力"揭示其暗存于新闻编辑部的微观机制；

（2）与应然性的规范研究形成呼应，通过组织社会学的实证案例研究尝试对"新闻软文"提供有关个体与组织博弈互动的内部视角；

（3）基于前两项研究，阐释"新闻软文"对新闻编辑部所造成的科层困境。

具体而言，本研究拟将"新闻软文"与新闻常规之间的博弈视为非正式结构介入组织合法性制度框架的过程，运用"行动者理性"的理论观点试图描述新闻常规是如何被打破的；这些过程是突变还是渐变；商业资本与新闻场域之间的博弈最终会对新闻组织形成什么后果。

本章首先分析"行动者理性"的理论观点与研究成果；然后从组织社

---

① 专业媒体指具有新闻编辑部的科层组织及以各项新闻常规作为新闻生产的合法性机制的、具有新闻内容运营合法资质且在国家新闻出版署备案的媒体机构，本文的研究对象专指这类专业媒体机构中的"新闻软文"，并非泛指其他互联网媒体平台的新闻类软文。

会学角度分析研究对象及建构分析框架；继而探讨"新闻软文"如何通过非正式规则及利益博弈介入新闻常规的组织化过程；最后讨论由于这种内向型创新，新闻编辑部作为新闻常规的制度化组织所面临的科层困境。

15.2　组织内行动者理性的权变性与有限性

组织研究在传统意义上存在诸多二元划分，例如正式与非正式结构、组织与集体行动、组织决策与个体意志等等。这些划分存在合理性，强调了组织行为和组织形式均是由制度所塑造的，但也将原本不可分离的行动领域进行了割裂，尤其忽视了个体在组织内的自主选择性。费埃德伯格（2005：202）认为，若离开了"行动者"及"行动者理性"，对组织及有组织的行动的理解将是支离破碎的，也是与现实背离的。

不少现有文献的研究重心落在由"组织"向"组织的行动者"的转移，其至少体现了三个研究转向：其一，合法性机制的研究强调组织之间的相互依赖以及组织内部不同制度之间的互动关系，是一种"组织场"的层次（周雪光，2003b：91）。因此，传统的"组织"概念从中观视角研究组织之间的制度趋同，并不包含个体自主性，体现了一种政治性质的群体化主张，个体因此是次生的、依附性的；"行动者的理性"则深入微观层面，将个体及个体抉择看成是组织内在的、主体性的，从而观察到组织存续的微观机理。其二，观察对象不再是单一社会现象的静态组织，而是在承认组织具有开放性、有机性和不确定性的经验基础上，将组织内个体行动看成"某种存在于建构人类集体行动的过程之中的局部秩序的结构"，呈现了从"宏观与微观"的角度反思组织（包括规则）与个体行动的互动关系（克罗齐埃，2002：172；费埃德伯格，2005：21；邱泽奇，1999）。其三，组织不再作为一成不变的固定结构，而是呈现"流动的组织"特征，即边界不清、模糊难辨，它有着流动的、自动出现的非正式结构，后者代表的是对现存秩序的对抗与质疑，同时也在缓缓生成新的秩序（费埃德伯格，2005：5）。事实上，在大多数集体的实践情境中，正式规则（控制的结构）和非正式规则（自主的结构）都保持同样的创造性张力，有时共同构成结合性力量，有时则彼此削弱。

综合诸多理论文献，本章认为"行动者理性"从内部视角很好地阐释了组织中的个体如何与组织形成内在的、主体性的互动张力，恰好为本章的研究目标提供合适的理论视阈。本章将从行动者理性的两个主要特征——"权变性"与"有限性"展开论述,借此深入剖析本文研究对象在新闻编辑部中形成的既相容又冲突的结构性互动。

15.2.1　行动者理性的权变性

"行动者理性"的理论核心是行动与解释有着紧密的联系,该理论认为个体对特殊情境进行认知并做出相应的理性反应、展开行动,强调组织行动受制于制度化权力交换的过程,此外,在这种交换的特殊情境中,个体自主性也将对应着组织的权力结构进行"权变性反馈"(豪尔等,2003;费埃德伯格,2005:4)。

以功利主义者的角度而言,奥尔森(1995:8)认为,个人利益与共同利益相结合的情况与竞争性市场类似,行动者理性恰似产业中的企业个体,在遵从集体规则的同时还拥有一种必要的、最低限度的自主性。组织中的参与者会主动地将感知、信念、偏好等特点纳入对自身利益短期或长期的"算计"过程中。但是这种"算计"并非指与文化和情感对立的、非人格化的绩效利益或冷冰冰的行动,而恰恰相反,它不仅指向工具理性,也指向韦伯的价值理性,既依赖于对短期和长期利益的个体理解,也依赖于历史的社会化路径(费埃德伯格,2005:215)。

诺思(2008:2)在论述经济变迁的过程时认为,人类的组织和制度及可观察到的变迁是一个由参与者的感知所支配的过程,这些感知在追求政治、经济和社会组织的目标过程中降低了组织的不确定性,因此,经济变迁在很大程度上是由一个参与者对自身行动结果的感知所塑造的深思熟虑的过程。不仅如此,费埃德伯格(2005:202)认为,组织作为行动的环境是由行动者构成的,组织里的个体既非超越理性的"完人"也非简单遵循规范的"纸片人",而是拥有理性的意识、知觉和能力的个体,能将主动参与、揣测与行动合而为一的"决策行动人",是既可以适应组织内的"游戏规则",也能反过来通过自己的行动影响甚至改变这些规则,并对周围环境进行建构的"积极存在者"。

15.2.2　行动者理性的有限性

西蒙(2006:6)认为,个体理性的本质是"有限理性",因为不确定的观察、感知与推断,环境中信息的不对称、逻辑体系与命题的不完善性等都决定了个体不可能达成完美的、绝对的理性。从资源配置的效率而言，集体中的行动者会面临理性的"囚徒困境"，多数人偏好自愿式或参与式的竞争性市场交易、讨价还价的合约或是选举民主，然而当存在信息不对称、外部性或市场垄断的情况时，这些互动反而会出现配置低效率。

从组织内部的权力结构看，个体的实践理性还有可能使制度环境与技术环境产生冲突。制度是人们施加给人类行为的某种"合法"的显性结构，既与群体的某种期望结果有关，也反映着普遍性的信念体系（西蒙，2006：6；米勒，2002：26；克罗齐埃，2002：85），合法性制度的建构是组织存续的主要目的和方式；技术环境则从技术性、专业化的角度在组织内形成一套有别于制度环境的、以工具理性为主导原则的、以投入—产出为目的的技术系统。

新制度学派认为，制度环境与技术环境对组织具有不同的诉求：制度环境要求组织结构和正式规则符合社会公认的"合法性"，采用在制度环境中已被广为接受的组织形式和做法，而不管这些做法对组织的个体运作是否有效率；与此同时，技术环境要求组织内部结构和运行程序满足技术效率，属于技术性个体在组织行动中的实践理性。两者相遇的结果就是技术环境与制度环境之间的冲突时有发生，并有可能持续地介入科层结构，最终导致后者形成断裂（曹正汉，2005）。

15.2.3 行动者理性与非正式规则

个体的"理性的算计"还与非正式规则高度关联。相比于可以通过制度、法令固化并控制的正式规则，诺思（2008：47）认为，非正式规则包括行为规范、习俗和自愿遵守的行为准则——这些非正式规则彰显信念体系的道德准则，反映各个社会特有的行为规范，它的演化或许难以被理解也难以被人为控制。同时，他还指出，非正式规范更易存在于那些具备小范围交互情境、高人格化水平的社会中，行动者之间更易通过理性算计达成某些自愿遵守的共同行为，从而通过这些默契形成组织内的非正式规则并将彼此联系在一起。

此外，非正式规则并非总与正式规则保持同步，反而处于合规的边界外，甚至当组织中的个体对现实悲观、对科层组织不信任时，其自治要求与独立意志会将其导向其所属组织的对立面，以形成组织内部"次文化"（诺思，2008：53；克罗齐埃，2002：85）。

综上所述，行动者理性的权变性使得个体与组织之间形成了有机交互，个体相对组织而言因此呈现出哈贝马斯所说的主体间性；有限性则关注这种交互行为的外部性，它使得行动者理性并不必然处于合规的舒适区间内，以至于当组织内部条件"不合意"时，实践理性有可能使行动者与制度环境产生冲突，还可以"默契地"建构可与组织规则抗衡的某些非正式规则。

15.3 新闻常规与"新闻软文"：定义与内涵

有关新闻常规的研究文献众多，本文结合研究问题拟从组织社会学角度展开论述。

一般来讲，由专业人士构成的新闻组织都会采取相似的官僚科层体系以完成"团体新闻作业"，其目的是通过环环相扣的新闻生产提高"组装"符合读者多样化的新闻产品的效率。由于正式的专业训练在新闻生产过程中越来越普遍，新闻编辑部的新闻常规也就越发重要，包括一系列由编辑与记者及其他新闻工作者通过相互协作的新闻网络构建出来的，能应付各类突发新闻事件的，涉及内容生产、新闻信息流通、发布与传播、新闻伦理等的规范性制度或规则（甘斯，2009：103；塔奇曼，2008：32；Di Maggio et al.，1983；Dobbin et al.，1998）。由此可见，新闻常规的本质是一种基于专业化主义或专业化程序的制度趋同的后果，该后果既源于新闻效率的理性选择，也是组织通过共享某些专业理念而获得组织合法性并用以对冲外部环境的不确定性的主要途径。

此外，在将新闻事业理解为公共机构职业社会化的过程中，这种专业化过程还扮演着一种重要的意识形态角色，呈现了"客观性与政治中立性"，并形成三个新闻文化传统：自治、独特专业规范与公共服务取向（哈林等，2012：35－37）。"自治"意味着尽管从未完整获得过媒介组织控制权，但编辑记者们仍然成功地运用新闻常规在组织内部获得了重要的相对自主性；"独特的专业规范"指新闻工作大多共享独有的专业规范，包括伦理原则（例如保护匿名信源或区分广告与编辑内容的义务）、新闻常规（例如有关新闻采写、事实把关、新闻发布、编营分离等新闻生产流程的规则），以及判断专业实践的卓越性和专业权威的标准；"公共服务取向"则倡导公共信托作为新闻职业的意识形态，是从历史角度赋予新闻工作者某种社会角色的特殊观念，建构了新闻媒介与其他社会机构之间的特殊关系，也倒逼出新闻事业的自律机制（例如报业批评）。

相较于新闻常规，"新闻软文"一向被公认是威胁新闻客观性、媒介公益性及新闻伦理的负面产物。尽管新闻软文在现实中并不鲜见，但仍缺少学术层面的界定，学者们对其概念判断也有不同的标准。

国外学者认为，媒体"新闻软文"从其生产、制作、发布与传播等过程来看均有多种表现形式及复杂成因。有学者梳理了1985—2000年美孚公司为吸引《纽约时报》的精英读者而投放的819篇社论版软文，认为在美国舆论环境下，"软文"也可以看成是为了创造和维持良好的政治环境以实现利益方企图的"外部游说"。还有学者研究了斯洛文尼亚的几家杂志和日报的健康类软文后认为，其成因包括历史民主的缺失、法律监督的缺位、小媒体和广告市场的经济低迷及媒体财务能力的薄弱等（Brown et al., 2005；Kovacic et al., 2011）。西方媒体中也有因软文而违法并受处罚的案例，例如2017年4月，美国证券交易委员会处罚了一批为上市公司撰写新闻软文的个人和公关公司，理由是这些个人和公司写新闻软文的目的是赞美上市公司，其假装公正客观但实质虚假陈述，并且违规收取"秘密费用"等。

1985年，中国国家工商行政局、广播电视部、文化部联合发布的《关于报纸、书刊、电台、电视台经营、刊播广告的有关问题的通知》提出："禁止以新闻记者的名义，招揽所谓'新闻广告'。严禁新闻收费和以新闻名义招揽各种形式的广告。"1993年，中共中央宣传部和新闻出版署发布了《关于加强新闻队伍职业道德建设禁止"有偿新闻"的通知》，进一步强调新闻从业者不得利用新闻为自身牟利。2005年，中共中央宣传部、国家广电总局、新闻出版总署发布了《关于新闻采编人员从业管理的规定（试行）》，也对新闻寻租行为进行了一定的规范。

我国媒体的"新闻软文"并非新生事物，早在民国时期就已出现，而当代"新闻软文"则兴起于20世纪八九十年代媒体的市场化转型中。媒体机构为了扩展广告规模并向广告主提供更多信息服务，专门成立了专版部、专题部等部门，通过模糊处理新闻与广告的边界，以新闻报道的形式发布广告主企业所需要的信息，业界逐渐将这些文章称之为"新闻软文"，以区别于被称为"硬故事"的严肃新闻。究其成因，有研究发现，在不愿意或很难改变现状的情况下，媒体机构便会在通过新闻寻租带来共同利益的基础上形成共享式理念，即媒介公权力可以换取机构利益；当行业寻租潜规则成为普遍现象时，群体压力便会迫使新进入的媒体从业者也选择接受寻租行为，道德在群体压力面前十分无力（王博，2008；周俊等，

2017)。

综上所述，本章的研究对象之一"新闻常规"指向一系列新闻编辑部明确制定并执行的专业规范，包括有关新闻采写、事实把关、新闻发布、编营分离等新闻生产流程的制度性规则。这些规则具备"公开""专业自治"和"公共服务指向"三个重要维度。

研究对象之二"新闻软文"包括三个特征：①由媒体机构在新闻版面（而非广告版面）发布的兼容广告信息和新闻信息的新闻文本；②在履行新闻常规的同时，新闻编辑或记者默许将包含某个广告客户或目标企业的营销信息隐蔽于新闻报道之中，新闻记者、企业与公关处于"合谋"状态，并由此形成依附于新闻常规之下的非正式规则；③包括但不限于有偿新闻。这三个共性构成本章所研究的"新闻软文"的核心定义。

国内外学者们对此主题已进行了富有洞见的探索性研究，但尚存两点不足：一是在将组织作为研究对象的同时缺少"行动者"视角，忽略了新闻编辑和记者是具有理性意识、知觉和能力的个体，是能将主动参与、揣测与行动合而为一的"决策行动人"；二是将新闻编辑部看成"制度同构"的合法性产物，并未意识到组织内部同时存在正式规则与非正式规则，二者的矛盾和冲突始终存在，集体中个体理性与制度的张力形成了科层组织内部权力结构的重要特征。

在归纳与提炼研究文献的基础上，本章尝试运用行动者理性的权变性与有限性的理论维度建构分析框架：以"权变性"考察不同行动者的"算计"如何与组织内部的权力结构保持动态的、权变性的态势；以"有限性"考察行动者的决策性行为与制度环境之间的互动是否形成了冲突。

对应研究目标，本章聚焦三个具体的研究问题：①作为非正式规则，"新闻软文"的微观机制是什么。②以行动者理性视角阐释正式规则与非正式规则的博弈是如何进行的；在这过程中新闻常规是如何被突破的；这是一个突变还是渐变的过程。③这些博弈对新闻编辑部的科层结构产生什么样的后果。

本研究主要采用典型案例的质化研究方法，结合田野调查和深度访谈。研究样本为华南地区某报业集团内市场化的 A 财经媒体，该媒体创刊于 21 世纪初，发行日报、杂志以及推出财经 App 等，日报发行量曾高达 75 万份，在全国多家城市设有记者站，据 2018 年人民网研究院发布的《报纸融合传播力百强榜》，该媒体排在前 15 名。为更深入地进行案例研究，本章研究者之一于 2019 年 9—12 月进入 A 财经媒体进行田野调查和新闻媒体实践，在参与新闻报道的同时也参与"新闻软文"的内容生产。

此外，为增进理解行业发展现状，两位研究者还对多家媒体、公关公司和企业进行过多次访谈①，积累了丰富的研究素材。

15.5 "新闻软文"的生产机制

该媒体的新闻编辑部制订了有关新闻生产流程、事实把关、编营分离等的制度性规则。"新闻软文"从未公开出现在该新闻编辑部的任何文字或口头语言中，它又是如何在新闻编辑部实践的？对比新闻常规，本章将从文本类型、策划方式及发布平台三个方面试图描述"新闻软文"的微观生产机制。

（1）文本类型：以广告作为参照指标，本研究将案例研究中涉及的48篇"新闻软文"文本按"广告显著度"划分为三类。

第一类是"轻度软文"，在新闻中对目标企业的品牌或事件仅当作背景材料或补充案例如"蜻蜓点水"一般地提及，受众在阅读后不可能有明显的"广告"感觉，对品牌或产品也只有模糊印象。例如：

> 据了解，×××（某医药系统企业）在面向中国的智慧医疗系统中，对中医药的诊疗、开方都有所支持。公司旗下的系统支持符合本地规范的中医病历书写，集成了针对中医药服务的"中医诊断编码"。

第二类是"中度软文"，新闻会以较大篇幅将目标企业作为正面案例进行描述，记者也会在采访中植入目标企业需要宣传的具体内容，或使用带有目标企业或产品的新闻图片。例如：

> 针对这些市场痛点与用户需求，×××（某家电企业）提出了以消费者需求为中心，注重用户体验的差异化产品路线，加大技术创新与研发，近年先后研发了……等创新技术，并应用于产品中，从而保持企业在行业的核心竞争力。

---

① 案例研究时期包括2019年9—12月的田野调查，以及延续至2020年4月的深度访谈。一共对11位新闻从业人员、4位企业人员、3位公关人员进行深度访谈，每位访谈2～4次，每次20～40分钟；由于涉及职业及个体隐私，本章引用案例和个体时均采取了匿名处理。

第三类是"重度软文",在新闻中不仅用很大篇幅来描写企业品牌和产品,甚至在标题、小标题、导语中都有很强烈的暗示,向受众灌输企业理念,与广告方案十分类似,但文章并未标明"广告",仅在标题右上角标明"专题"。例如:

> ×××(某食品企业)率先开启高端化战略转型,为行业同质化竞争的问题寻求差异化的解决方案。以最新推出的×××(产品名称)高端礼盒为例,据项目负责人介绍,礼盒中的12种顶级食材都具备一流品质。如燕窝原料取自马来西亚、印度尼西亚一带生长的金丝燕的巢穴,经过三轮手工挑毛,小火炖煮,约121℃高温密封灭菌,口感软糯微甜。

我们发现收集到的"新闻软文"样本中约1/2属于"轻度软文",1/3属于"中度软文",只有极少数属于"重度软文"。

(2)策划方式:如何将特定商业信息转变为对公众有新闻价值的新闻热点是软文操作的重点。首先,当财经新闻需要分析行业发展趋势时,记者会选择从目标企业所属行业发展的正面角度切入,将目标企业的研究成果作为专业信源,或以目标企业提供的专业素材为主题策划产业分析类的新闻报道,再将目标企业信息作为新闻背景素材"植入"其中。

例如,本章研究者之一曾参与制作某净水器企业的"新闻软文"。为了让新闻文章更加贴近经济新闻领域,新闻报道框架使用"行业+企业"的模式来完成整个新闻文本,先对净水器市场做一个整体性的观察和描述,再将该净水器企业作为案例和采访对象进行报道,报道中恰当地融入企业新动态和宣传内容,并在行业分析中引用了该净水器企业负责人的一些观点。全文看似客观报道并有企业案例,但读者可能并不清楚这实际是一篇暗藏"软文要素"的新闻报道:

> 目前,净水行业市场增速正逐步放缓,行业增长通道收窄,市场整体呈现疲软态势。我国净水市场已经进入了"红海竞争"阶段。截至目前,×××(企业名)拥有多件专利,涉及净饮水行业的核心技术,如新推出的……公司核心专利……填补了国内相关技术领域空白。

其次,企业提供的公关通稿通常只有企业品牌和产品的信息,这些内容并不能支撑财经新闻的新闻价值。因此，记者就要从企业宣传内容中挖掘出有新闻价值的事实，引申为企业的新动态或新举措，并解读与分析这些举措对市场的影响。例如，国内某知名食品类上市公司举办了一场针对小学生群体的航天科普活动，实际目的是宣传该公司在新型食品中运用航天食品生产技术的信息以及上市公司的社会责任感与正面形象。但航天科普活动缺少专业财经信息，于是 A 财经媒体首先挖掘该航天技术对食品行业有可能产生的影响，再结合该上市公司财务报表数据阐述该技术运用于食品生产后所创造的市场表现。"这样做不仅可以令新闻报道满足财经读者之于企业的知情权，也为市场投资提供参考。"（A 媒体受访记者 J2）

但是，编辑仍然选择性地运用新闻常规对此类包含特定企业或产品信息的"新闻软文"进行"把关"。例如，不允许记者直接使用公关公司提供的"新闻通稿"，要求记者在插入目标企业信息之前还必须重新搜集与核实相关数据或采访更多信源，并筛选声誉较好的第三方研究机构作为研究报告或专家的合作对象（如 A 媒体曾在纸媒上发表过有关某外国医药公司开发的抗衰老保健产品的新闻报道，编辑要求记者详细分析抗衰老市场的发展状况和该抗衰老保健品成分的可靠性，并大量引用第三方医学专家的观点，同时还要查明国家医药管理部门对该产品的审核结果及产品销售许可证）。"这样的话至少表面看起来要客观不少，避免出现'伪科普'的新闻文章，也避免了与其他媒体使用相同文章却署着不同记者姓名的尴尬局面。"（A 媒体受访记者 J1）可见，专业化方式可以帮助编辑尽可能地降低或遮蔽"软文"的显著程度，并使之合理化。

（3）发布平台："新闻软文"并非总能顺利发表，A 媒体有纸媒、微博、微信公众号与新闻 App 四个发布平台，其中纸媒的把关审核标准最为严格，最难发表，相比之下，新媒体平台的审核标准会宽松一些，而新闻 App 平台的审核标准最宽松且不限制发布次数。研究者发现，新闻 App 上"新闻软文"条数和发布频次均为最高，微博、微信与纸媒依次递减。

通过观察与访谈，我们发现这种情况的产生有以下三个原因。

首先，纸媒和 PC 端仍然属于传统新闻场域，新闻发表之前需经版面编辑、部门负责人、报社主管领域等岗位的分级审稿，把关严格，而移动终端仅由栏目编辑和记者审稿把关。

其次，新闻 App 和微博发表新闻信息的内容和次数并不受限制，媒体可以随时报道、随时发表。由于上面刊登的新闻稿件时效性强，因此 App 经常刊登企业最新动态，也便于记者在文本中植入企业宣传内容。例如，国内某知名白酒企业向 A 媒体购买了广告业务，支付版面费以刊登软文，且要求软文由采编部门的记者们撰写并以新闻报道的形式进行包装，最终该文章在 A 媒体旗下 App 的非头条位置上发表，且不署记者真名。

最后，随着受众同时对社交媒介的使用频率和信息获取需求的增加，企业通常也愿意选择在新闻 App 上刊登"新闻软文"。

综上所述，作为一种非正式规则，"新闻软文"的微观机制存在三个重要特征：其一，以工作流程而言，"新闻软文"通常先以目标企业信息确定报道主题，再"定制"新闻问题与采访素材，这与严肃新闻报道由记者先发现问题，再通过新闻采访收集新闻素材的新闻常规流程有本质区别。其二，内部把关与核查并非公开对抗或背离新闻常规，相反还与专业规范呈现了部分重叠与调适，目的是在文章中遮蔽特定商业信息以便以新闻报道的方式发表。其三，专业财经媒体基于信息分发平台的不同传播特质重构了"新闻软文"的发布议程，移动终端的传播渠道让记者在"新闻软文"操作中拥有更多的自主权，从某种程度上拓展了"新闻软文"的利益寻租链。

15.6 新闻编辑部内部博弈：基于行动者的理性选择

本节从利益相关体的合作方式、合作中的冲突、新闻从业人员的个体认知三个方面考察"新闻软文"的利益博弈过程。

与大多数新闻编辑部一样，A 媒体新闻编辑部制定了编营分离的防火墙等规范性制度，但在现实情境中，这些制度仅约束了广告主或媒体内部广告人员与编辑部的"直接工作接触"。通过对媒体、公关人员、媒体广告部人员的深度访谈，我们总结了"新闻软文"的三种合作方式：一是"备案制"，企业或公关公司会先向媒体广告经营部门提出在该媒体的某些新闻平台刊发"新闻软文"的要求，即"在特定的新闻报道中出现某些具体企业的名称、产品、品牌或其他相关信息；或为某些具体企业策划一个新闻报道"（A 媒体受访记者 J1），然后经营部门会将这些要求作为内部工作任务派发到对应的编辑部，编辑部备案并派记者撰写，由编辑部最后进行审核和刊发。二是"私人合作"，编辑或记者直接与企业、公关公司合作。"不同条线、不同领域的记者的参与度是不同的，像跑产业经济类、房地产类的记者经常与公司打交道，'跑场'（即参加新闻发布会——作者注）机会多，新闻软文的参与度很高；还有一些老记者的新闻资源和社会人脉比较丰富，可以与公关或企业直接对接操作新闻软文，当然，这样的风险比较高。"（A 媒体受访记者 J2）三是"战略合作"，为了拓展潜在客户，媒体主动为目标企业策划"新闻软文"，但一般会在文章末尾注明"专题"。

第一类、第三类均为组织行为，第二类是个体行为，但离不开组织的配合。我们没有发现媒介组织内部对"新闻软文"有惩罚机制，相反，通过"备案制"指派记者采写时，"新闻软文"在编辑部里甚至获得了某种"默许"："由于整个行业对一些软文行为的惯性，在长时间操作中，尽管记者自身可能知道这有违新闻伦理、与新闻理念有一定冲突，但并不会很矛盾，毕竟很多跑场活动记者也有一定支出成本，总体来看，记者对这个行为是默许的。"（A 媒体受访记者 J2）记者或编辑不论在"备案制""私人合作"还是"战略合作"中都还能获得不菲的"边际收入"（包括编辑部额外发放的工分和稿酬、目标企业车马费和礼品）以及其他社会资源，尤其通过公关公司认识一些平时难以采访到的企业负责人或获得长期的合作关系等，实际都在强化这种"默许"。"在企业邀请记者参与的各种活动中，不仅可以认识其他媒体的记者，还会认识很多企业负责人，通常都会相互给予名片、添加微信，未来有相关的采访便可以快速寻找到采访对象，还可以有更直接的渠道获得企业的新动态。"（某都市媒体受访者 J7）"记者能认识更多的人对于职业也有一定帮助，还能了解企业动态，认识该行业的众多从业人士，也能看看行业发展状况。"（某行业媒体受访者 J8）"并非所有'新闻软文'都有实质性的利益交换，有些仅仅出于媒体和企业之间的合作情谊，为的是未来能长期合作或者获得独家消息。"（A 媒体受访记 J3）

在这种"默许"中，大部分企业和公关公司与媒体保持着协商合作。"在媒体记者采访前，我们有时会事先准备采访提纲，也会准备好有利于企业的回答。媒体发完稿后我们都会找媒体记者拿来网页链接，再跟踪传播中有没有出新问题。"（某医疗企业受访者 F1）与普遍不看好传统媒体机构的外界评价不同，受访企业均认为"专业媒体较之自媒体更有公信力，若能刊登则更能提升受众对于新闻软文的接受程度。我们（举办活动时）会邀请新媒体和自媒体，但专业媒体记者一直是邀请的重点，我们会十分客气地对待他们。我们也知道这些媒体不可能完全使用我们提供的通稿，但是只要能够给媒体记者们提供素材，就能提升企业的正面宣传"（某房地产公司品牌营销者 F2、家具企业受访者 F3）。"对于一些负面信息，我们都需要及时找媒体进行公关，希望能够减少影响；我们会及时提供一些有利于企业的形象的新一轮通稿，以降低负面消息对企业的影响。"（某厨电企业受访者 F4）

与国外同行类似，在国内，公关公司在其间的主导作用越来越明显。"我们会根据邀请的媒体性质及领域的不同而撰写不同的通稿，例如为财经媒体提供财经新闻形式的通稿，给体育部门记者提供体育新闻的通稿。"（某公关公司受访者 PR1）"即使一些媒体不会使用我们的素材或通稿，我们也会基于客户要求向媒体提出具体要求；同时积累媒体资源，寻找长期合作的机会。"（某公关公司受访者 PR2）在这条内容生产与传播链条中，由于各主体之间存在信息不对称，合作过程常常会发生矛盾，公关公司还会再次参与其中以平衡双方诉求："不能令企业客户满意的话，我们就需要去跟记者交涉，商量能否修改或者重新发布一篇。如果记者不同意，就只能商量其他替代方案。我们还会要求记者发稿前由我们审稿，毕竟一些医疗背景的企业稿子专业知识也比较多，牵扯一些敏感内容，怕出差错。"（某公关公司受访者 PR3）

但是，"默许"并不总是存在。当企业诉求不能完全得到满足时，企业、公关、媒体之间的关系就变得紧张，甚至走向对抗，现实中存在两类这样的情况。一是如果企业本身存在问题或宣传的内容过于夸张，媒体机构或记者会直接拒绝软文。例如，A 媒体直接拒绝某医美机构投放新闻软文的要求，原因是编辑和记者商量后判断该企业提供的信息由于无法具备权威机构的认证而可能存在质量或其他的社会风险，据说该企业因此将 A 媒体从其公关名单中剔除。二是"新闻软文"发表后由于企业的不满而形成对抗。例如，某知名家电企业举办了一场新品发布会，出于新闻价值的考虑，A 媒体的标题直接使用了该企业负责人的行业观点，公关人员提前看过稿件对发表并无异议，但企业在新闻发布之后却表示不满意，要求媒体更改或重写，被记者直接拒绝，公关公司居中协调也无果，最终导致合作终止。

在利益相关体的博弈过程中，我们更关注编辑和记者的个体反馈。

外部冲突带来了对风险的预判以及相应的"强硬拒绝"："尤其是一些中小企业，编辑更要做好审核，不能被他们夸张的宣传欺骗，这样媒体也会跟着有风险，甚至让新闻报道变成'伪新闻'。"（A 媒体受访记者 J3）"出于对风险的考虑，媒体组织和记者要对软文发表的企业进行有选择性的筛选。如果企业本身存在问题或者需要宣传的内容存在风险，我们会直接拒绝软文操作；或者企业对于媒体有过多的限制和干涉，记者和媒

体的独立操作空间受到挤压,甚至有违媒体操作的专业理念,不利于媒体形象的维护,我们也会拒绝。"(A 媒体受访者 J4)

编辑或记者并非对"新闻软文"丧失了自我道德判断,但这些认知显然是相互矛盾且分裂的。"在合规性上媒体都是有规范的,但有没有严格遵守执行就很难说。"(A 媒体受访记者 J2)"时间久了确实有一些习以为常,因为大家都这样做,可是内心还是觉得很不好;所以有时仍会坚持用专业手法来核查这些细节,如果企业不高兴那么以后就不合作了。"(A 媒体受访记 J3)有一位受访者先后在社会新闻部、专题部工作过,两年后从专题部离职,他表示:"从心理上我对这些软文很排斥,与我的新闻理念相违,尽管能带来额外收入……我尽量做到客观,也不能太给企业和公关公司面子,否则会被他们所控制。"(某行业媒体受访记者 J8)

综上所述,就本研究对象而言,我们发现在种种"理性算计"之下,新闻编辑部作为新闻常规的实践组织,实际一直处于缓慢裂变中,其表征如下。

首先是"规则的分裂"。"新闻软文"以表面上符合新闻常规的专业方式与后者"和谐共处",但二者实际上在竞争与较量——恰好回应了诺思(2008:61)和费埃德伯格(2005:215)有关组织行动者理性之权变性的观点,即个体自主性会对组织进行"利益算计"。A 媒体及其他受访媒体的记者从不讳言操作"新闻软文"不仅可以分担编辑部采访成本,也可以增加个体职业的边际收益(例如车马费、礼品、公差旅行及稿费等附加奖励),还可获得接触更广泛的长期社会资源的机会——这无形中提升了"新闻软文"的"机会成本"。这导致的后果就是,编辑记者们一方面以新闻常规的标准化来完成规范类的严肃新闻报道,另一方面以不必形于色、言于表的技术性默契来"操作"①"新闻软文",这就使得组织内部形成了 Meyer 等(1977)所提出的"实际运作和正式结构(规则)处于分离的状态"。

其次是"行动的分裂"。记者们的个体实践理性本质上也是一种有限理性,分裂随着各种冲突从组织外部向内部延展:越是用专业化手法"包装""新闻软文",就越达不到企业的期望,记者/编辑、公关及企业之间就越会发生冲突;记者们越想多发表"新闻软文",编辑部内部审核环节中的专业冲突就越多。

最后是"个体的分裂"。分裂来自自我认知,行动者理性令记者或编

---

① "操作"是媒体受访记者出现频率最多的口头用语。

辑一方面满足于"新闻软文"的边际收益,另一方面却呈现摇摆与犹豫,因为发布的"新闻软文"越多,编辑记者们就越发明显地感知职业声誉处于被消解或被控制的风险之中。

15.7　新闻编辑部的科层困境:效率与权力

管理学家米勒(2002:26,110)从科层组织的内部视角提供了更深层次的剖析,他认为科层管理一般面临两大困境:一是由于激励难题而形成的内部效率困境,诺思(2008:62)也认为即使在给定的信念体系中,制度总是会提供不完美的激励体系;二是由于专家的专长导致组织权力分散的选择困境。深入辨察本研究的案例后,我们认为新闻编辑部有可能面临效率困境与权力困境。

第一,组织内部的效率困境。当记者的待遇和收入低于预期时,不断增加的焦虑与不满足有可能促使记者主动参与制作软文。"媒体部门之间也会有变动,可能会随着管理层决策的变化,收入、补贴等都会有影响,有的时候任务量上升很多,但是收入却下降,而车马费这种现象很平常,记者参与报道也是比较辛苦的。"(A 媒体受访记者 J4)

在媒介面对社会生态环境的压力时,新闻编辑部并没有为组织内部激励机制所面临的效率困境提供解决方案。"集团改革以来,我们的竞争压力也更加大了,而收入和补贴却没有同步跟上,甚至有时还会比以往更低……同一条报道线都有好几个记者,记者内部也是一种竞争。这样的'狼性竞争'对于记者来说有很大压力,发现了一个新闻热点,记者都要抢独家和时效。"(A 媒体受访记者 J1)

这种困境显然还不是 A 媒体的个例,而是行业内的共识,即媒介环境变化加深了新闻职业的危机感。"现在媒体能从受众那里获得的支持很少,不能从读者那里获取,当然要从企业那里得到回报。"(某央级媒体地方站受访者 J9)"媒体还有智库业务,我们不仅有记者身份,还需要充当智库研究员,参与课题调研和报告撰写。"(某都市报受访者 J5)

奥尔森(1995:41)认为,若想提高组织的效率,就应该在组织中采用独立和选择性的激励,这样就会驱使潜在的理性个体采取利于集团的行动。但显然在当下现实中,新闻常规作为一种正式的制度性规则仍然只服务于常态化新闻生产的官僚式科层体系,并没有为处于媒介竞争环境中的新闻记者们提供满足效率的变通路径。吊诡的是，作为非正式规则的"新闻软文"却间接地满足了效率原则，还由此获得了"弱意义上的合法性"①，尽管这种"合法性"需视具体情境而定。

第二，技术环境与制度环境的"争权"困境。新闻文化传统包括自治、独特专业规范与公共服务取向，这些传统并非抽象的理念，而是依靠各种具有专业化、组织化、技术性的行动所构成的，并由此形成了新闻组织内的"技术环境"。技术环境遵循着经济逻辑或工具理性原则。新闻业同时又是一个高度专业化的智识活动场域，专业主义、市场资本、文化传统与个体理性的各种诉求之间的角力与协商都在技术环境里展开。与此同时，新闻常规还只是提供"团体新闻作业"所必需的组织流程和功能性，并没有给予技术环境中各个内在变量以足够考量，这样就导致制度环境在实践情境中与技术环境发生了矛盾与冲突。

费埃德伯格（2005：3，49）认为组织的本质是"流动"的，非正式规则总是存在且可能对正式规则发出挑战与对峙，运作的过程也是组织中的行动者争夺权力的过程，组织可能从"完美的整合体"流动到"竞技场"。照此理论观点，若技术环境与制度环境一直处于权力竞争的冲突困境，那么其本质既是权力结构的分裂，也是组织结构的分裂。

本章从行动者理性视角关注"新闻软文"作为非正式规则介入、影响并打破新闻常规的微观机制，并期望揭示记者、企业与公关之间的博弈对新闻编辑部科层组织的影响。

研究发现，"新闻软文"并非公开对抗、背离于新闻常规，尤其在专业形式上还呈现了部分的重叠与调适，并在某些情境下满足了行动者理性对组织短期利益和长期利益的"理性算计"；但是这种理性仍然属于有限理性，记者与编辑，记者与企业、公关之间由于各自利益诉求不同而可能产生不合作甚至对抗的情况，组织内部的技术环境与制度环境出现了冲突。在这些特殊情境中，"新闻软文"反而成为新闻编辑部弥补激励与效率不足、解决组织内部权力困境的绥靖之策了。

新闻业由此加剧了从专业化向世俗化的转向，尤其当外部环境不确定性升高时，记者个人参与软文制作的秘密寻租正转化为媒体组织的集体和公开创租，反过来群体压力也会迫使新进入的媒体从业者选择接受此类寻租行为（周俊等，2017）。于是新闻群体中出现某些"特殊"的新闻编辑

---

① 组织社会学认为制度除了以强制、共享或历史继续获得合法性外，还可以通过资源分配或激励方式影响人的行为，尽管这种激励并非决定性的，而只是概率意义上的，因而被称为制度的"弱意义上的合法性"（周雪光，2003a：78，85）。

与记者，他们从以服务传统公共价值为职业目标转而从中寻求特定的商业利益，将变现包括公信力在内的公共资源融入专业化自治的过程中，将维持和增加商业客户纳入新闻编辑部的目标价值体系。久而久之，新闻编辑部便不可避免地处于组织结构与权力结构缓慢裂变的过程中。

不过，本章需指出的是，当"新闻软文"令新闻常规成为象征性的"制度道具"时，多数人会归咎于商业资本对新闻场域的入侵，却少有人反思作为职业的"真相守门人"的价值体系是否出现了异化。如果承认这个前提——新闻对自主性和权威性的主张在很大程度上是依赖于这个组织的合法性机制服务于公益的主张及遵从公共服务伦理（哈林等，2012：37）的话，那么，当新闻专业性间接沦为"新闻软文"的洗白手法时，新闻常规的工具理性就极大地伤害了新闻的价值理性，媒体自身的公信力以及媒体背后的公权力的正当性也就遭遇无法估量的损害——从这个意义上讲，新闻编辑部的科层困境归根结底是新闻常规的"结构性困境"：作为组织合法性机制的正式规则，新闻常规已越来越难以挑战市场干预和满足激励效率，也无法在组织内部稳固广告信息与新闻事实的"防火墙"，以至于组织高度依赖的制度统一性、组织与外部原本清晰的边界就在日积月累中逐渐被打破。

本章从组织社会学视角以某市场化专业媒体作为典型案例进行阐释性的质化研究，并尽量将重心放在对其微观机制的科学解释，而非现象性的文化解读。也许由于研究方法所限，研究并未涉及其他变量，例如未揭示新闻机构属性的差异性、记者职业的流动性、自媒体及互联网媒体平台、受众态度等内外因素对"新闻软文"及新闻常规的影响机制。即使作为案例分析，本文也未涉及极少数未出现"新闻软文"的市场化媒体机构，因此本研究难免陷入"幸存者偏差"的逻辑困境。但这些研究缺陷都将成为后续关注的焦点。

从社会活动来看，新闻报道包含着社会活动的自反性的指向特征，而这一点不能被新闻专业特质排斥在议程设置之外。从这个意义上来讲，环境新闻报道过程中新闻从业者与专业信源的矛盾的"合伙人"关系模式，反映出在媒体组织的开放式创新中，知识性资源的利用与吸纳不仅仅呈现来自专业权威的技术流特质，也呈现新闻信息所特有的社会性与公共性的复杂特质，这些都成为维持创新所必须生成的互动关系模式中不可忽视的考量。

16 "合伙人"的外套：开放式创新中的合作关系困境①

16.1 新闻记者与信源的"合作关系"

新闻记者经常与机构之外的各种社会资源形成具有合作性的互动关系，目的就是获得更多独家的新闻素材，从而帮助新闻机构在激烈的新闻竞争中胜出。新闻记者与信源之间的关系就是其中不可或缺的一类。

新闻组织对这些合作关系提供了来自职业伦理的原则，但具体的合作模式却是由新闻从业者与信源自愿形成的，因此这些合作模式往往也形成了开放式创新的规律。一方面，新闻从业者将自己看成一个无法独立完成的客观事实陈述者，而非观点提供者，因此将外部信源纳入新闻报道的过程是呈现新闻专业性的必要策略；另一方面，信源为新闻报道带来的也是一种及时的、平衡性的新闻与公众的互动关系，缓冲了公众对新闻权威的焦虑，长期以来还可以引导公众对公共社会形成一种约定俗成的预设（Berkowitz, 2009; Deuze, 2005; Hackett, 1984）。

从合作结果来看，新闻记者与自己的信源大致呈现两类互动关系。一类是基于价值取向的"相互对抗"，尤其在记者与企业信源之间，这是因为记者更多地被预设为"公众利益"的"看门人"，企业则代表商业利益

---

① 本章主要内容曾以《"合伙人"的外套：从环境报道记者与专业信源的关系反思新闻专业主义实践》发表于《现代传播（中国传媒大学学报）》2017年第6期。收入本书时有增删。

集团；但更多的合作是属于另一类——基于利益结果的"协商关系"，指二者基于各自利益诉求进行协调并达到各自的目的。例如，记者与专业信源之间的关系，记者获得专家意见以提升特殊领域的报道专业性，专业信源通过提供非官方的、内幕的核心信息或在媒体发表意见获得公众关注，这是一种通过利益交换而可以长期相互依赖的关系，双方默契地遵守不使用对双方有害或无价值的信息，且对双方专业和社会地位不能形成干扰的潜规则（Zelizer，1993）。

本章以环境新闻报道作为典型案例，研究新闻记者与其专业信源之间的合作关系。作为解释性报道类型，环境新闻遵循新闻报道的基本规律，聚焦人与自然环境的矛盾及由此产生的社会事件，并将这些事件以新闻报道的方式告知受众及引起社会的警示。同时，基于报道对象的特殊性，环境新闻在强调新闻专业性之上利用专门学科知识提炼问题和组织采访报道。因此，作为一种科学性、专业性资源，环境科学的研究者们与新闻记者的合作是环境新闻报道工作中必不可少的，二者之间的合作互动常常成就了一篇篇引起社会关注的优秀报道。

本章的研究关注的是在这种具有开放式创新特质的交往中，环境新闻记者们与其专家学者们的合作模式是什么？这些关系互动是如何形成的？以及这些关系对中国新闻实践产生了何种反思性的现实意义？

16.2 合伙人的契约关系模式

"合伙人"的概念属于契约关系，是一种组织行为模式。合伙形式是11世纪在意大利等地发展起来的"康孟达"组织模式。康孟达的产生起源于当时的海上贸易。彼时航海技术尚欠发达，海上贸易的风险相对较大，这使许多从事传统经贸生意的商人望而却步。于是，便出现一些掌握了航海技术的"冒险家"们与握有资金的商人合作海上贸易的现象，由商人作为投资方注入资金，"冒险家"提供船舶和劳务等专业技术；对于共同的债务及损失，投资者以其注入的资金为有限承担责任，"冒险家"们则以其全部个人财产承担无限清偿责任，这就是后来称为康孟达的合伙企业形态（史际春，1997：100；任先行等，2000：301）。

"合伙人"制度为合作各方能充分分享各自形成互补的主体性的优势资源提供了一种有效率的制度设计，"主体性"则是其制度内核，也是形成这种契约制度的边界条件，表现为合伙各方地位平等，并共同承担利润与风险；一旦这些边界条件被打破或解除，合伙人的契约关系也就不复存在。

根据现实观察，笔者提出研究假设：中国环境新闻记者与学者之间的关系既不是"对抗"也并非"协商"，而是建构了一种类似"合伙人"的策略关系，双方根据自身资源的主体性特性进行分工与合作，通过发表新闻报道共同创造公共价值及分享公众声誉。

本研究采用文本分析和深度访谈法，前者分析合作关系所产生的共识性结果，后者了解合作关系中主体性的认知形态。

近年来，环境报道成为中国媒体报道议程中的重要内容，但只有少数几家媒体成立了对应的分支部门。本文的研究对象择定为两家定期刊登环境报道的全国性媒体机构——《南方周末》和财新传媒。内容分析所选样本的依据有三条标准：①近3年来发生的重大环境新闻事件，涉及水体、土壤和空气的重大污染；②新闻报道采取深度调查的方式，文本写作总长度在5000字以上；③对同一事件进行了连续性或系列报道。

根据以上条件，本研究选取的文本样本有财新传媒的《镉米杀机》系列报道（宫靖，2011；宫靖等，2011）、《"污水白处理了"》系列报道（崔筝等，2013）、《环境指挥棒为何失灵》的分析报道（孔令钰等，2015），以及《南方周末》关于突发事件"天津港大爆炸"的系列报道①。

深度访谈对象则不限于这两家媒体，我们将访谈者分为两个群组，一组设定为从事环境新闻报道4年以上的记者或编辑，访谈重点在于他们如何通过与学者的互动发现问题、解释问题以及如何提供解决办法；另一组设定为经常与记者沟通与交流的专家学者，访谈重点在于专家如何利用自身学术成果或专业知识与环境记者完成新闻报道并如何评价这种合作关系。②

---

① 见《国家级环境应急战三十天 修复天津港》（http://www.infzm.com/content/111706）；《天津港事故之后，如何卸下"魔鬼面具"危化品"黑仓库"隐忧》（http://www.infzm.com/content/111367）；《（手记）当我站在天津港爆炸区的大水坑前，我在想什么》（http://www.infzm.com/content/111911）。

② 6名新闻工作者参与访谈，约谈6名专家，最终4名专家接受了采访，其中土壤专家1名，环境法专家3名。

16.3 新闻文本中的"专业信源策略"

本章通过内容文本分析对四个样本中的"专业信源策略"进行了统计。从统计数据来看，专家的知识性意见呈现在"原因分析""危害分析""从事件到现象的性质分析"及"解决问题"四个重要的结构性文本中，且反复被引用，尤其在第四个样本中引用达到了17次。（见表17-1）

表17-1 新闻文本中的"专家策略"

新闻文本	出现人次				
	专家出现总人次	分析危害程度	分析事件的直接原因	分析间接/本质原因	分析解决办法
《镉米杀机》	10	2	4	3	0
《"污水白处理了"》	9	3	2	0	4
"天津港大爆炸"系列报道	11	3	5	1	2
《环境指挥棒为何失灵》	17	9	7	1	0

在报道文本中，环境新闻报道中的事实细节与素材呈现了新闻事件（具体问题）的微观真实，专业信源的参与则从客体的角度填补了这个领域的专业知识和社会宏观视角的"真空"地带（杨保军，2006：294-296）。不仅如此，专业知识话语以近乎直播的形式弥漫在新闻文本的大多数章节中，并建构了新闻专业者所认可的科学逻辑，这也正好弥补了学者们批评新闻记者们仅仅将肤浅的"客观性"和圆滑的"平衡性"作为专业主义方式呈现的缺陷（Zelizer，1993），同时也表明环境学者的"科学家权威"在环境新闻报道中呈现出超越新闻记者的专业权威并成为解释性话语的重要力量，主要表现在以下四个方面。

（1）用事实和数据揭露环境危害。环境报道通常是环境记者通过深入调查等类似社会调查研究的方法来揭示环境危害的事实，在上述样本中，新闻报道主要采用环境学者的研究数据和结论来进行权威性的文本解释。例如，分析事件危害性、发生原因，全国或区域性的影响分析以及探讨解决之道,而并非通过记者自身的深度调查。

(2)将环境问题的产生归因于某些制度性的疏漏。尽管导致这些环境事件的直接原因可能是某个企业或某个地方政府的失职,但上述样本的环境报道将这些环境问题最终归因于系统性的环境保护制度和政府监管的双重缺失,且认为后者是根本原因;同时又将行政系统分为"中央政府"和"地方政府",报道引述专家观点为制度的改良进行"顶层设计",并建议地方政府需要在制度执行上加大力度,担负起责任。

(3)构建舆论关注成为主要目标。专家们在多篇报道中多次出现并对同一类问题进行强调性的阐述,媒体机构据此则通过系列报道的议程设置形成一定时期内的公共舆论氛围,并将引起公众的关注作为主要目标,解决问题则成为退而求其次的策略。

(4)环境新闻报道的智识启蒙。区别于软性故事的讲述,这些环境新闻报道通过环境学者的研究数据、权威分析、环境记者的实地调查,将环境问题曝光出来。这种理性的态度和科学性的方法既满足了公众的知情权,也启蒙了公众的环境保护意识和基本的环境问题辨识力。

从上述文本分析来看,记者与专家们自发地形成了一种分工比较明确和默契的"合伙人"式的互动关系:一方面,记者负责提供内容采写与传播渠道,通过具体的新闻故事,将环境的危害性(专业知识)与公众的生命健康安全、所处环境的生态安全(公共空间)进行了高度关联,个体事件得到传播且演变为一件件"关乎公众利益的普遍性事务";另一方面,专家们负责提供专业信息,并得以从狭窄专业领域的知识生产者和信息提供者跳脱出来,成为公共事务的鉴别者、审查者以及公众认可的专业权威。

16.3 "合伙人"双方权威的较量

新闻记者与专业信源之间这种既相互需要又各自负有责任和义务的合伙人式的共生关系,使得新闻报道更有效率,但也将之复杂化,因为双方的力量并不总是处于对等或平等的状态。

深度访谈从另一个视角呈现出"合伙人"对各自主体性的矛盾认知。双方对于这种合作关系的认知与新闻报道文本分析所呈现的研究结果并未保持一致,甚至将这种合作关系引向了相反的方向。

双方对合作呈现出高度相似的"不信任",视对方为"矛盾的综合体",既承认对方的职业合法性并将此转变成自身的专业合法性来源,同时却对这种合作关系表现出"提防"与"警惕"。"我不认为记者与专家是合作关系,记者采访专家的观点、获取资料,作为对报道的丰富,但其观点仍应该独立于专家,专家因为其所研究的领域、所属的机构等原因,(观点)还是会有一些倾向与保留。"(北京媒体记者A)"也有很多'大嘴专家',没啥专业知识和能力,但特别爱接受记者采访,特别需要存在感,这种人需要提防。"(北京媒体记者B)"我觉得是一种相互需要、相互帮助、合作又提防的关系……但许多学者对记者不太信任,担心歪曲学者说话原意,或者断章取义,因此学者对记者也有所提防。"(北京高校学者H)

双方均将对方视为临时的"专业伙伴"而非长期的"合作伙伴"。"专家做的事是用科学语言表达出学术期刊和科学圈里的新问题或新发现,媒体是用新闻语言把一个科学小圈子的东西变成向大众传播的新闻,所以专家和记者合作,是再自然不过的事。"(北京媒体记者A)"如果环境专家仅仅在自己的学术领域中自娱自乐的话,其所能够发挥的环境作用就比较微弱,环境专家必须通过媒体来唤醒民众对环境问题的关注度……环境记者通过专家的广度、深度和全面性,来更好地把握环境新闻报道的准确性和深度。"(上海高校学者G)"环境专家与环境报道记者密切联系、交流互动,一是可以使环境报道专业一些;二是提高报道的权威性;三是减轻记者和媒体的压力。"(北京高校学者H)

这些感性经验伴随着双方共生共享的合作过程,使得双方对于环境问题的"公共性"认知也存在差异。环境记者在报道环境事件时以一种直觉似的敏感将公众利益最大化作为报道的最终目的,但学者对问题的公共性认知的深度和速度则显然逊于记者,以至于双方产生了分歧和矛盾。"环境专家主动提供新闻线索的不是很多,更多的是环境记者从他们新发表的成果中发现新闻线索。有一些研究成果会通过专家所在机构的宣传部门传达给媒体。某些有责任感的科学家会主动分享新的研究发现。例如国内某大学的一位研究环境与健康的老师,会通过与NGO合作的形式分享他的最新研究成果,也使记者们获得了不少报道线索。"(广东媒体记者D)"现在学者专家一般比较被动,没有意识到更没有考虑到媒体需要,有一些学术活动其实是可以向媒体开放的,也可以主动邀请媒体来参与;但是我们又担心记者对这些问题不感兴趣、不关心。"(上海高校学者I)

记者们认为有一些学者不倾向于将一些突出的环境问题公之于众是因为替政府考量过多、自身思维受限,还怕影响社会稳定,专家们则由于缺少对这些学术研究的公共性认知,而未将媒体作为其公共资源分享的平台。"《镉米杀机》的巨大社会作用是第一次把镉米问题用新闻语言清楚地向社会曝光,等于是暴露了一个严重的食品安全乃至社会问题。但是他们(指环境学者——笔者注)一般习惯以中国人多为前提,推导出问题的必然性,因此希望不要'渲染'这个问题……他们长期浸淫在体制内,已经被这一套话语系统所'洗脑',这种认知,已经成为他们思维模式的一部分。一旦出现这种情况,互动交流也不可能走向纵深。"(北京媒体记者 E)

以往的研究文献曾发现,不信任的合伙人关系可能来自新闻场与学术场的结构性矛盾所导致的沟通双方对事实的关注焦点的分散和偏离(叶慧珏,2009),但从本章的研究结果来看,这种不信任则可能来源于这种合作关系中专业权威的不平等或不对等。

一方面,在这种共生合作的关系中,记者们将新闻专业的权威性与专业信源的权威性放在一个特殊的共生场域中产生了一种心照不宣但并不合理的沟联,即是说,记者认为自己的新闻权威在这个场域中并非来源于传统的、历史的或习惯的新闻专业性,而是依赖于合伙者以及"合伙关系"的科学专业性。不得不说,在这种话语权力的较量中,记者对自身的专业权威产生了不自信,而将自己视为专业知识的"搬运工"。"一个记者在环境学者圈子里要想形成公信力,就要培养自己与专家们高水平对话的能力。"(北京媒体记者 F)"如果专家自己会将技术解释得深入浅出,那么就不需要记者了……目前的环境记者,应该还没有环境科学的博士,即便是环境科学的博士,这个领域太广,你也只能是一个方面的专家。所以,我们的确需要'搬运'专家的学术观点——当然得你自己先弄明白,再搬运。"(广东媒体记者 C)"(新闻报道)总体在起步阶段,质量尚可。这个领域里还有很多类似镉米、自来水真相的盲点需要媒体深入探索,俯下身去发现并推动其成为公共议题。但目前媒体做得远远不够,就是大报道、好报道较少。"(北京媒体记者 A)

另一方面,专家从"科学真实性"和"可信度"角度对新闻报道的专业性还提出了明显的质疑。"总体看土壤环境领域的新闻可靠性不足。"(北京某研究所学者 J)"抓热点多,但持续性不够;传播技术运用多,抓眼球,但环境科技了解少,会有偏差。媒体关注环境问题,但环境主义成分多。"(南方高校学者 K)"新闻报道良莠不齐,还不是特别令人满意……有很多环境问题没有覆盖在媒体的关注之中。一方面,环境专家对环境问题的关注是持久而深入的,环境报道记者应该也是,但他们很难持久、很难深刻理解。另一方面，环境记者虽然有一定的专业性，但还需要环境专家的配合、沟通和互动，这样才能使环境报道更专业、更科学地把握报道的准确度和深度。"（上海高校学者 H）"中国环境报道的总体报道质量还可以，有的报道引起了社会的广泛关注，促进了对问题的重视和解决。但也有些报道存在着不专业、抓不准的问题和报喜不报忧的情况。"（北京高校学者 G）

专家们对于新闻报道专业性的不满，既导致了他们对记者的主动疏远，也导致了当记者们主动联系他们时的被动式互动。专家们有时是出于自己的不满足感，抱着纠正某些不合格的媒介和报道的目的，以批判性的姿态与媒体合作，并通过媒体报告使得自己的"科学主体性"得到公共性的满足，例如，提升公众的科普水平，满足公众的知情权。但是这种互动是被动的，也没有与另一方形成具有共识性的价值理性的关系共同体。

在新闻报道中所产生的专业知识信息流动过程中，信息"搬运"是其原生性的结构形态；但是，记者却没有厘清信息的搬运和信息的处理之间的关系，记者将自己视为"搬运工"，体现出其已然放弃了为维护"新闻生产主体性"所做的主观努力。

16.4 合伙人的"外套"：新闻主体性的旁落

从上述分析可以观察到，环境新闻记者与专业信源之间的关系模式类似"合伙人"，但又不止于这种关系。环境新闻报道既是一种信源取向性的新闻报道，同时也是受众取向性的新闻报道。基于当下中国生态环境的复杂性，受众取向性成为报道的主要驱动力，因此，信息的协商交换还不足以满足新闻记者们的需求，记者们还必须像普罗米修斯一样将"知识的火种"传递给大众，从工具理性出发，解决受众的专业性知识鸿沟和受众所关心的社会问题。在这个过程中，自然科学的"理性"和"实证"不可避免地影响新闻报道的专业性，并扮演着并不讨好的新闻专业之外的"又一个把关人"。

"合伙人"的关系一直伴随着主体性的认知分歧，表面上来自"新闻把关人"和"科学把关人"两种主体权力在"合伙人"关系策略中的较量：新闻报道并没有成功地说服专业信源并获得合作过程中所应有的主体性的尊重，新闻记者在面临"科学把关人"时的信心不足——这显示出在环境新闻的报道过程中，新闻专业的主体性"力不从心"地旁落了。正是这种主体性的旁落，使得"合伙人"的策略关系停留在表层而不能够深入。

16.5 社会实践的自反性对新闻专业特质的挑战

进一步地，本章认为新闻专业的主体性旁落的根本原因并非仅仅如专家信源所提出的报道专业性不足等技术性要素，而是新闻活动实践的"社会性的自反性与指向性特征"对新闻专业特质产生了质疑，并发出了挑战。

吉登斯（2011：33）认为，社会实践有着其根本的自反性，即社会活动是主体与主体的关系互动，而不是主体与客体的互动，人类的行动是一个不间断地对行为及其情境进行反思性监测的过程，所以社会实践总是不断地受到关于这些实践本身的新认知和改造，从而获得结构性的改变。塔奇曼（2008：188-194）则认为，新闻是一种特殊的社会活动，它能够产生戏剧性的影响，是人们通过事件对各种社会性的符号进行处理的过程。社会行动者通过新闻机构、新闻成规和社会资源制造、设置并再生产社会意义，也就是说，建构社会现实。这种"建构"具有鲜明的自反性，更确切地说，它不是把社会现象认定为预先获得的被动的客体，而是把它作为人类不断完成的主体性的成果。

新闻实践活动的自反性特征经常性地被隐藏在新闻专业特质外壳之下而不易被察觉。如果不是因为专家信源拥有势均力敌的公共话语权威和专业权威，我们是不会观察且认知到在环境新闻报道过程中，环境专家们的质疑其实呈现出了新闻活动的自反性与指称性特征的。

环境问题以及作为社会运动重要表现形式的环保运动，具有多元化和复杂性的特性，也呈现出环境新闻报道中社会性因素的不确定性。由环境问题导致的社会运动和集体抗争活动在许多地方频繁发生，围绕这些事件所展开的政治与经济利益多重博弈，以及不可预知的社会舆论反应等都有可能影响或左右新闻事件的发展。

在这种社会语境下，与其说环境新闻记者们在报道过程中的专业性或科学性不足，不如承认新闻活动作为社会实践所根植的"自反性"已经对新闻的专业原则和方式发出了挑战：新闻专业性是基于新闻从业者的专有收集和传播信息的方法之上而建构的，而并非将这些方法作为集体的人类事业去考虑的，因而人们有理由去怀疑新闻报道是否真的具有必要性和必然的公正性（塔奇曼，2008：194）。

西方研究新闻传播学和社会学的学者们认为，媒介从业人员身上所具备的专业主义的光环是有争议的，"专业主义"的说法是将某些媒体工作角色或工作的日常运作神秘化，换句话说，是将掌握事实、快速报道、准备表达和共享公共价值观这些日常工作描述成"专业"行为并放大其对社会的影响。新闻专业主义的意识形态或许是为了保持其专业主义特征和情境而存在的，将新闻这个职业进行专业化的过程就是一种鲜明的意识形态化的过程。这种意识形态普遍化、自然化后，也使得新闻专业获得来自社会层面的合法性，但是新闻从业人员有可能运用这种专业意识形态来掩盖他们利用一系列的工作流程建构现实的本质（Zelizer，1983；泰勒等，2005：111-113）。

社会学家在经过长期田野调查后发现，通过所谓的专业经验方法收集到的信息可能会跨越不同的看待新闻事实的视角，但只有存在着获取事实的概念和方法，在新闻从业者和读者以及其他相关者之间产生共识，并在这些事实回答了相应的（现实的、公共的）问题的前提下，这种跨越才有可能实现（甘斯，2009：194）。从社会活动来看，新闻报道并不必然是记者的专属品，但它必然包含社会活动的自反性的指向特征，而这一点不能被新闻专业特质排斥在议程设置之外。从这个意义上来讲，环境新闻报道过程中新闻从业者与专业信源的矛盾的"合伙人"关系模式，反映出在媒体组织的开放式创新中，知识性资源的利用与吸纳不仅仅呈现来自专业权威的技术流特质，也呈现新闻信息所特有的社会性与公共性的复杂特质，这些都成为维持创新所必须生成的互动关系模式中不可忽视的考量。

由内而外的知识流呈现出创新知识的资源承续与链接，但是从组织中观环境来看，这种知识流具有创造出与原有流程和路径不同的新生事物的极大潜力。这种创新结果的异质性因此对原有的生产者产生了明显的组织势能的不确定性、职业身份的动摇与割裂感，如何破除这些不确定性与割裂感，有可能成为创新组织面临的最大的挑战。

17 重叠却断裂的职业角色：开放式创新中的人的问题

"以往记者采访的时候，是去发现新闻线索，找的是故事，今后要做的是去发现有用的数据，这是一个全新的东西，要训练，这个转型过程中需要付出巨大的努力。"在我们的案例调研中，一位受访者如此描述智库化过程对自己专业身份的影响与改变。①

在第7章中，作为一种由内而外的开放式创新尝试，我们以新闻室观察和案例研究的方法对两家媒体智库化的流程、产品，以及媒体机构与行政资本、商业资本的竞合关系做了描述式分析，初步探究了媒体智库化的创新过程中知识流向的本质是新闻报道的"日常采写"的专业经验和采编流程从编辑部流出到"智库"，并起到了基础性的支撑作用：记者进行日常新闻报道获取的新闻数据，并将之沉淀为垂直领域数据库的数据；采编日常策划的新闻报道选题，同时为研究课题找到更"接地气"、更贴近市场和社会公众需求的方向；新闻报道积累的专家资源可以转化为具体研究课题的学术顾问和外聘研究员；新闻报道对研究的支撑，可降低研究报告的生产成本，提升研究课题项目的毛利率。

这种专业经验的输出还触发了媒体机构作为"智库"的社会功能，即通过大数据技术使得媒体直接参与了社会治理。但是，这种由内而外的开放式创新过程产生了对创新者全新身份的期待，随着创新的持续与深入，

---

① 本章的合作者覃宏征、向玺如曾分别于2019年9—12月、2020年9月—2021年1月在两家研究机构进行为期4个月的专业实习。同时，本书作者与两位学生分别与多位智库工作人员进行深度访谈。本章节的研究素材即主要取自他们专业实习期间搜集的相关数据与采访内容。

创新行动者从传统的新闻专业身份中首先分离出"研究者"的新身份,继而外延出"传播者""运营者""公关者"等多重角色。因此,媒体智库从业者不可避免地面临着职业身份的转变、职业技能的再造和职业身份认同的重塑。

在开放式创新的理论范式中,切萨布鲁夫等(2016:270)不太关注创新中"人"的问题,但是他指出,外向型的创新具有从机构内部改变公司文化和流程的潜力,并令组织更为开放地接受机构主导文化的内部和外部的新创意,增加了机构在外部经济环境不景气时的灵活性,但与此同时所带来的风险有可能比内向型创新更具不确定性或不可控性。不过,他也承认对于外向型创新的研究考察还处于初步阶段,只能大致透露由内而外的流程是怎样促进创新的。

作为一种对开放式创新的更深入的思考,也作为对开放式创新理论范式的互补式研究维度,我们将研究重心转移至这两家媒体智库在开放式创新中的"人"的问题,具体包括以下两点。

(1)从职业能力、职业价值观以及职业规范三个维度考察媒体智库从业者的职业认知。

(2)勾勒并分析媒体在智库化的过程中,当知识流由内而外产生创新时,媒体人的职业身份是如何产生变化的,以及这些变化为他们带来了什么样的影响。

17.1 矛盾而犹疑的职业认知

17.1.1 职业能力:研究能力对新闻专业能力的挑战

梳理多家媒体智库近几年对研究员的招聘要求以及访谈记录,总结出媒体智库研究员的职业能力要求包括研究力、传播力、运营和创新力四个维度。其中,以研究力为主要能力,体现在与研究方向相关的理论积淀和行业积累、数据运用能力(包括数据获取能力、数据处理能力和数据分析能力)、数据获取能力(包括编程思维,能用爬虫等技术去实现大量获取互联网数据)、数据处理能力(要求研究员掌握基本的数据处理软件运用能力,还需要具备可视化信息处理能力)、数据分析能力(能够从数据中发现规律、寻找趋势、提炼观点)以及辅助研究和趋势判断能力。这些能力要求研究员能够从数据中或是从一些信息、新闻报道中发现规律，从中发现、研判、指出趋势，通过已有的知识积累和知识体系分析原因和未来趋势，并且提出观点和解决问题。

上述能力要求无一不对记者的专业身份提出了各种挑战。访谈对象 M 表示自己所在智库号召全员转型、全体竞聘，也就是说，每个正式员工包括法务、行政都要参与兼职智库研究员的竞聘，报社层面的智库筛选门槛极低，即使是集团层面的智库也只是采用汇报研究计划的形式简单地进行考核。访谈对象 H 表示，做智库的逻辑和做记者是很不一样的，记者的优势在于较强的获取信息能力以及追溯事实真相的能力，但缺乏对大量材料进行梳理并深度分析的能力，即使是资深记者转岗过来之后也不一定好用，因为新闻记者长期工作在新闻采写领域，具有分析能力但仅体现在新闻热点事件中，即使是采写领域细分类的财经类记者，对于相关行业的专业分析也普遍存在缺乏了解、理解浅层的问题。

与意料中的不同，大多数访谈对象认为媒体智库的专业人才仍需从外部引入。访谈对象 B 称："媒体智库理想的人才来源还是高校吧，最好是一些研究型的高校，或者是高校里面的研究中心，在专业方面的话，我觉得不一定是新闻专业，或者是传播学专业，也可能是财经，或者是其他跟所要研究的领域相关的专业，或者是双学位也可以。"值得一提的是，北京一家市场化媒体的智库，其研究员以从外部招聘的有证券金融从业经验的分析师为主，而从记者转岗而来的研究员比例很小。

在问及所在智库是否有针对研究员的培养机制时，访谈对象均表示并没有专门的培养机制，研究员更多是在工作中磨合和提高。访谈对象 Q 表示："我们的培训都是在实践中自我更新的，包括开周会的时候，领导会分享一些经验，但是研究院不会对我们进行集合性的培训，只有我们内部来进行，不算成体系。"访谈对象 H 也表示，研究员会在做产品的过程中不断磨合，专门去培养的难度较高。

在这种情况下，研究员往往是学中干、干中学。部分研究员在进入媒体智库前有一定的咨询研究、报告撰写经验，但校招生往往只能通过师徒式"传帮带"的方式以及对其他智库机构产品的学习进行模仿和摸索。除此之外，媒体智库也会"找外援"——与外部智库合作、聘请专家学者进行指导等方式——以填补研究力量的不足。

此外，由于作为观察对象的两家媒体智库均处于初创期和探索期，多数情况下研究员需要身兼数职。在参与式观察过程中，媒体智库的相关负责人多次表示这是一个创业团队，希望大家多尝试不同的工作。访谈对象

X 也表示，所在的媒体智库处于初创期，研究员需要进行各种探索，身兼数职，所需要的能力除了核心的数据获取和分析、报告撰写外，还包括舆情分析、分析文章撰写和分发等等。还有访谈对象表示，由于缺乏专业人才，也难以调动采编部门的美编，研究员甚至需要兼职做设计美工的工作。在这种情况下，日常琐碎多元的工作已经占用了他们的大部分时间，与此同时还有一些工作需要"现学现卖"，导致研究员无法专注于本职的研究工作，也缺乏时间和精力去深度钻研相关行业的理论知识和行业知识。

17.1.2 职业价值观：智库扩充了自我学习与成长的资源

职业价值观是指人们对待职业的一种信念和态度，也是其选择从事某种职业时的标准以及对具体职业包括个人利益、个人理想或兴趣和行业前景三个维度的评价。

首先，从个人利益来说，访谈对象 L 就表示，媒体智库有充足的资源使自己实现自我学习和自我成长，也可以让自己积累到这个领域的很多资源，比如自己要去积累一些金融行业的资源，去对接研究领域相关的专家学者，这些资源就会成为自己的东西。工作较为轻松也是吸引从业者的重要原因，如访谈对象 C 就表示，自己最喜欢智库工作的原因就是比较清闲，工作压力不大，同时还能做自己感兴趣的事情。再者是工作氛围好，人际关系和谐。访谈对象 X 表示，整个研究团队的氛围比较年轻化，团队成员中有几位都是刚毕业的研究生，团队领导也非常平易近人，平时工作中没有官腔、官调，自己觉得与他们相处很舒服。

其次是个人理想或兴趣，包括工作内容和过往经历以及自身兴趣点的契合度、工作能带来的成就感和满足感、工作能发挥的社会价值等等。访谈对象 Q 就经历了从媒体到企业，再复归媒体的"迂回"：曾在媒体实习、毕业后进入一家互联网公司做市场工作，但由于工作压力和强度大、工作成就感低等因素，同时认识了正在组建媒体智库团队的老师，于是跳槽到了媒体智库做研究员。"我当时对于城市这个话题很有兴趣，如果让我去另外一个和企业相关的中心，我可能就不会做了，这个智库关注的话题对我的职业选择来说很重要。"

此外，关于行业前景，笔者在访谈中发现，受访者对行业前景的认知与其所处的职级有较强的关联性。身处部门主任级别的受访者对媒体智库的发展前景较为乐观，且在工作中常常为团队成员描绘前景，未来的职业规划仍然放在媒体智库领域。但普通研究员对媒体智库的发展存在担忧，主要集中在所在智库竞争力、智库专业性以及是否能建立成熟稳定的盈利机制等方面。

17.1.3 职业规范：智库产品的公共性与商业性的边界依然模糊

在访谈中，被访者均认同媒体智库研究员需要具备一定的职业理念或自律规范，并从各自所在机构的工作需求和从业经历中提炼出理想中的职业规范。

目前，大多数媒体智库的产品形态都以报告、榜单为主，而这些产品的核心都是数据，媒体智库围绕着获取的数据寻找规律、发现趋势并做出判断、提出观点。因此，数据成为媒体智库最核心的生产要素，由此也带来了数据运用过程中丧失真实性和准确性的风险。访谈对象J认为："媒体智库研究员首先需要确保数据的准确性，在找数据的时候，研究员对数据的要求很严格，数据必须是准确的。除了数据的准确性外，研究员在处理数据的时候，也会采用一个相对公平的方式。例如，在做榜单类智库产品时，对于每个上榜的客体来说，客体之间可能会存在差异性非常大的情况，所以研究员会以比较客观的方式如无量纲化方法去处理数据，然后再做比较。"

访谈对象Q认为："媒体智库研究员需要具备的职业规范首先是研究所基于的数据一定是真实客观且有效的；其次是研究中的观点判断不能哗众取宠，至少要保证数据真实；同时，研究员给出的观点也要合理，不能像某些自媒体或者是营销号一样起吸引眼球的耸动标题，夸大事实不仅会对媒体智库本身的公信力和专业性造成很大的危害，还会影响所属媒体的品牌形象。"

除了对自己的研究内容负责外，媒体智库也要盈利和生存。媒体智库的报告是其打造影响力、树立品牌形象以及获取利润维持生存的基础，但在智库转型脱困的需求面前，可能会存在公共性危机。媒体智库产品总体上来说分为两类，一类是纯公共性的产品，不为获取利润，服务的对象是社会公众而非特定客户；另一类则是有商业性质的，客户联名、冠名或是定制的报告。对于第一类产品，媒体智库需要严格明确其公共性、公益性的特点；而对于第二类产品，媒体智库对公共性和商业性的把握就非常重要。访谈对象Q表示："媒体智库需要提升智库产品的公共性和独立性，让公共产品服务于公众而非单个机构；保证公平和公正性，不会因为和某个机构有商业合作关系就专门服务于它，也不会给合作伙伴更高的分数或者排名；对客户的服务更倾向于找出其存在的一些问题，给出一个解决方案，推动合作伙伴有更好的发展。"

访谈对象 X 表示："研究员的自律规范还是以媒体内部的、来自新闻常规的自律为主。理想状态下，媒体智库应当参照新闻媒体的'内容防火墙'机制，将产品生产与经营活动分隔开来。"有不少访谈对象表达了类似的观点，即，研究员不应该参与与客户的沟通谈判，不以客户需求为唯一的出发点，也不会在公共性产品中设租寻租；同时，智库管理者和经营人员也不应当干涉研究员的产品生产，不强加商业性要求，也不强行摊派任务甚至要求按客户需求篡改和增删数据等。访谈对象 H 也表示："未来可能会尝试建立类似于内容防火墙的机制，即在商业人员接下项目后，不会向研究团队内的所有研究员告知本期报告会和哪些商业机构进行合作，而是让研究员用自己的逻辑去判断和研究。"

访谈对象 D 认为："其实研究员和记者只是称呼上的区别，研究员也会进行记者的工作，采访、写稿也都是研究员的基本能力，在这方面他们与记者无其他差别；当然，（两者都）应该坚持新闻专业主义，毕竟都是智力成果的生产者，专业性和职业性还是要保证的。"

目前，访谈对象 Q 所在智库生产的均为公共性产品，但在进入盈利阶段后他就表示需要分清楚公共性产品和商业化产品的界限。因为他认为："公共性产品是不允许别人干涉的，需要保证绝对的独立性。即使是商业化产品，可以谈合作，但是不能干涉既定的内容和真实的数据，不可能按照客户的要求改数据和加数据，不过可以基于真实的数据分析，凸显客户的优势。为客户做营销，度的把握非常重要。"

17.2　像新闻报道一样快的"快生产"机制

媒体智库继承了媒体固有的"快"基因，形成了区别于其他社会机构智库的"快生产"机制，特点是生产周期短、产出快，紧跟社会热点，响应快；与社会互动频繁，更新快。

媒体智库产出的报告课题往往脱胎于社会发展中出现的新情况、新问题、新热点，例如个人隐私保护、城市治理状况、互联网垄断等问题。这种跟随新闻热点的智库报告类产品，其生产周期也相应地比较短，发布速度也较快，可以利用媒体原有信息生产、发布与传播渠道的比较优势。

不少媒体智库最快可以在一周内产出 1~2 份报告，如某媒体智库的个人信息保护研究中心在一年多时间内产出了 18 份报告、商业数据中心一年内产出了 25 份报告等。这些报告的研究方法还是以利用公开数据、人工测评、问卷访谈等为主，多为对某一主题发展现状、问题的调研。

但从另一个角度来说，这种"快生产"机制也使得调查研究得出的研究结论往往是浮于表面且老生常谈的。访谈对象 L 表示："自己在工作过程中就能感觉到研究报告的质量无法得到保障，研究员和记者的状态不同，记者可以大量输入信息，然后短时间内连续地产出报道，但研究员需要长时间钻研和沉淀，短时间内无法产出高质量的智库报告。"此外，这种"快生产"机制带来的是成倍的工作压力和工作强度，使得智库的工作人员无法顺畅地衔接记者和研究员不同的两种工作状态。

17.3 项目制替代部门制成为主要的组织形式

项目制生产机制打破了原有的媒体组织内部的"部门制"架构。以往媒体的部门制主要产出新闻报道，不同的记者通常对接不同政府部门或企业机构，部门之间有可能存在合作隔阂。但项目制的特点是每一个研究课题立项后会作为一个独立的项目成立项目小组，课题的发起者一般会担任项目负责人，一个课题组可能包括来自多个部门的同事。

负责人承担多重角色，既是项目的负责人，负责组建项目小组，聚集研究力量，统筹项目进程，协调项目稳步推进；又是商务专员，在前期与客户对接洽谈并促成合作，在项目推进过程中与客户沟通需求，确定后续的合作方案并与团队进行沟通；还是项目研究员，需要从新闻报道、国家政策方针、近期社会热点中发掘选题，确定研究方向和主题并向集团相关负责人阐明研究计划，争取立项，并且在立项后参与研究工作。[1]

以观察对象 1 为例，在启动智库化转型后，打通不同部门，然后按课题所涉及的相关领域对应重新整合人事资源，使得记者与研究员之间能互相配合，将新闻采访条线与媒体智库研究领域结合起来；不过，除了课题

---

[1] 详见第 7 章。媒体智库从业者身份具有社会化外延的特征，因此具有记者、研究员、公关员、招商等多重身份属性。

组负责人是固定的，项目其他成员随时会因为报告主题不同而必须重新进行组合。

17.4 开放式创新中人的问题：创新"自噬"效应与组织惰性

外向型的创新对于组织原有的流程和产品可能不会带来创新性毁灭，但是对于从中经营的创新个体来讲，有可能产生"自噬"效应，或因为组织惰性而使创新受阻。

17.4.1 创新"自噬"效应

创新"自噬"效应对企业实现新旧技术、产品、商业模式之间的转换具有消极的阻碍作用，甚至影响企业实现顺利转型。它的形成主要来自四个效应维度：速度、多样化、破坏和商业模式维度。

智库组织内多角色的平行矛盾与冲突实际上也呈现出创新"自噬"效应，尤其在新闻工作者的原有规范与智库产品商业化属性产生矛盾时。个体在许多不同的社会关系中占有不同的地位，因此一个人可能同时具有多种角色，而不同的角色有不同的角色模式，当这些期望之间出现矛盾时就会出现角色冲突。

观察对象1实施的是全员智库的组织策略，从业者一般同时担任智库研究员和采编记者，双重身份也意味着其同时分属两个领导管理，一个是智库的领导，一个是采编的领导，两边各有其工作任务和工作要求。对于领导来说，他们并不会分别对研究员或记者的具体工作任务进行平行协调，往往是各自布置任务，因此经常出现工作"撞车"的现象。访谈对象L表示，"在这种情况下研究员存在很强的撕裂感，很痛苦。虽然有研究员的头衔，但我的主要收入还是来自作为记者的稿费收入，更认同记者是自己的主业……结束一个报告的撰写之后，发现自己两个月没有关注自己的采访口线了，工作的节奏都乱了"。而智库和采编的薪酬结算方式不同，薪酬发放不稳定，"报告都是年度结算，稿费是当月结算，有时也不清楚自己的收入到底有多少"。

多位访谈对象表示研究员与记者、做新闻与做研究的逻辑有很大区别，两种角色的转换需要一定的适应期。首先，两者工作的操作思路不同。新闻的客观性与真实性要求记者写稿时要充分尊重客观事实，不能陈述主观性观点或结论；但研究报告最核心的就是输出独到的观点，帮助公众和客户进行决策。其次，工作的流程和节奏差异很大。记者是和时间赛跑的工种，新闻报道的时效性非常强，记者需要第一时间赶到新闻事件发生的现场，抢时间发布独家报道，即使是深度报道、调查报道，也往往要求在一两个月内产出稿件，强调"博杂快"；研究员虽然也需要调研和访谈，但更多时候是做案头工作，查文献、分析数据、提炼观点，最后形成一份研究型的报告文本，因而对时效性无太多要求而要有深度和独到见解，强调"专精深"。

从新闻室观察中得知，当下媒体智库的记者转岗为研究员或记者兼任研究员，都是立即上岗，大多缺乏应有的培训和适应期，有些人甚至连研究报告的文本撰写都不熟悉。访谈对象 M 表示："写稿子可以梳理事件，援引学者观点，自己在背后，但是报告的信息组织方式和稿件是相反的，记者型研究员需要很长时间去适应这种写法的转换。"其次是难以进入工作状态，无法保障产出质量。"全员转型"的媒体智库中，研究员难以及时转换工作状态，致使研究工作和采编工作互相干扰。有访谈对象表示，自己曾因临近截稿日期，在外出调研会议现场不得不一边听客户介绍情况，一边在电脑上赶编辑催的新闻稿件，两边工作都无法专注。并且在结束为期一两个月的研究和报告撰写后，面临着原有新闻条线的荒废和资源的丢失。

17.4.2 组织惰性

组织惰性是指组织内普遍存在的保持既定行为方式和消极应对环境变化的倾向，表现为创新力、进取心的下降。组织惰性是阻碍组织内部创新持续进行的重要因素，组织惰性的产生与组织原有结构、流程和规则的路径依赖有很大的关系。

智库普遍实行的项目制所具有的优势是同一主题的资源调配得当、效率高，但据我们观察，项目制反而导致组织内的工作角色定位、职业体系不清晰。

首先是角色定位不明。一方面，全员转型类型的媒体智库本身就对记者和研究员没有明显区分，研究员绝大多数都身兼两职，有时署名记者，有时署名研究员或分析师。访谈中，某智库下属研究中心负责人表示，之后报社可能会出台新规章，实施双重署名制度，研究员发布的新闻报道署名本报记者，发布的研究报告则署名研究员。除了作品署名以外，还有的媒体智库要求研究员和记者一样考取记者证，获得采编资格。

其次，角色定位不明的连带效应即职业体系不清晰。有部分发展较为成熟的媒体智库已经建立起针对智库转型的职级体系、薪酬体系、内容生产机制等，但研究员职业规范和道德伦理准则的要求和建设却没有制度化，也无培养和培训机制。

角色规范不清给媒体智库的发展带来了诸多负面影响，一方面，行业内缺乏对研究员的统一评价和监督机制，智库产品的生产、发布等没有统一的规范。另一方面，媒体智库内部没有针对性的职业道德伦理规范，基本上还是沿用采编的规范，以至于智库研究员工作时只能依赖较为模糊的自律准则，从大方向上把握产品的客观性、专业性，缺乏外部的考评监督以及指导。这种规范的缺失也助长了商业性对公共性的侵蚀，让研究和商务活动纠缠不清的状况成为常态。

工作角色定位与职业体系不清晰的原因在于组织结构、规则与流程仍然存在路径依赖，并没有生成适合智库的结构特征与功能。

在媒体智库的开放式创新过程中，新闻从业者将自己的专业经验通过输出组织而建构"媒体+智库"的创新模式，但是通过田野调查与深度访谈，我们发现媒体智库从业者的职业身份认同存在着明显的矛盾和猜疑。

其一，媒体组织原来的组织结构是以采编、经营发行两大类职业岗位建构的，并没有"研究员"这个职业序列。随着从业者身份从采编人员向智库研究员的转变，首先带来职业规范上由媒体从业者的新闻采写规范向研究规范的转变；其次带来工作内容和工作思维的转变——工作内容由"新闻内容生产"向"定制内容生产"转变，工作思维由"公共品"向"商品/产品"转变。职业价值观的矛盾性与专业边界模糊性致使媒体智库从业者身份地位的不确定性增加，也对开放式创新形成了一定程度上的创新"反噬"，增加了创新的阻力和成本。

其二，组织的结构与功能还存在明显的路径依赖，缺乏对媒体智库应有的调适。这是因为媒体智库本身因为种种客观原则并没有放弃新闻内容生产的流程与机制，项目制生产机制因此成为智库产品的主要生产机制。项目制与原有的媒体组织内部的"部门制"架构的最大区别在于，项目制专业资源的整合路径是以技术为主导的机动性的横向合作，与部门制服务于新闻常规、以制度主导的惰性结构形成了鲜明对比。同一部分人在这两种基本没有相似度的组织化流程中进行调整与转化，表面上看是为媒体智库节约了组织化的资源成本,但在组织内部实际形成了技术环境与制度环境之间的矛盾;一旦职业价值观与职业规范参与其中,这些矛盾就有可能演变成对立的状态。

由内而外的知识流呈现出创新知识的资源承续与链接,但是从组织中观环境来看,这种知识流具有创造出与原有流程和路径不同的新生事物的极大潜力。这种创新结果的异质性因而对原有的生产者产生了明显的组织势能的不确定性、职业身份的动摇与割裂感,如何破除这些不确定性与割裂感,有可能成为创新组织面临的最大的挑战。

参考文献

[1] 阿吉翁. 2011. 创新性破坏的力量［M］. 北京：中信出版社.

[2] 奥尔森. 1995. 集体行动的逻辑［M］. 陈郁，等，译. 上海：上海人民出版社.

[3] 巴泽尔. 2008. 产权的经济分析［M］. 费方域，段毅才，译. 上海：上海人民出版社.

[4] 白永秀. 2008. 产业经济学基本问题研究［M］. 北京：中国经济出版社.

[5] 卞地诗，李兆友. 2012. 我国新时期传媒政策范式转移研究［J］. 社会科学战线（11）：147-150.

[6] 蔡雯. 2004. "公共新闻"：发展中的理论与探索中的实践：探析美国"公共新闻"及其研究［J］. 国际新闻界（1）：30-34.

[7] 蔡雯. 2007. 媒介融合视野下的报业转型：从西方著名报纸的变革谈起［J］. 新闻传播（11）：8-10.

[8] 蔡雯. 2010. "人人都是记者"："参与式新闻"的影响与作用［J］. 对外传播（3）：34-35.

[9] 蔡雯，黄金. 2007. 规制变革：媒介融合发展的必要前提：对世界多国媒介管理现状的比较与思考［J］. 国际新闻界（3）：60-63.

[10] 蔡雯，邝西曦. 2017. 从"中央厨房"建设看新闻编辑业务改革［J］. 编辑之友（6）：5-9.

[11] 曹正汉. 2005. 无形的观念如何塑造有形的组织对组织社会学新制度学派的一个回顾［J］. 社会（3）：207-216.

[12] 陈昌凤，仇筠茜. 2012. 移动化：媒介融合的新战略［J］. 新闻与写作（3）：4.

[13] 陈超. 2002. 论"新闻性广告"和"广告性新闻"［J］. 新闻记者（1）：68-70.

[14] 陈剑杰. 2009. 李坑，我们为你难过［J］. 中国新闻周刊（44）：48-51.

[15] 陈力丹,付玉辉. 2006. 论电信业和传媒业的产业融合 [J]. 现代传播(中国传媒大学学报)(3):28-31.

[16] 陈力丹,霍仟. 2013. 互联网传播中的长尾理论与小众传播 [J]. 西南民族大学学报(人文社科版)(4):148-152.

[17] 陈力丹,江凌. 2008. 改革开放30年来记者角色认知的变迁 [J]. 当代传播(6):4-6.

[18] 陈卫星. 2003. 传播的观念 [M]. 北京:人民出版社.

[19] 陈旭. 2005. 基于产业集群的技术创新扩散研究 [J]. 管理学报(3):333-336.

[20] 陈阳. 2006. 当下中国记者职业角色的变迁轨迹:宣传者、参与者、营利者和观察者 [J]. 国际新闻界(12):58-62.

[21] 陈映. 2009. 规制变革:媒体融合研究的新定向:基于文献回顾与探讨 [J]. 新闻传播(3):11-13.

[22] 陈甬军,周末. 2009. 市场势力与规模效应的直接测度:运用新产业组织实证方法对中国钢铁产业的研究 [J]. 中国工业经济(11):45-55.

[23] 迟强. 2016. 西方数字报纸付费墙的发展、挑战与启示 [J]. 编辑之友(12):104-108.

[24] 崔保国,何丹嵋. 2015. 2014年中国传媒产业发展报告 [J]. 传媒(12):11-16.

[25] 崔保国,卢金珠. 2005. 2004年—2005年:中国传媒产业的现实与发展趋势 [J]. 新闻记者(9):3-6.

[26] 崔浩. 2003. 比较优势理论研究新进展 [J]. 经济学动态(12):64-68.

[27] 崔筝,刘智毅. 2013. "污水白处理了" [J]. 新世纪周刊(28):68-76.

[28] 德布雷. 2014. 普通媒介学教程 [M]. 陈卫星,王杨,译. 北京:清华大学出版社.

[29] 德鲁克. 2014. 后资本主义社会 [M]. 傅振焜,译. 北京:东方出版社.

[30] 董天策. 2007. 民生新闻:中国特色的新闻传播范式 [J]. 西南民族大学学报(人文社科版)(6):88-95.

[31] 董天策,陈映. 2013. 西方传媒政策的范式迁移与重建:一个思想史的考察 [J]. 西南民族大学学报(人文社会科学版)(11):

129-134.

[32] 段德宁. 2015. 施为性：从语言到图像［J］. 中南大学学报（社会科学版）（2）：182-187.

[33] 方可成. 2016. 社交媒体时代党媒"重夺麦克风"现象探析［J］. 新闻大学（3）：10.

[34] 方林佑，李松龄. 2005. 传媒产品的商品属性及其产权特征［J］. 经济评论（6）：22-26，31.

[35] 费埃德伯格. 2005. 权力与规则：组织行动的动力［M］. 张月，等，译. 上海：上海人民出版社.

[36] 甘斯. 2009. 什么在决定新闻：对 CBS 晚间新闻、NBC 夜间新闻、《新闻周刊》及《时代周刊》的研究［M］. 石琳，等，译. 北京：北京大学出版社.

[37] 郜书锴. 2014. 付费发行：数字化报业发展之困境与出路：以美国《纽约时报》为例的深度分析［J］. 浙江传媒学院学报（1）：17-21，124.

[38] 葛岩，卢嘉杰. 2010. 制度变迁视野里的报业市场格局［J］. 上海交通大学学报（哲学社会科学版）（2）：5-18.

[39] 宫靖. 2011. 镉米危机［J］. 新世纪周刊（6）：26-33.

[40] 宫靖，张艳玲，崔筝. 2011. 镉米冲击波［J］. 新世纪周刊（7）：80-83.

[41] 龚彦方. 2005. 当代新闻编辑：从宏观思维到微观实践［M］. 广州：中山大学出版社.

[42] 龚彦方. 2011. 转型改制期中国传媒业现状分析［J］. 学术研究（6）：90-94.

[43] 龚彦方. 2012. 中国传媒产业的市场势力与规模经济：基于 NEIO 范式的实证研究［J］. 产经评论（4）：56-65.

[44] 龚彦方. 2016a. 基于"内生比较优势"的专业化重构：当代新闻生产机制研究：来自某自媒体"虚拟编辑部"的田野调查［J］. 现代传播（中国传媒大学学报）（12）：62-66.

[45] 龚彦方. 2016b. 传媒"新三板"资产证券化分析：中国新闻业观察（2016）［M］. 北京：人民日报出版社.

[46] 龚彦方. 2021. 从"行政干预"到"国家治理"：新制度主义视域下传媒政策的演化路径研究［J］. 传媒经济与管理研究（2）：79-101.

[47] 辜晓进. 2016. 美国报业：数字化转型进入深水区［J］. 新闻与写

作（8）：25–33.

[48] 郭光华,张磊峰. 2004. 论新闻报道中的冗余信息［J］. 湖北经济学院学报（人文社会科学版）（4）：149–151.

[49] 哈林,曼奇尼. 2012. 比较媒体体制：媒介与政治的三种模式［M］. 陈娟,展江,等,译. 北京：中国人民大学出版社.

[50] 哈斯. 2010. 公共新闻研究：理论,实践与批评［M］. 曹进,译. 北京：华夏出版社.

[51] 豪尔,泰勒. 2003. 政治科学与三个新制度主义［J］. 何俊智,译. 经济社会体制比较（5）：20–29.

[52] 何俊志. 2002. 结构、历史与行为：历史制度主义的分析范式［J］. 国外社会科学（5）：25–33.

[53] 胡泳. 2006. 新媒体环境下的参与式新闻［C］//尹韵公,明安香. 中国传播学会成立大会暨第九次全国传播学研讨会论文集. 北京：新华出版社：57–59.

[54] 胡泳,崔晨枫,吴佳健. 2018. 中外报业付费墙实践对比及省思［J］. 当代传播（5）：26–30,35.

[55] 胡元辉. 2014. 更审议的公民,更开放的公共：公共新闻与公民新闻相互关系的思考［J］. 新闻学研究（4）：81–120.

[56] 胡志渊,孙熙姝. 2009. 国有文化传媒公司增量资产改制的路径分析［J］. 中国报业（12）：32–36.

[57] 黄蓉. 2008. 中国传媒产业的制度选择：基于博弈的视角［J］. 当代传播（3）：55–57.

[58] 黄亭亭,杨伟. 2010. 衰退时期的财政政策效应：政府投资转向与民间投资成长［J］. 金融研究（3）：56–66.

[59] 黄先海,陈勇. 2003. 论功能性产业政策：从WTO"绿箱"政策看我国的产业政策取向［J］. 浙江社会科学（2）：66–70.

[60] 黄赜琳. 2005. 中国经济周期特征与财政政策效应：一个基于三部门RBC模型的实证分析［J］. 经济研究（6）：27–39.

[61] 吉登斯. 2011. 现代性的后果［M］. 田禾,译. 南京：译林出版社.

[62] 金世斌,巩孺萍. 2012. 新时期我国传媒政策的演进与展望［J］. 传媒观察（3）：28–30.

[63] 金志成,周象贤. 2007. 受众卷入及其对广告传播效果的影响［J］. 心理科学进展（1）：154–162.

[64] 靳春平. 2007. 财政政策效应的空间差异性与地区经济增长［J］.

管理世界（7）：47-56.

[65] 鞠斐. 2003. 电视直播节目的传播学意义 [J]. 电视研究（7）：30-32.

[66] 卡布罗. 1995. 产业组织导论 [M]. 胡汉辉，赵震翔，译. 北京：人民邮电出版社.

[67] 凯尔奇. 1998. 信息媒体革命：它如何改变着我们的世界 [M]. 沈泽华，等，译. 上海：上海译文出版社.

[68] 科瓦奇，罗森斯蒂尔. 2014. 真相：信息超载时代如何知道该相信什么 [M]. 陆佳怡，孙志则，译. 北京：中国人民大学出版社.

[69] 克罗齐埃. 2002. 科层现象 [M]. 刘汉全，译，上海：上海人民出版社.

[70] 孔令钰，齐林. 2015. 环境指挥棒为何失灵：总量考核五尴尬 [J]. 财新周刊（36）：46-52，54.

[71] 拉什. 2009. 信息批判 [M]. 杨德睿，译. 北京：北京大学出版社.

[72] 蓝志勇，魏明. 2014. 现代国家治理体系：顶层设计，实践经验与复杂性 [J]. 公共管理学报（1）：1-9.

[73] 李丹林. 2012. 媒介融合时代传媒管制问题的思考：基于"公共利益"原则的分析 [J]. 现代传播（中国传媒大学学报）（5）：10-14.

[74] 李兰. 2010. 民生新闻：记者身份的自我想象与制度分析 [J]. 东南传播（8）：9-11.

[75] 李立峰. 2009.《什么在决定新闻》：新闻室观察研究的经典之作 [M]//甘斯. 什么在决定新闻. 石琳，李红涛，译. 北京：北京大学出版社：4-7.

[76] 李涛. 2004. 基于 WEB 的网络视频直播系统的设计与实现 [D]. 成都：西南交通大学.

[77] 李汶纪. 2003. 新制度主义理论与产业政策分析框架探讨 [J]. 湖北大学学报（哲学社会科学版）(4)：34-38.

[78] 李艳红. 2013. 重塑专业还是远离专业？：从伦理和评价维度解析网络新闻业的职业模式 [J]. 新闻记者（2）：54-59.

[79] 李艳红. 2017. 在开放与保守策略间游移："不确定性"逻辑下的新闻创新：对三家新闻组织采纳数据新闻的研究 [J]. 新闻与传播研究（9）：40-60.

[80] 梁君，顾江. 2009. 新闻寻租的博弈分析 [J]. 当代传播（5）：26-29.

[81] 梁智勇. 2009. 媒介融合背景下传媒集团新媒体战略比较：以 CCTV、SMG、凤凰卫视与新华社为例的研究［J］. 新闻大学（1）：128－136.

[82] 林民盾, 杜曙光. 2006. 产业融合：横向产业研究［J］. 中国工业经济（2）：30－36.

[83] 林毅夫, 蔡昉, 李周. 1999. 比较优势与发展战略：对"东亚奇迹"的再解释［J］. 中国社会科学（5）：4－20.

[84] 林毅夫, 谭国富. 2000. 自生能力, 政策性负担, 责任归属和预算软约束［J］. 经济社会体制比较（4）：54－58.

[85] 刘海潮. 2014. 当代中国国家治理体系建构的内在逻辑诠释：基于政府与市场、社会关系的分析［J］. 新视野（3）：51－55.

[86] 刘海陵. 2020. 我怎么当总编辑：互联网时代媒体融合转型实务［M］. 广州：羊城晚报出版社.

[87] 刘鹏. 2015. 传统媒体融合转型的若干趋势［J］. 新闻记者（4）：4－14.

[88] 刘颂杰, 张馨梦. 2017. 2005年以来中国报业财政政策研究：基于报业市场化改革的视角［C］//张志安. 中国新闻业年度观察报告（2017）. 北京：人民日报出版社：55－71.

[89] 刘小玄. 2003. 中国转轨过程中的企业行为和市场均衡［J］. 中国社会科学（2）：61－71.

[90] 刘亚娟, 展江. 2018. 专刊编辑因"软文"获罪的三次法院审理：媒体人经济犯罪经典案例评析（十六）［J］. 青年记者（10）：59－61.

[91] 刘玉丽. 2006. 上市传媒公司经营绩效及资本运营实证分析［J］. 价值工程（4）：116－118.

[92] 龙强, 李艳红. 2017. 从宣传到霸权：社交媒体时代"新党媒"的传播模式［J］. 国际新闻界（2）：54－67.

[93] 路俊卫. 2014. 新形势下新闻记者的角色认知及职业理念建构［J］. 湖北大学学报（哲学社会科学版）（4）：105－110.

[94] 陆晔, 周睿鸣. 2021. "液态"的新闻业：新传播形态与新闻专业主义再思考：以澎湃新闻"东方之星"长江沉船事故报道为个案［J］. 新闻与传播研究（7）：24－46.

[95] 罗青, LANGE. 2007. 建立市场辅导机制下的"文化保护主义"体系：欧盟影视公共资助模式的思考［J］. 现代传播（中国传媒大学学报）（2）：108－112.

［96］马锋. 2006. 新闻即"公共物品"：一种经济视域的分析路径［J］. 国际新闻界（8）：45-48.

［97］马李灵珊. 2010. 番禺力量［J］. 南方人物周刊（1）：29-37，28.

［98］麦克卢汉. 2000. 理解媒介：论人的延伸［M］. 何道宽，译. 北京：商务印书馆.

［99］米勒. 2002. 管理困境：科层的政治经济学［M］. 王勇，等，译. 上海：上海三联书店.

［100］闵素芹，李群. 2009. 中国传媒产业上市公司的经营业绩评价［J］. 统计教育（12）：24-29.

［101］聂辉华. 2005. 新制度经济学中不完全契约理论的分歧与融合：以威廉姆森和哈特为代表的两种进路［J］. 中国人民大学学报（1）：81-87.

［102］诺思. 2003. 理解经济变迁过程［M］. 钟正生，邢华，等，译. 北京：中国人民大学出版社.

［103］彭兰. 2012. 社会化媒体、移动终端、大数据：影响新闻生产的新技术因素［J］. 新闻界（16）：3-8.

［104］彭伟辉，宋光辉. 2019. 实施功能性产业政策还是选择性产业政策？：基于产业升级视角［J］. 经济体制改革（5）：90-98.

［105］蒲红果. 2012. 借助微博提高舆论引导的传播力和有效性：以北京"7·21"特大自然灾害舆论引导为例［J］. 新闻与写作（8）：4-8.

［106］切萨布鲁夫，范哈弗贝克，韦斯特. 2016. 开放式创新：创新方法论之新语境［M］. 朱晓明，译. 上海：复旦大学出版社.

［107］邱泽奇. 1999. 在工厂化和网络化的背后：组织理论的发展与困境［J］. 社会学研究（4）：3-27.

［108］邱兆林. 2015. 中国产业政策的特征及转型分析［J］. 现代经济探讨（7）：10-14.

［109］任太增. 2001. 比较优势理论与梯级产业转移［J］. 当代经济研究（11）：47-50.

［110］任先行，周林彬. 2000. 比较商法导论［M］. 北京：北京大学出版社.

［111］芮明杰. 2006. 产业竞争力的"新钻石模型"［J］. 社会科学（4）：68-73.

［112］萨义德. 2002. 知识分子论［M］. 单德兴，译. 北京：生活·读书·新知三联书店.

[113] 森. 2005. 后果评价与实践理性［M］. 应奇，编. 北京：东方出版社.

[114] 单学刚，高心碧. 2016. 群雄争霸 抢滩移动客户端市场：2016 年移动新闻客户端发展浅析［J］. 新闻与写作（12）：12 – 15.

[115] 尚帕涅. 2017. "双重依附"：处于政治与市场之间的新闻场［C］// 本森，内维尔. 布尔迪厄与新闻场域. 张斌，译. 杭州：浙江大学出版社：49 – 64.

[116] 石长顺，石婧. 2010. "三网融合"下的传媒新业态与监管［J］. 现代传播（中国传媒大学学报）（8）：7 – 10.

[117] 石长顺，肖叶飞. 2011. 媒介融合语境下新闻生产模式的创新［J］. 当代传播（1）：3.

[118] 史际春. 1997. 国有企业法论［M］. 北京：中国法制出版社.

[119] 施蒂格勒. 2006. 产业组织［M］. 王永钦，薛锋，译. 上海：上海三联书店.

[120] 宋刚，张楠. 2009. 创新 2.0：知识社会环境下的创新民主化［J］. 中国软科学（10）：60 – 66.

[121] 孙志刚，吕尚彬. 2013.《纽约时报》付费墙对中国报纸的启示［J］. 新闻大学（3）：109 – 114.

[122] 塔奇曼. 2008. 做新闻［M］. 麻争旗，刘笑盈，徐扬，译. 北京：华夏出版社.

[123] 泰勒，威利斯. 1999. 媒介研究：文本，机构与受众［M］. 吴靖，黄佩，译. 北京：北京大学出版社.

[124] 谭云明. 2007. 论民生新闻的两次提升［J］. 当代传播（4）：40 – 42.

[125] 谭云明，王则时. 2009. 我国传媒经济地域差异分析［J］. 经济地理（3）：446 – 449.

[126] 唐小伟. 2013. 文化传媒行业上市公司投资价值评价：基于因子分析的实证研究［J］. 科技经济市场（6）：27 – 29.

[127] 陶建杰，张志安. 2014. 网络新闻从业者的媒介角色认知及影响因素：上海地区调查报告之三［J］. 新闻记者（2）：63 – 68.

[128] 王斌. 2011. 从多元主体到参与式网络：媒介生产的空间扩散［J］. 新闻大学（2）：89 – 93.

[129] 王博. 2008. "新闻寻租"何以成为"常规行为"：从制度经济学视角解读新闻寻租［J］. 兰州学刊（12）：167 – 169.

[130] 王栋晗，张珊. 2019. 在线内容付费意愿影响因素研究：基于用户

免费心理的调节作用［J］. 现代传播（中国传媒大学学报）（11）：122－129.

［131］王家庭，张容. 2009. 基于三阶段 DEA 模型的中国 31 省市文化产业效率研究［J］. 中国软科学（9）：80－87.

［132］王学成. 2007. "现实"与"理念"下的分裂：重思西方新闻专业主义［J］. 新闻与传播研究（1）：11－16，21，93.

［133］魏江，许庆瑞. 1995. 企业创新能力的概念、结构、度量与评价［J］. 科学管理研究（5）：50－55.

［134］吴颖，刘志迎. 2005. 产业融合：突破传统范式的产业创新［J］. 科技管理研究（2）：67－69.

［135］西蒙. 2006. 人类活动中的理性［M］. 胡怀国，等，译. 桂林：广西师范大学出版社.

［136］夏倩芳，王艳. 2016. 从"客观性"到"透明性"：新闻专业权威演进的历史与逻辑［J］. 南京社会科学（7）：97－109.

［137］向松祚. 2005. 张五常经济学［M］. 北京：朝华出版社.

［138］向志强，黄盈. 2008. 中国传媒产业区域非均衡发展实证研究［J］. 新闻与传播研究（6）：77－86.

［139］肖滨，费久浩. 2017. 政策过程中的技治主义：整体性危机及其发生机制［J］. 中国行政管理（3）：88－93.

［140］肖赞军. 2006. 传媒业内容产品的产品属性及其政策含义：兼与张辉锋博士商榷［J］. 国际新闻界（5）：58－62.

［141］谢静. 2016. 微信新闻：一个交往生成观的分析［J］. 新闻与传播研究（4）：10－28.

［142］谢攀. 2008. 产业经济学基本问题研究：产业融合［M］. 北京：中国经济出版社.

［143］许立新，杨淼. 2014. 我国文化产业上市公司经营效率的实证研究：基于 DEA-Tobit 模型的两阶段分析［J］. 电子科技大学学报（社会科学版）（1）：57－62.

［144］薛澜，张帆，武沐瑶. 2015. 国家治理体系与治理能力研究：回顾与前瞻［J］. 公共管理学报（3）：1－12.

［145］亚历山大，奥厄斯，卡维思，等. 2008. 媒介经济学：理论与实践［M］. 3 版. 丁汉青，译. 北京：中国人民大学出版社.

［146］严三九. 2017. 中国传统媒体与新兴媒体内容融合发展研究［J］. 新闻与传播研究（3）：101－118，128.

[147] 严三九. 2019. 技术、生态、规范：媒体融合的关键要素［J］. 人民论坛：学术前沿（3）：22-29.

[148] 延森. 2012. 媒介融合：网络传播、大众传播与人际传播的三重维度［M］. 刘君, 译. 上海：复旦大学出版社.

[149] 杨保军. 2006. 新闻活动论［M］. 北京：中国人民大学出版社.

[150] 杨路索. 2011. 媒介融合时代我国传媒行业政府规制的探讨［J］. 编辑之友（3）：1-12.

[151] 杨小凯, 张永生. 2002. 新贸易理论及内生与外生比较利益理论的新发展：回应［J］. 经济学（季刊）（3）：251-256.

[152] 杨宁芳. 2007. 奥斯汀言语行为理论探究［J］. 重庆工学院学报（社会科学版）（7）：37-39+43.

[153] 杨晓玲. 2005. 垄断势力、市场势力与当代产业组织关系［J］. 南开经济研究（4）：41-46.

[154] 姚德权. 2006. 中国新闻出版业监管体制模式选择［J］. 现代传播（中国传媒大学学报）（3）：22-27.

[155] 叶慧珏. 2007. 新闻点评中大众传媒和专家学者之间关系的异化可能［J］. 新闻大学（2）：21-29.

[156] 叶蓁蓁, 关玉霞, 戴玉, 等. 2016. 人民日报中央厨房："大数据+"模式推动媒体供给侧改革［J］. 新闻战线（13）：10-13.

[157] 尹连根, 刘晓燕. 2013. "姿态性融合"：中国报业转型的实证研究［J］. 新闻与传播研究（2）：99-122, 128.

[158] 余东华. 2005. 产业融合与产业组织结构优化［J］. 天津社会科学（3）：72-76.

[159] 喻国明. 2010. 微博：一种蕴含巨大能量的新型传播形态［J］. 新闻与写作（2）：59-61.

[160] 张辉锋. 2005. 传媒经济学［M］. 广州：南方日报出版社.

[161] 张亮宇, 朱春阳. 2013. 当前传媒产业规制体系变革与中国面向的问题反思［J］. 新闻大学（3）：107-113.

[162] 张梅珍, 吴俐华. 2008. 我国媒介产业布局特点及优化途径［J］. 东南传播（11）：46-48.

[163] 张其仔. 2008. 比较优势的演化与中国产业升级路径的选择［J］. 中国工业经济（9）：58-68.

[164] 张如良, 刘婵君. 2014. 公共与参与式新闻对新闻专业主义的消解与重构［J］. 长安大学学报（社会科学版）（2）：57-62.

[165] 张涛甫, 徐亦舒. 2018. 政治沟通的制度调适: 基于"澎湃新闻""上海发布""上海网信办"的考量 [J]. 中国地质大学学报（社会科学版）(2): 139-146.

[166] 张颖熙, 柳欣. 2007. 刺激国内消费需求增长的财政政策效应分析 [J]. 财经科学 (9): 45-52.

[167] 张志安. 2011. 新闻生产的变革: 从组织化向社会化: 以微博如何影响调查性报道为视角的研究 [J]. 新闻记者 (3): 42-46.

[168] 张志安, 吴涛. 2014. "宣传者"与"监督者"的双重式微: 中国新闻从业者媒介角色认知、变迁及影响因素 [J]. 国际新闻界 (6): 61-75.

[169] 张志安, 曾子瑾. 2016. 从"媒体平台"到"平台媒体"海外互联网巨头的新闻创新及启示 [J]. 新闻记者 (1): 16-25.

[170] 张志刚, 陈艺, 赵凯. 2016. 人民日报微博舆论引导方式及效果研究: 以"东方之星"客轮长江倾覆事件为例 [J]. 东南传播 (3): 72-74.

[171] 赵文晶, 刘军宏. 2011. 微博舆论引导策略研究 [J]. 中国出版 (12): 12-15.

[172] 赵杨, 袁析妮, 李露琪, 等. 2018. 基于社会资本理论的问答平台用户知识付费行为影响因素研究 [J]. 图书情报知识 (4): 15-23.

[173] 植草益. 2001. 信息通迅业的产业融合 [J]. 中国工业经济 (2): 24-27.

[174] 周鸿铎. 2006. 传媒经济"三论说" [M]. 北京: 社会科学文献出版社.

[175] 周劲. 2008. 传媒治理: 理论与模式的中国式建构 [M]. 北京: 人民出版社.

[176] 周俊, 刘晓阳, 徐仲超, 等. 2017. 记者寻租的博弈论分析 [J]. 国际新闻界 (3): 114-127.

[177] 周丽娜. 2013. 英国《报刊自律皇家特许状》与媒体监管政策 [J]. 青年记者 (9): 69-71.

[178] 周雪光. 2003a. 组织社会学十讲 [M]. 北京: 社会科学文献出版社.

[179] 周雪光. 2003b. 组织与制度: 一个制度学派的理论框架 [M]. 北京: 社会科学文献出版社.

[180] 周裕琼. 2008. 互联网使用对中国记者媒介角色认知的影响 [J]. 新闻大学 (1): 90-97.

[181] 朱春阳. 2008. 传媒产业规制：背景演变、国际经验与中国现实[J]. 西南民族大学学报（人文社科版）（3）：170-175.

[182] 朱春阳，李琳. 2009. 面对传媒改革：存量改革的路径规划与战略反思[J]. 中国出版（1）：21-23.

[183] 朱鸿军，张化冰，赵康. 2019. 我国推行原创新闻付费的障碍与路径创新研究[J]. 新闻大学（7）：83-95，123-124.

[184] 邹东升，丁柯尹. 2014. 微话语权视域下的微博舆情引导[J]. 理论探讨（2）：162-165.

[185] 邹薇. 2002. 论竞争力的源泉：从外生比较优势到内生比较优势[J]. 武汉大学学报（社会科学版）（1）：35-47.

[186] ADDISON D. 2004. Free web access business model is unsustainable in the long term [J]. Marketing, 44 (4)：349-359.

[187] APPELBAUM E. 1982. The estimation of the degree of oligopoly power [J]. Journal of econometrics, 19 (2/3)：287-299.

[188] ARGENTESI E, FILISTRUCCHI L. 2007. Estimating market power in a two-sided market：the case of newspapers [J]. Journal of applied economics, 22 (7)：1247-1266.

[189] BERKOWITZ D. 2009. Reporters and their sources [C] //WAHL-JORGENSEN K, HANITZSCH T. The handbook of journalism studies. New York：Routledge：102-115.

[190] BERRY S, LEVINSOHN J, PAKES A. 1995. Automobile price in market equilibrium [J]. Econometrica, 63 (4)：841-890.

[191] BORGER M, VAN HOOF A, MEIJER I C, et al. 2013. Constructing participatory journalism as a scholarly object [J]. Digital journalism, 1 (1)：117-134.

[192] BORGER M, VAN HOOF A, SANDERS J. 2014. Expecting reciprocity：towards a model of the participants' perspective on participatory journalism [J]. New media & society, 18 (5)：708-725.

[193] BROWN C, WALTZER H. 2005. Every Thursday：advertorials by Mobil Oil on the op-ed page of The New York Times [J]. Public relations review, 31 (2)：197-208.

[194] BUTLER J. 1997. Excitable speech：a politics of performative. New York：Routledge.

[195] CARLSON M, USHER N. 2015. News startups as agents of innovation

[J]. Digital journalism, 4 (5): 1-19.

[196] CHANDRA A. 2009. Targeted advertising: the role of subscriber characteristics in media markets [J]. Journal of industrial economics, 57 (1): 58-84.

[197] CHAUDHRI V. 1998. Pricing and efficiency of a circulation industry: the case of newspapers [J]. Information economics and policy, 10 (1): 59-76.

[198] CHIOU L, TUCKER C. 2013. Paywalls and the demand for news [J]. Information economics & policy, 25 (2): 61-69.

[199] CHIU W H, DENG R A, CHI H R, et al. 2017. Development model of content industry under digital convergence circumstance [J]. International journal of economic research, 14 (15): 247-254.

[200] CHYI H I. 2013. Trial and error: U. S. newspapers' digital struggles toward inferiority: media markets monographs [M]. Pamplona: Department of media management, University of Navarra.

[201] CHYI H I, LEWIS S C. 2009. Use of online newspaper sites lags behind print editions [J]. Newspaper research journal, 30 (4): 38-53.

[202] DERTOUZOS J N, TRAUTMAN W B. 1990. Economic effects of media concentration: estimates from a model of the newspaper firm [J]. Journal of industrial economies, 39 (1): 1-14.

[203] DEUZE M. 2005. What is journalism? [J]. Journalism, 6 (4): 442-464.

[204] DI MAGGIO P J, POWELL W W. 1983. The iron cage revisited: institutional isomorphism and collective rationality in organizational fields [J]. American sociological review, 48 (2): 441-476.

[205] DOBBIN F, SUTTON J R. 1998. The strength of a weak state: the employment rights revolution and the rise of human resources management division [J]. American journal of sociology, 104 (2): 104-124.

[206] DOMINGO D, QUANDT T, HEINONEN A, et al. 2008. Participatory journalism in the media and beyond: an international comparative study of initiatives in online newspapers [J]. Journalism practice, 2 (3): 326-342.

[207] ERICKSON M, DEWEY P. 2011. EU: Media policy and/as cultural policy: economic and cultural tensions in MEDIA 2007 [J]. Interna-

tional journal of cultural policy, 17 (5): 1 – 20.

[208] ERJAVEC K, KOVAČIČ M P. 2013. Abuse of online participatory journalism in Slovenia: offensive comments under news items [J]. Medijska istrazivanja, 19 (2): 55 – 73.

[209] EU Commission. 1997. Towards an information society approach: green paper on the convergence of the telecommunications, media and information technology sectors, and the implications for regulation [M]. Brussels: Information Society Project Office EU.

[210] FLIGSTEIN N, MCADAM D. 2012. A political-cultural approach to the problem of strategic action [J]. Research in the sociology of organizations (34): 287 – 316.

[211] GARCÍA-AVILÉS J A, MEIER K, KALTENBRUNNER A, et al. 2009. Newsroom integration in Austria, Spain and Germany [J]. Journalism practice, 3 (3): 285 – 303.

[212] GLASSER T L, AWAD I, KIM J W. 2009. The claims of multiculturalism and journalism's promise of diversity [J]. Journal of communication, 59 (1): 57 – 78.

[213] GOLAN G J, VIATCHANINOVA E. 2013. Government social responsibility in public diplomacy: Russia's strategic use of advertorials [J]. Public relations review, 39 (4): 403 – 405.

[214] GORDON R. 2003. Implication of convergence [C] //KAWAMOTO K. Digital journalisms: emerging media and the changing horizons of journalism. Lanhanm: Rowman & Littlefield Publishers: 57 – 73.

[215] HACKETT R A. 1984. Decline of a paradigm? Bias and objectivity in news media studies [J]. Critical studies in mass communication, 16 (2): 169 – 186.

[216] HELLMUELLER L, VOS T P, POEPSEL M A. 2013. Shifting journalistic capital? Transparency and objectivity in the twenty-first century [J]. Journalism studies, 14 (3): 287 – 304.

[217] HERMIDA A, DOMINGO D, HEINONEN A, et al. 2011. The active recipient: participatory journalism through the lens of the Dewey-Lippmann debate [J]. ISOJ, 1 (2): 139 – 161.

[218] HUJANEN J. 2012. At the crossroads of participation and objectivity: Reinventing citizen engagement in the SBS newsroom [J]. New media &

society, 15 (6): 947-962.

[219] JENKINS H. 2004. The cultural logic of media convergence [J]. International journal of cultural studies, 7 (1): 33-43.

[220] KLETTE T J. 1999. Market power, scale economies and productivity: estimates from a panel of establishment data [J]. Journal of industrial economies, 47 (4): 451-476.

[221] KOVACIC M P, ERJAVEC K, STULAR K. 2011. Unlabelled advertorials in Slovenian life-style press: a study of the promotion of health products [J]. Commun med, 8 (2): 157-168.

[222] LEWIS S C, HOLTON A E, CODDINGTON M. 2014. Reciprocal journalism [J]. Journalism practice, 8 (2): 229-241.

[223] LI Z, CHENG Y. 2014. From free to fee: exploring the antecedents of consumer intention to switch to paid online content [J]. Journal of electronic commerce research, 15 (4): 281-299.

[224] LIN T-C, HSU J S-C, CHEN H-C. 2013. Customer willingness to pay for online music: the role of free mentality [J]. Journal of electronic commerce research, 14 (4): 315-333.

[225] LOPES A B, GALLETTA D F. 2006. Consumer perceptions and willingness to pay for intrinsically motivated online content [J]. Journal of management information systems, 23 (2): 203-231.

[226] LOWREY W. 2011. Institutionalism, news organizations and innovation [J]. Journalism studies, 12 (1): 64-79.

[227] MEYER J W, ROWAN B. 1977. Institutionalized organizations: formal structure as myth and ceremony [J]. American journal of sociology, 83 (2): 340-363.

[228] MILLER D, DROGE C. 1986. Psychological and traditional determinants of structure [J]. Administrative science quarterly, 31 (4): 539-560.

[229] MOSER S C. 2010. Communicating climate change: history, challenges, process and future directions [J]. Wiley interdisciplinary reviews: climate change, 1 (1): 31-53.

[230] MUELLER M L. 1999. Digital convergence and its consequences [J]. Javnost/the public, 6 (3): 11-27.

[231] MUTTER A D. 2011. The state of play for paid content [J]. Editor & publisher, 144 (2): 20-21.

[232] NEMANIC M L. 2016. Citizen journalism 3.0: participatory journalism at the twin cities daily planet [J]. Journal of applied journalism & media studies, 5 (3): 365 – 382.

[233] NICHOLS S L, FRIEDLAND L A, ROJAS H, et al. 2006. Examining the effects of public journalism on civil society from 1994 to 2002: organizational factors, project features, story frames, and citizen engagement [J]. Journalism & mass communication quarterly, 83 (1): 77 – 100.

[234] NEVO A. 2000. A practitioner's guide to estimating random coefficients logitmodels of demand [J]. Journal of economics & management strategy, 9 (4): 513 – 548.

[235] PORTER M E. 1980. Competitive strategy: techniques for analyzing industries and competitors [J]. Social science electronic publishing, (2): 86 – 87.

[236] PORTER M E. 2001. Strategy and the internet [J]. Harvard business review, 79 (3): 62 – 78, 164.

[237] POWERS M, ZAMBRANO S V. 2016. Explaining the formation of online news startups in France and the United States: a field analysis [J]. Journal of communication, 66 (5): 857 – 877.

[238] QUINN S. 2005. Convergence's fundamental question [J]. Journal studies, 6 (1): 29 – 38.

[239] RAYBURN S. 2010. Book review: the politics of media policy [J]. Policy perspectives, 17 (1): 103 – 105.

[240] ROGERS E M. 2006. Diffusion of innovations [M]. 5th Edition. New York: Free Press.

[241] ROSSE J N. 1970. Estimating cost function parameters without using cost data: illustrated methodology [J]. Econometrica, 38 (2): 256 – 275.

[242] SAHIN I. 2006. Detailed review of Rogers' diffusion of innovations theory and educational technology: related studies based on Rogers' theory [J]. Turkish online journal of educational technology, 5 (2): 14 – 23.

[243] SOYSAL Y N. 1995. Limits of citizenship: migrants and postnational membership in Europe [J]. International migration review, 30 (2): 601 – 602.

[244] TILSON D, LYYTINEN K, SORENSEN C. 2010. Desperately seeking

the infrastructure in is research: conceptualization of "digital convergence" as co-evolution of social and technical infrastructures [C/OL] // IEEE. 2010 43rd Hawaii international conference on system sciences. [2020-11-05]. https://ieeexplore.ieee.org/document/5428452/metrics#metrics.

[245] TORRISI S, GAMBARDELLA A. 1998. Does technological convergence imply convergence in markets? Evidence from the electronics industry [J]. Research policy, 27 (5): 445-463.

[246] THOMPSON R S. 1989. Circulation versus advertiser appeal in the newspaper industry: an empirical investigation [J]. Journal of industrial economics, 37 (3): 259-271.

[247] THURMAN N. 2006. Participatory journalism in the mainstream: attitudes and implementation at British news websites [C/OL] //7th international symposium on online journalism, University of Texas, Austin, USA, 8 April 2006 [2020-11-05]. https://neilthurman.com/files/downloads/texas-april-2006.pdf.

[248] USHER N. 2017. Breaking news production processes in US metropolitan newspapers: immediacy and journalistic authority [J]. Journalism: theory, practice & criticism, 19 (1): 21-36.

[249] VAN CUILENBURG J, MCQUAIL D. 2003. Media policy paradigm shifts towards a new communications policy paradigm [J]. European journal of communication, 18 (2): 181-207.

[250] VUJNOVIC M, SINGER J B, PAULUSSEN S, et al. 2010. Exploring the political-economic factors of participatory journalism: views of online journalists in 10 countries [J]. Journalism practice, 4 (3): 285-296.

[251] WANG Q. 2016. Participatory journalism in the Chinese context: understanding journalism as process in Chinese participatory culture [J]. Journalism, 18 (4): 501-517.

[252] ZAVOINA S, REICHERT T. 2000. Media convergence/management change: the evolving workflow for visual journalists [J]. Journal of media economics, 13 (2): 143-151.

[253] ZELIZER B. 1983. Journalist as interpretive communities [J]. Critical studies in mass communication, 10 (3): 219-237.

后记　现实问题、研究问题与学术问题

一

新闻业是一个高度专业化的智识活动，它只能在持续获得经济利润的情况下才能生存和延续；大多数的新闻记者由于在各种工作场域与在编辑结构中的位置不同，关联程度也有所不同，他们经常不得不身处经济利润、政治利益、公共价值与智识工件固有特性的矛盾与冲突之中。而场外的人们对于新闻场的权力之于社会场域所施加的影响力都很敏感，因而习惯地、过多地遵循经济逻辑或政治逻辑，而非智识逻辑来理解新闻业。

读到尚帕涅（2017：49-64）在《"双重依附"：处于政治与市场之间的新闻场》中的上述观点时，我深以为然。

随着我的工作变动，自 2010 年 9 月起，我的职业场域从新闻业界转向学术界，不过，我时常觉得自己仍然是一位"新闻人"，或说拥有双重身份。在新闻场域中，那些外部性张力与新闻专业性的工作几乎不可避免地交杂在一起，且从多个工作空间蔓延至各类工作细节，最后在我们的职业心理中烙下印记。尽管如此，我们又能同时清晰而深刻地感知到"新闻人"的某种智识上的独特性。也因此，即使早已离开新闻岗位，但只要提到或走近我曾经工作的楼宇，曾经历过的种种独特感受就会被唤起，仍令我心潮澎湃。

很多问题在现实中可能无解，但并不等于我们就无感。所以，可能与大多数学者的经历不同，我是带着诸多新闻业的现实问题进入学术界的——这种"内部人"的视角可能成为学术之路上的某种缺陷，但从另一方面来讲，也可能成就研究上的独特性。从前辈和同行们卓越的学术研究工作中，我们找到了部分答案，但是似乎总是在企图用碎片拼凑出一个完整的现实，而答案的选择在发现事实的同时，可能也是在隐藏事实。

二

　　我很笨拙地将现实问题转换为一个个具体的研究问题，在前辈和同仁的卓越成果的基础之上，尝试运用有限的理论框架分析并阐释这些研究问题。近十年来，我从自己的博士研究生专业领域——产业经济学实证研究入手，分析传媒上市公司的市场势力、规模经济与创新之间的关系，分析传媒机构的市场化转型，等等。尽管不成章法，但这些分析框架还是能得出诸多研究结论；可是又延展出更多的问题，因为传媒业的发展并非经由经典的市场经济路径而来，而是带有鲜明的"中国特色"，这样就使得经典的研究范式遭受挑战。

　　到底是何种"中国特色"？不少文献将其作为研究目的。与此同时，传媒人的创新行为以及由此衍生出来的组织架构与流程的创新——可能与许多企业创新相比，算不上成功的案例——令我产生了极大的研究兴趣。换言之，是媒体创新者的"智识特征"吸引了我。如果说产业经济学的实证研究始于中观视野，那么有关创新行动的研究则始于微观层面——很显然，后者更能与现实问题产生呼应。

　　我非常理解这些创新的冲动。因为，尽管新闻编辑部面临组织架构与新闻常规的制度性约束，也无法跳脱来自经济和政治场域的各种制约性互动，但不可否认的是，新闻业工作的本质仍然是创意性的生产劳动，具有智识生产的基本特征；新闻业内的从业者也从未失去，或者说从未完全失去过创意生产的主体性。不然的话，就不会产生上文所言的"深刻烙印似的感知"了。至少，在面临国家、市场或社会的种种更具强制性的外部压力时，新闻业仍然存在哈贝马斯所说的"主体间性"，而这种主体间性是由其无所不在的智识活动所支撑的。

　　就如本书第二部分的开篇语中所言，媒体组织的创新不仅呈现出开放的理念和认知，更重要的是，带来了用于创新的知识源，例如来自新闻组织内部的专业经验、文化传统与职业规范等，与来自外部环境的社会资本、市场资源、技术条件等，同时广泛地分布于各种创新活动中并形成了流动性的知识交互，即形成动态的、有机性的，而非静态或固化的"创新知识流"。

　　熊彼特的创新理论采用了历史的方法，一直强调创新是行动者的内在

"基因",经济社会发展的本质是经由企业组织内部自身的创新而引发的一系列的变动。知识社会的外部环境更有助于更广泛的创新群体在一个更加开放自由的平台上从事科技创新,也创造了更多的知识与应用场景碰撞的机会,这样的碰撞成为创新活动最大的动力源。

三

创新体验十有八九是处于试错的过程中。因此,比起成功案例,我更关注创新的困境、难题甚至失败。多年来的研究观察也佐证了媒体的创新似乎依然曙光微弱。本书第四部分聚焦创新中"人"的难题,这些难题在不同的开放式创新场景中,不约而同地展现了不少新闻机构某些所共有的边界不清、属性复杂、目标含糊的组织化特征,组织中行动者理性与创新行动、制度性力量与非规则因素相互之间充满张力,不可避免地产生了复杂的互动与博弈。

从以往的研究文献看来,研究者所惯用的国家—市场—媒体的框架分析对于这些难题提出许多真知灼见。不过,国家主义可能强调国家的自主性与能力,更多考虑国家而将市场置于次要位置,市场主义则反之。与此同时,豪尔等(2003)、阿马蒂亚·森(2005)以及费埃德伯格(2005)等社会学家不同的研究论述不约而同地认为,当人们面对某种情势时,个体与规则之间的相互关系有可能建立在某种实践理性之上。这个理论视角的核心是行动与解释有着紧密的联系,个体对情境进行认知并做出相应的理性反应,个体即以这种实践理性为基础而展开行动,并在可能的情况下对制度模板进行修订以设计出某种行动过程。

媒体创新中的行动者具有怎样的实践理性特征?有何影响要素?行动者如何建构创新行动的智识逻辑?与其他场域或其他时空中的创新行动有何同异?为什么会呈现这些差异?其背后的行动机制是如何形成的?弄清楚这些学术问题并不容易,但学术研究的魅力也正在于此。

截至目前,我所做的工作仍然微不足道,更可能如上文所言"企图用碎片拼凑出一个被隐藏了事实的现实",又抑或如我的新闻界同行们的戏谑之言"过于宏大叙事的'隔靴搔痒'"……最后我想说的是,本书是我在多年研究成果的基础上,试图将中国新闻业以数字化技术作为核心驱动力所进行的多种转型实践放在"组织创新"与"市场创新"的两大场域中进行梳理与分析。该书的写作目标也比较简单，与其说奢望以各种研究问题著成一篇篇学术论述，不如说企图运用学术型的思维和框架讲述一个个艰难的创新故事，并期望从中窥探当代中国新闻人的智识活动是如何呈现出"媒介知识分子"（the intellectual-for-the-media）（尚帕涅，2017：59）的样子的。

感谢我的仍奋战在一线的媒体同仁们。感谢此书的各位合作者。感谢中山大学传播与设计学院"出版基金"的资助。感谢中山大学出版社将此书收录在"中山大学传播学人文库"中出版。囿于自身的学术水平，虽然努力做到严谨、认真、负责，但本书难免存在一些不足之处，其中责任理应由我承担，敬候各位读者批评指正。

2022 年 8 月
于中山大学东校区
谷河南岸